Through the Doorway of Literature:
An Invitation to Christian Literature

文学の扉から
―キリスト教文学への招き

片山はるひ［著］

Haruhi Katayama

Sophia University Press
上智大学出版

文学の扉から——キリスト教文学への招き

見よ、わたしは戸口に立って扉を叩いている。
もし誰かが、わたしの声を聞いて扉を開くならば、
わたしは中に入って、その人と共に食事をし、
彼もまたわたしと共に食事をするであろう。

（ヨハネの黙示録　3・20－21）

まえがき

「日本人の心にあうキリスト教を考えたいんです。」

　これは、遠藤周作の遺書とも言うべき小説『深い河』の主人公大津青年の心からの叫びである。キリスト教の日本における信徒数はプロテスタントとカトリックを合わせても一％程度に留まっている。しかし、文化の分野におけるキリスト教の存在感は日本においても極めて大きい。ダビンチ、ミケランジェロ、ラファエロ、フラ・アンジェリコなどの美術作品に描かれた聖書の場面の数々、モーツアルト、バッハ、またグレゴリオ聖歌などの音楽などは、一般の日本人にとっても親しみのある宗教芸術である。

　そんな日本の文化においてもキリスト教が一番根付いている分野と言えば、文学の分野であると言っても過言ではない。現代のキリスト教作家と言えば、遠藤周作、三浦綾子、加賀乙彦、小川国夫、曽野綾子といった名前が思い浮かぶが、彼らの多くはベストセラー作家である。その一つ前の時代の芥川龍之介、太宰治、有島武郎といった作家たちはキリスト教から深い影響を受けた作家たちであった。また一見キリスト教の影響とは無関係に見える大作家、夏目漱石、志賀直哉などにもキリスト教との確執の痕跡が刻まれている。

　上智大学の神学部は、二〇〇九年に改組され今までの「神学系」に加えて、「キリスト教倫理系」と「キリスト教文化系」という二つの系が誕生した。「キリスト教文学」の授業は、この「キリスト教文化系」の授業において、他学部他学科の学生たちを多く迎える授業の一つとなっている。

「文学という扉」を通ってキリスト教に触れるというのは、日本人にとって、また多くの現代人にとって最も入りやすい入口なのではないだろうか。

　ここでキリスト教文学とは、決して護教文学すなわちキリスト教の宣伝をする文学ではないことも強調しておきたい。それは現実離れした理想的なクリスチャンの姿を描く文学でもない。むしろ、ドストエフスキーやモーリヤック、ベルナノスまたは遠藤周作などが描き出した人間像は、罪にまみれ最も汚れた面をあらわにした人物たちである。真に「悪」を描こうとするなら、「神」とまず格闘せねばならないことをこれらの作家の作品は教えてくれる。キリスト教文学の源泉である聖書は、人間について最も多くを語っている書なのである。

また、人間の魂のあこがれと苦悩、意味への最も深い問いも、キリスト教文学の普遍のテーマである。なぜなら、第二バチカン公会議が宣言したように「現代の人々の喜びと希望、苦悩と不安、特に貧しい人々とすべての苦しんでいる人々のものは、キリストの弟子たちの喜びと希望、苦悩と不安でもある。真に人間的なことがらで、キリストの弟子たちの心に響かないものはなにもない」[1]からである。

それゆえ本書では、第一部でまずキリスト教に限定せず、広く文学の役割、「物語」についての考察から始めてゆく。「文学は一体なんの役に立つのか?」この根本的な問いに答えるべく、「異化」と「自動化」といったロシア・フォルマリズムの用語を手がかりに、ともすれば「無」となって過ぎ去ってゆく現実に手応えを与える文学の力を再確認することから始める。次に、生きた「象徴」が、キリスト教の神秘に近づく手がかりとなることを詩作品を通して味わってみたい。そして人間が自分と他者を理解するために不可欠な「物語の知」について考察を深めたい。

第二部では、サン＝テグジュペリの『星の王子さま』とM・エンデの二大ファンタジー『モモ』と『はてしない物語』を取り上げ、これらのファンタジー文学の源泉となっているキリスト教思想、象徴を浮き彫りにしてゆく。現代においても、根強い人気を持つこれらのファンタジーがどのようにキリスト教思想や哲学及び聖書という土壌から水を得て描かれているかを具体的に分析し、新たな読みを提供してみたい。

第三部では、比較文学の手法を用いて、太宰治と遠藤周作の作品を、キリスト教やフランス・カトリック文学とのかかわりのもとに読み解いてゆく。日本文学の系統では、全く相容れない作風の作家と思われがちな二人の作家であるが、キリスト教との格闘という観点から見るとその類似点にも気づくことができよう。

デカダンスというレッテルからのみ知られがちな太宰がいかに聖書を読み込み、パスカルを愛読していたのかを知るとき、『津軽』のような風土記でさえ、「愛」という「専門科目」、「人と人との触れあい」を研究したキリスト教文学として読むことが可能となるからである。

一方、押しも押されもせぬカトリック作家である遠藤周作の『沈黙』は近年スコセッシ監督により再度映画化され、世界的に注目されて大きな話題となった傑作である。キリシタン史をモチーフにした作品の中で、史実とフィクションの交錯を読み解いてゆくと、殉教のドラマの背後に遠藤の信仰の葛藤《かっとう》のドラマを見いだすことができる。また、遠藤は、日本人である自分（東）と西欧で出会ったキリスト教（西）の相剋に最後まで悩み抜いた作家でもある。それは、処女評論『神々と神と』から遺作『深い河』まで一貫したテーマとなっている。遠藤の原点はフランス・カトリック文学研究である。モーリヤック、グリーン、ベルナノスといった当時の一流のカトリック作家から彼が受けた影響は決定的なもので、後の作品にもその影響が刻印されている。その刻印をたどりつつ、日本文学の視点からのみでは捉えきれない遠藤文学の源泉を探究してみたい。

第四部では、その遠藤周作に深い影響を与えたジョルジュ・ベルナノスの作品を取り上げる。ベルナノスは、悪と聖性の神秘を描いた作品で、ドストエフスキーと比肩する作家である。アカデミー・フランセーズの小説大賞を受賞した『田舎司祭の日記』は、カトリック文学の最高峰の一つで、遠藤が自らの小説のモデルの一つとしていた作品である。日本では、未だ知られることの少ない作家でもあるが、深い霊性に育まれた小説は、愛、ゆるし、悪、

---

1 「現代世界憲章　第一項」『第二バチカン公会議公文書 改訂公式訳』カトリック中央協議会、二〇一三年、六〇〇頁。

正義、教会などについての神学的考察に満ちており、そのまま神学のテキストとしても研究されうる深さを持っている。最後に、教会博士リジューの聖テレーズの霊性に満たされたテキスト、オペラとしても有名な戯曲『カルメル会修道女の対話』をじっくりと味わいつつ読み解いてゆきたい。

本書では概論から始まり、比較文学的手法により、視野を広めた後に、段々と文学研究の深みへと掘り下げてゆく構成を試みてみた。キリスト教と文学という広く深い世界のほんの一端に触れることしかできないが、この一端を通して、読者が文学の扉から入り、キリスト教の魅力を（再）発見し、味わっていただけるなら望外の喜びである。

『文学の扉から――キリスト教文学への招き』

目次

第四部　キリスト教文学と霊性
――ベルナノスの文学世界

はじめに　キリスト教文学とは？

扉を開けてキリスト教文学の世界に入る前に、まずキリスト教文学とはどのような文学を指すのかについて、いくつかの範疇を挙げて、定義をより明確にしておきたい。

第一のカテゴリーは、まずキリスト教信仰を持っている文学者たちの作品である。日本で言えば、遠藤周作、三浦綾子、曽野綾子、加賀乙彦、八木重吉などの作品がこれにあたるが、海外の文学では、ドストエフスキー、トルストイ、ゲーテ、ダンテ、ミルトン、C・S・ルイス、モーリヤック、ベルナノス等々枚挙に暇《いとま》がない。これらの文学者は自分のキリスト教信仰を何らかの形で作品に反映するが、それは単なる護教文学ではなく、信仰との葛藤もそこに様々な形で描かれている。

第二のカテゴリーは、作家自身はキリスト教信仰を持っていなくても、扱っている題材やテーマがキリスト教に関連する作品である。

日本では、芥川龍之介の『西方の人』等のキリシタンものや、太宰治、大江健三郎などの作品をそのような対象として見ることができる。海外の例としては、例えばコロナ禍に話題となった小説『ペスト』の著者カミュはどちらかと言えば、不可知論者に近い立場の作家であるが、『ペスト』の中で展開されている悪とそれに立ち向かうレジスタンスやパヌルー神父のドラマはキリスト教神学の対象としても非常に興味深い題材となっている。

第三のカテゴリーは、作家自身の信条や、題材、テーマも一見キリスト教とは無縁であっても、キリスト教や神学の見地から研究することが可能な作品である。

例えば、村上春樹の小説における死のテーマやジョージ・オーウェルの作品における「人間の尊厳」のテーマなどをキリスト教神学、倫理、霊性の観点から論じることは可能だからである。

以上のように、一口で「キリスト教文学」と言っても、そのカバーする範囲は広い。キリスト教文学の研究において、一人の作家の作品を分析するときにまず重要なことは、その作家がどのようなキリスト教をどのように知っていたのかについて正確な知識を得ることである。別の言葉で言えば、「キリスト教」は決して一枚岩でなく、まずカトリック、プロテスタント、ギリシャ正教、ロシア正教などの区別があり、それぞれが独自の歴史的変遷を経て今に至っている。カトリック一つを例にとってみても、ヨーロッパ中世のカトリック、ルネサンス以降、第二バチカン公会議以降と大きく分けてみてもラディカルな変化を経ている。これがプロテスタント諸派になれば、その派独特の特徴や変遷があり、今に至っている。作家がどのような時代状況に生き、その時代のキリスト教の状況がどのようなものであったかをできるだけ正確に知ることが、研究の価値を決める大切な要素となるのである。

時代状況に加えて、重要な点はその作家が当時のキリスト教をどのように理解し、そのスタンスはどのようなものであったかを知ることである。西欧において、洗礼の有無は、キリスト者であることが当然であった時代までは問題にならない。だが、たとえ洗礼を受けていたにしても、信仰を棄てさるケースも多く、個人の信条としてのキリスト教へのアプローチがむしろ大切なポイントとなる。

キリスト教国でない日本の場合は、洗礼を成人してから選び取る場合が多く、洗礼イコール信仰者と見なせることも多いが、遠藤周作のように、母親から受けさせられた洗礼に生涯葛藤し続けたケースも存在する。

この社会・宗教的コンテキストと個人の信条としてのキリスト教へのスタンス、これを正確に把握するためには、作家の作品のみならず、自伝、書簡、評論などから核心へとアプローチするという忍耐強い作業が必要である。これらの多くの資料をもとに全体を分析し、初めて正確な作品分析が可能となる。そのため、本書でも各作家とその著作を紹介する前に年譜の形で時代背景と彼らの人生を簡単に紹介している。

同様に、聖書に関する深い知識、キリスト教神学についての広い知識も必要である。神学の分野では、教義とその歴史的経緯についてキリスト教史を学ぶことは大切である。同時に単なる教義を超えたキリスト教霊性とその歴史的変遷もキリスト教文学と真に取り組むときに大変重要な要素となる。

特に西欧の文学作品を扱うとき、例えばサルトルやカミュのような、一見単純な反キリスト教的な思想の持ち主であるように思われる作家でさえ、聖書を良く知り、時に教父の作品を熟読していたことを忘れてはならない。カミュは、教父アウグスチヌスの作品に親しみ、論文を執筆している。彼らの無神論や不可知論は「無知神論《むちしんろん》」ではないのである。

以下の作家研究では、このようなアプローチを軸に、時代背景や環境を分析し、そして作家自身のスタンスを浮き彫りにした後、様々な神学的観点から、作品を深く読み込むという手法を試みている。

第一部

人間探究と文学

第一章 文学の役割

一 異化と自動化

ではキリスト教文学の射程とその役割について直接考察する前に、まず「文学とは何か」そして「文学は何の役に立つのか」という問いに答えておきたい。

昨今の傾向として、大学においてさえ実学が重視され、文学部不要論が時に囁かれる時代において、根本的な問題であるからである。文学とは、あれば美しく潤《うるお》いを与えるが、なくても十分に生活が成り立つような単なるお飾りのようなものなのだろうか？

この問題に真正面から真摯に取り組んだ作家が、ノーベル賞作家・大江健三郎である。大江健三郎は、いわゆる「純文学」の衰退を自覚し、その恢復《かいふく》を願って若い読者を対象として『新しい文学のために』（岩波新書、一九九一年）という「文学入門」を書いた。その中で大江は、ロシア・フォルマリズムという文芸思潮から「異化《いか》」という考え方を借りて、文学の役割について述べている。

言葉について考えるとき、われわれはそれを二つのカテゴリーに分けて考えることができる。

一つは「日用・実用の言葉」、
もう一つは「文学表現の言葉」である。

（同書二七頁）

「日用・実用の言葉」とは、われわれが日常生活の中で使う言葉である。例えば、すれ違いの人に「元気？」と問い、「元気です」と答えるようなごく身近な言葉、または新聞やビジネスの文書のことである。対して「文学表現の言葉」とは、まず小説、詩、戯曲などのあらゆる文学ジャンルで用いられる言葉である。

ここで大江はまず、「日用・実用の言葉」が使われてゆくと「すりきれて手応《てごた》えのないものとなってゆく」という普遍的な現象を指摘する。先ほどの例で言えば、「元気？」という挨拶を交わすときに、「元気」という言葉の意味を考えて使うことは稀で、このやりとりは大方単なる挨拶《あいさつ》にすぎず、多少不調であっても、「元気！」と返す場合も多い。言葉は使われれば使われるほどに、「意味」を失ってゆくという法則性、これが、言葉の「自動化」である。

それを突き詰めてゆけば、言葉が全く「意味」を失う「無化」という現象にまで至ってしまう。例えば、聖書の中でも「愛」という言葉に慣れ、その内容を吟味することなく使い続けるならば、「愛」という言葉が本来持っていたリアリティは失われる。すなわち「無化」されてしまうわけである。

この「無化」に抵抗するのが、芸術の持つ「異化作用」である。

そこで生活の感覚をとりもどし、ものを感じるために、石を石らしくするために芸術というものが存在しているのである。芸術の目的は認知、すなわち、それと認め知ることとしてではなく、明視することとしてものを感じさせることである。また芸術の方法は、ものを自動化の状態から引き出す異化の手法であり、知覚を難しくし、長引かせる難渋《なんじゅう》な形式の手法である。これは、芸術においては知覚の過程そのものが目的であり、したがってこの過程を長びかす必要があるためである。芸術は、ものがつくられる過程を体験する方法であって、作られてしまったものは芸術では重要な意義をもたないのである。[1]

このような視点から捉えたとき、小説や詩は、「日常、実用の言葉の意味と音を生かしながら、文学表現の言葉独特の鋭さ、重さを発見する作業である」と定義できる。[2] この作業を大江は、俵万智《たわらまち》の短歌を用いて鮮やかに解説する。

「この味がいいね」と君が言ったから七月六日はサラダ記念日

後の代表作とも言えるこの短歌は、ごく日常的な言葉で描かれている。「サラダ」「記念日」などは、いわゆる「文学表現の言葉」ではない「日常」の言葉である。だが、その平易な言葉で紡《つむ》がれたこの歌を彼女の代表作としているものは何なのだろうか。

文学的視点から分析するならば、実はこの短歌には周到なアートがちりばめられていることに気がつく。「サラダ」と「記念日」という意外な結びつき、「この味がいいね」の「が」という格助詞の選択など、平易さに隠されたアートこそが、この「日常」の言葉を「異化」して「文学表現の言葉」に仕立て上げているのである。この短歌によって「異化」されたのは、何気ない日常生活の持つリアリティである。若いカップルの応答の中の細やかな感情が、手応えを備えて人生において実存するものとなるのである。

それゆえ、「異化」された言葉は単に文学の中にだけあるのではない。大江は、東北の少年たちの文章を集めた無着成恭《むちゃくせいきょう》編『山びこ学校』の文集の文章の中にも、現実の手応えのある表現を見いだしている。

雪がコンコン降る。
人間は
その下で暮している。

（「雪」石井敏雄[3]）

大江は、この文集の中の「雪」「暮している」といった言葉が、それを使う共同体の中で鍛えられた言葉であり、それゆえ、子どもたちの使う言葉が「ひとつひとつ手応えをかえしてよこす[4]」のだと指摘している。

■ベルクソン『笑い』の芸術論

この異化作用を別のイメージで取り上げているのが、二〇世紀フランスの哲学者アンリ・ベルクソン（Henri-Louis Bergson, 1859-1941）である。ベルクソンは『笑い』という小品の中で独自の芸術論を展開しているが、中でも芸術の目的とは何かについて以下のように述べている。

すなわち、外界の自然と我々自身の意識との間には、一つの帳《とばり》が介在している。普通の人々にとって厚い帳《とばり》だが、芸術家及び詩人にとっては薄い、ほとんど透明の帳である。（…）生活するとは、物から、（…）有用な

1　大江健三郎『新しい文学のために』岩波新書、一九八八年、三一－三二頁。
2　同書、一七頁
3　同書、六〇－六一頁。
4　同書、六二頁。

印象のみを受け取ることである。それ以外の印象はぼんやり薄れてゆくか、さもなければ漠然と我々に達するにすぎない。(…)だから私の感覚や私の意識は現実についてはただその実用のため単純化されたものだけしか私には引き渡してくれないのである。(…)

つまり言ってしまえば、我々は物そのものを見ているのではないのである。たいがいの場合には、我々は物の上に貼り付けてある付け札《レッテル》を読むだけにしているのだ。必要から出てきたこの傾向は、さらに言語の影響を受けて強調されるに至った。[5]

これはさきほどの自動化、無化作用の別の視点からの説明となっている。われわれ人間が、世界の中で生きるとき、実はいかに現実に遠い抽象の中で生きているかをこの描写は如実に示している。そしてベルクソンは以下のように結論する。

かくして絵画にせよ、彫刻にせよ、詩歌にせよ、あるいは音楽にせよ、芸術は我々を現実そのものに直面させるために、実践に有用なシンボル、慣習的にまた社会的に受け入れられている一般性、つまり我々に現実をかくしているものすべてを遠ざける以外の目的はもっていないのである。[6]

このようにベルクソンは、芸術の異化作用こそが、われわれを現実から遠ざける帳《とばり》を開ける可能性を有していると語る。すなわち、芸術こそがその帳《とばり》を開け、われわれを現実へと対峙《たいじ》させてくれるのである。

二　象徴の言葉

このような文学表現の言葉の「異化」作用を可能とする修辞法の一つが「象徴」を用いる手法である。世界大百科事典（平凡社）の定義を借りると、

象徴はきわめて多義的な概念であるが、ごく一般的には、たとえば鳩は平和の象徴であるとか、王冠は王位の象徴であるとかいうように、目や耳などで直接知覚できない何か（意味や価値など）を、何らかの類似によって具象化したもの（物や動物や、あるいはある形象など）をいう。

ここで注目したいのは、「象徴」は、目に見えないものを語るのに、最も適した表現方法であるという点である。それゆえ、例えば「神」という目に見えず、直接知覚できない存在を描き出すために聖書は「炎、水、風、光」などの象徴的表現を好んで用いる。それは、神秘中の神秘である神について語るときに、概念の言葉には限界があり、象徴でなくてはその幾ばくかをも伝えることは難しいからである。

次に、象徴を用いた表現法の中でも隠喩《いんゆ》に注目してみたい。隠喩は、古代からの修辞法の一つであり、直喩法と比較して「ような」「あたかも」「ごとし」などの語句を用いない表現法である。例えば、「人生は夢のようにすぎる」と言う代わりに、「人生は一夜の夢である」と言うなら、これは隠喩的表現である。

5　ベルクソン『笑い』岩波文庫、一九九二年、第五七刷、一三九－一四一頁。
6　同書、一四五頁。

従来「隠喩法」は、単なる文章の装飾、文彩《ぶんさい》（情緒的機能）としか考えられてこなかった。隠喩は、ただ装飾の効果を高める役割としてしか見られてこなかったのである。すなわち、「夢のように」というよりは、「夢である」と表現した方が、よりインパクトの強い表現となり印象づけられるということである。確かにそのような役割を担う単なる修飾的隠喩（死んだ隠喩）も詩に多く存在する。だが、隠喩が担う全く別の本質的次元に注意を喚起《かんき》したのは、二〇世紀のフランスを代表する哲学者ポール・リクール（Paul Ricœur, 1913-2005）である。

三　リクールの隠喩論

プロテスタントであるリクールは、解釈学、中でも聖書解釈学に大きな功績を残した学者である。リクールは、「聖書的言語における隠喩の役割と機能」という論文の中で、隠喩が「単なる言葉の装飾、文彩よりもずっと大きなものであり、必然的に意味論的な革新を必要とする。」[7]と述べる。そして「隠喩は、意味を創造するがゆえに、現実を模写する力、すなわち言語に世界経験の新しい領域を開示する力を持って」おり、「この意味で隠喩的真理という言い方もできる」[8]と結論する。そしてこのような働きを持つ隠喩を「生ける隠喩（La métaphore vive）」と呼ぶ。今まで単なる文章の修飾、文彩としか考えられてこなかった隠喩の役割と機能をめぐって、リクールの卓越した指摘を簡潔にまとめて引用すると以下の通りとなる。

「1）隠喩は、「文彩」よりもずっと大きなものであり、必然的に意味論的な革新を必要とする。隠喩によって、新しい意味が言述にあたえられるのであって、要するに、隠喩は言述の創造的な力を証明する。

2）隠喩は、言述における意味の創造にだけ限定されるのではなく、そこには、外示（dénotation）すなわち指示連関の次元が含まれている。
隠喩は、意味を創造するがゆえに、現実を模写する力、すなわち言語に世界経験の新しい領域を開示する力を持っている。この意味で隠喩的真理という言い方もできる。
3）隠喩は、聖書的言語においては、単に修辞学的文彩ではなく、ある時は、意味の創造的な力、またある時は、人間存在についての新しい記述という二重の能力として働いている。
したがってここで問題になるのは、人間存在の新しい可能性を開示する聖書的言語の機能である。
4）隠喩のこの可能性を、単なる修辞的な機能に対立する意味で詩的な機能と呼ぶ。
重要なのは、言述の中で働く隠喩の意味創造的な能力、言い換えれば、表現されることを要求している経験と現実の領域を言語へともたらす力である。[9]」

さきほどのたとえで言えば、「人生は一夜の夢である」という隠喩表現には、「人生」が物理的な時間で測るならば「一夜の夢」ではない、ということと、永遠のまなざしから見たときにやはり「人生は一夜の夢」でしかない、という二つの陳述の緊張関係、せめぎあいがある。このせめぎあいからわれわれが学ぶのは、「人生を一夜の夢」として見ることである。méta-phor の元の意味は、méta（別の次元へ）phor（運ぶこと）である。「一夜の夢」という隠喩は、新しい次元へとわれわれを運び、その視点から見ることにより新たな意味を創造するのである。

7　ポール・リクール「聖書的言語における隠喩の役割と機能」『隠喩論―宗教的言語の解釈学』ヨルダン社、一九八七年、八二頁。
8　同書、八三頁。
9　同書、八二―一〇〇頁。傍線筆者。（Jüngel, E/Ricœur, P, *Metapher. Zur Hermeneutik religiöser Sprache.* Chr. Kaiser Verlag München, 1974.）

ここで、聖書に目を転じて見れば、イエスが語った言葉に、隠喩的表現が多用されていることに気づかざるを得ない。「あなた方は地の塩である」（マタ5・13）、「私は世の光である。」（ヨハ8・12）などその例には枚挙《まいきょ》に暇《いとま》がない。イエスが自らを「世の光である」と言ったとき、何ルクスといったような物理的光でないことは明らかである。同時にイエスが「暗闇に沈む民」を照らす「世の光」であることもまた真理である。こうして「メタファーは、差異の中に、類似を見いだす創造的想像力によって、新しい連結をつくる、ユニークな認識手段[10]」すなわち、真理を認識する知の手段となり、この世界を新しい目で見、その真の意味を探る手段となりうるのである。

これが、真の「詩作（ポイエーシス）」すなわち言語の持つ意味創造の能力である。リクールは、アリストテレスが『詩学』[11]で用いた語源に遡《さかのぼ》り、この「詩作」という言葉のダイナミズムを再発見させる。こうして、「詩的言語」は、「科学的言語」と別の局面において、「真理」について語るのである。再びリクールの言葉を借りれば、「詩的言語は事物そのものを文字通り語るのではなく、事物がどのようなものとして存在するかを隠喩的に語るのである。つまり、まさにこのような歪《ゆが》んだ方法で、詩的言語は、事物の本質を語るのである[12]」。

10 ケヴィン・J・ヴァンフーザー『聖書の物語とリクール哲学』新教出版社、一九九八年、八二頁。
11 アリストテレス『詩学』岩波文庫、二〇〇三年、一一〇頁。
12 ポール・リクール『隠喩論―宗教的言語の解釈学』前掲書、一〇〇頁。

第二章　詩の象徴表現

一　八木重吉の詩作品

象徴表現を最も多用するジャンルは詩である。ここではまず八木重吉（一八九八―一九二七）の詩を取り上げ、その中に見られる象徴表現を分析することで、具体的に象徴の持つ力を味わってみたい。

八木重吉は日本を代表するキリスト教詩人である。東京に生まれ、一九一九年（大正八年）にプロテスタントの洗礼を受け、彼は内村鑑三《うちむらかんぞう》の無教会主義の信仰に近づいていった。英語教師をしながら詩作に励み、詩集『秋の瞳』を刊行したが、結核に倒れ、一九二七年その短い一生を閉じることとなる。没後、生前自選の第二詩集『貧しき信徒』が刊行されている。信仰を詩の中心に据えた日本では希有《けう》な独特の作風で知られているが、キリスト教を意識せずとも、代表作「素朴な琴」は、高村光太郎により、「日本語で書かれた最も美しい四行詩」であると評されている。

八木重吉

素朴な琴

この明《あか》るさのなかへ
ひとつの素朴な琴をおけば
秋の美くしさに耐へかね
琴はしづかに鳴りいだすだらう[13]

さきほどの俵万智の短歌との共通点を探せば、八木も平易な日常の言葉しかほとんど用いなかった詩人である。また、その自然描写は日本的美の世界のみを描き出しているように一見見える。だが、聖書をほとんど暗記し、ギリシャ語の聖書まで持っていたキリスト者詩人の作品は聖書の言葉という泉で常に潤されていたことを忘れてはならない。次のような聖書を歌った詩から、八木が聖書の言葉をどのような次元で捉えていたかをうかがうことができる。

聖　書

この聖書《よいほん》のことばをうちがわからみいりたいものだ
ひとつひとつのことばをわたしのからだの手や足や
鼻や耳やそして眼のようにかんじたいものだ
ことばのうちがわへはいりこみたい[14]

「素朴な琴」に見られる「琴」はいかにも日本的な楽器と思われるだろう。だが、この「琴」は特に詩編の中で「竪琴」などの形で用いられている聖書的楽器でもある。また、「素朴な琴」とは詩人八木重吉の魂そのものを表す象徴表現であることも看過《かんか》できない。「明るさ」とは「光」である。神の「光」の中で誰に触れられたのでもなく、自ら鳴り出す琴は、詩の境地を歌っている。なぜなら八木にとって、詩は詩人が創りこむものではなく、まず霊感によって生まれ出るものでなくてはならないからである。

すべてをすてきれはしないのだから
かなしみのきゆる日はない
だがきょうははるであるゆえ
かるやかな野の心にひたってこよう[15]

八木重吉の詩に散見する「かなしみ」は彼の詩世界のキーワードの一つである。それは、単なるメランコリーでは全くない。なぜなら、この詩に見られるように、それはすべてを捨てきることのできない「かなしみ」だからである。それは罪の刻印を負う人間の実存的「かなしみ」にほかならない。八木はアシジの聖フランシスコをこよなく愛し、そこにキリスト者の理想を見いだしていた。それゆえ、妻と子を持つがゆえに、すべてを捨てることのできない自分を見つめての信仰者の「かなしみ」なのである。

13 『底本　八木重吉詩集』彌生書房、昭和四八年、七七頁。
14 同書、一四五頁。
15 八木重吉『花と空と祈り』彌生書房、昭和四八年、一一五頁。

■「貫く光」

次に聖書を直接源泉としたと思われる詩、「貫く光」を読み解いてみたい。

貫く光

はじめにひかりがありました
ひかりは哀しかったのです

ひかりは
ありとあらゆるものを
つらぬいてながれました
あらゆるものに息をあたえました
にんげんのこころも
ひかりのなかにうまれました
いつまでも　いつまでも
かなしかれと祝福《いわわ》れながら[16]

この詩の冒頭「はじめにひかりがありました」は、聖書の二つの箇所を暗示している。一つは、創世記の冒頭、もう一つは、ヨハネ福音書のプロローグと呼ばれる冒頭である。もちろん、ヨハネ福音書の冒頭が創世記の冒頭を意識的に暗示していることは言うまでもない。ここで「ひかり」という象徴は、擬人法を用いて描かれている。

創世記の冒頭の光は、被造物としての光である。

初めに、神は天地を創造された。地は混沌であって、闇が深淵の面にあり、神の霊が水の面を動いていた。神は言われた。「光あれ。」こうして、光があった。神は光を見て、良しとされた。神は光と闇を分け、光を昼と呼び、闇を夜と呼ばれた。夕べがあり、朝があった。第一の日である。（創1・1−6）

それが、ヨハネ福音書においては、光は言（ことば）である神のひとり子イエス・キリストを指し示している。

初めに言があった。言は神と共にあった。言は神であった。この言は、初めに神と共にあった。万物は言によって成った。成ったもので、言によらずに成ったものは何一つなかった。言の内に命があった。命は人間を照らす光であった。光は暗闇の中で輝いている。暗闇は光を理解しなかった。（ヨハ1・1−5）

八木はこの二つの聖書箇所を意図的に重ねて、あえて重層的に表現したように思える。着目したいのは、ひかりの「哀しみ」である。この「哀しみ」は、遠藤周作の師であった井上洋治神父が使ったアガペの訳「悲愛《ひあい》」という言葉を思わせる。それは神の愛は、人を想い、痛み悲しむ共苦《きょうく》の愛だという意味である。イエスの生をたどっても、そのほとんどすべてがこの痛みと共に苦しむ愛に貫かれていたことがわかるが、この「哀しみ」はそのようなイエスの「人」としての心を伝えているとは言えないだろうか。

16　『底本　八木重吉詩集』前掲書、三二一頁。

これはまた、本居宣長《もとおりのりなが》が源氏《げんじ》物語の評の中で、「もののあはれ」について解説した一節を想起させる。そこで宣長は、「もののあはれ」を「美しい月や花に心動かされる」ことと共に「人の哀しみや痛みがわかること」と説いている。

だが、このひかりは自らの「哀しみ」に閉じこもる存在ではなく、万物をそして時空をも貫くダイナミックな動きとして描かれている。「あらゆるものに息をあたえた」というくだりは、もちろん創世記の人間創造の場面「主なる神は、土の塵《ちり》で人を形づくり、その身に息を吹き入れられた」（創２・７）を暗示している。

「にんげんのこころ」が「ひかり」の中にうまれたという表現からは、神の祝福の言葉「神はお造りになったすべてのものを御覧になった。見よ、それは極めて良かった」（創２・31）が聞こえてくる。ならば最後の「かなしかれ」をどう解釈すべきだろうか。この「かなし」が初めの「哀し」と違ってあえてひらがなで書かれているところから、「愛《かな》し」と読むことも可能となる。被造物でありながら、神の似姿として創造された人間、その人間を愛することは、「世の光」であったイエスにとって、同時に十字架に至るまでの哀しみと苦悩を背負うことであったことを想起するとき、「哀《かな》し」と「愛《かな》し」は一つの「悲愛（アガペ）」に結晶していったのではないだろうか。このように読むとき、この一見素朴な詩は、全聖書を「貫く」スケールの象徴詩と、読むことが可能になるのである。

二　十字架の聖ヨハネの詩における象徴――キリストと魂との歌

次にその作風からは、八木重吉と一見対局にあるかに見えるスペインの詩人、十字架の聖ヨハネ（Juan de la Cruz, 1542-1591）の詩を比較しつつ分析してみたい。十字架の聖ヨハネは、一六世紀のスペインの神秘家である。アビラ

十字架の聖ヨハネ

の聖テレサと協力してカルメル会を改革、跣足《せんそく》カルメル会を創設したことで有名であり、教会博士でもある。またスペインの国民的詩人としても名高く、著作は近世カトリック神秘思想の古典的名著である。主著は『カルメル山登攀』『暗夜』『霊の賛歌』『愛の生ける炎』[17]で、これらの著作はすべて彼の詩の注釈の形をとっている。

原題「キリストと魂との歌（Canciones de Cristo y el alma）」であるこの作品は「牧童（Un pastorcico）」と呼ばれて、最も親しまれている十字架の聖ヨハネの詩である。

Un pastorcico は羊飼い（Pastor）であり、子どもというよりも、素朴な親しみやすい羊飼いのことを示している。ヨハネは町で歌われている牧歌的スタイルの恋愛の歌を素材として旧約聖書の雅歌を思わせるこの歌を作ったと言われている。

キリストと魂との歌

ひとりぼっちで牧童の　心は痛む
歓びとも　満ち足りた心とも　縁無く
羊飼いの少女を想い
愛に胸を痛め抜いて

17　十字架の聖ヨハネのこれらの主著はすべて邦訳され、ドン・ボスコ社から出版されている。

愛で傷手《いたで》を負ったことを　泣きはしない
こうして悲嘆に沈んでいることにも
心痛めはしない
心は　傷ついていても
ただ忘れられている　との思いに
彼は泣いている。

美しい羊飼いの少女に忘れられているとの
思いがあればこそ
異郷で、深い痛みを心に
手荒く虐《しいた》げられるに委せている
愛に　胸を　痛めぬいて

牧童は云う「ああ可哀想《かわいそう》に
私と共に在ることを　楽しもうとせず
私の愛から　遠ざかったひと」
彼女への愛に　胸を痛めぬいて

長い道程《みちのり》の果てに彼は木の上にのぼり
その美しい腕を開いて
木にかけられたまま死んでいた
愛に胸を痛めぬいて[18]

原題がそのまま語るように、これはキリストの愛を歌った詩であり、全編を貫いているのは、羊飼いの「哀しみ」である。羊飼いの娘（pastora）が人間の魂であることは明らかである。この羊飼いの「哀しみ」の理由は、第三節で明らかになる。それは人間による忘却である。忘れられているという思いこそが、彼の「哀しみ」であり心の痛みなのである。この三節の異郷での虐げは、受肉した御言葉であるイエス・キリストの受難を暗示している。そして、第五節の木（un arbol）は、十字架という木にほかならない。

第四節で「共に在ることを楽しもうとせず、自分の愛から遠ざかった」娘へ向けた羊飼いの嘆きは、全聖書を貫く神の愛の本質を物語っている。なぜなら、創世記から黙示録に至るまで、聖書の神は「共にいるもの」として自らを啓示し、預言者を通して自分の民に語り続けてきたからである。燃える柴の中からモーセに呼びかけた神は、「わたしは必ず共にいる」（出3・12）と約束し、牧者であった預言者アモスに「わたしを求めよ、そして生きよ」（アモ5・4）と言った神は「万軍の神なる主はお前達と共にいてくださるだろう」と語った。イエス・キリストが弟子たちに向けた最後の励ましの言葉も「わたしは世の終わりまで、いつもあなたがたと共にいる」（マタ28・20）であった。ゆえにこの主の存在とその愛を忘れることほど、神を哀しませ、その心を傷つけるものはないのである。

18 『十字架の聖ヨハネ詩集』ルシアンマリー（編）、西宮カルメル会（訳注）、新世社、二〇〇三年、一一一–一一七頁。

一見、素朴で牧歌的なこの詩は、実は全聖書を貫く神の愛のドラマの縮図であるとさえ言える。聖書的象徴を駆使した深さと叙情を併せ持つ傑作であると言えよう。

コラム

キリストの詩人　八木重吉

「あなたにとって、八木重吉とは？」
と聞かれたなら、私はためらうことなくこう答えるでしょう。
「いのちの恩人です」

そして、なぜか忘れることのできない思い出がよみがえってきます。

区立中学校に通う一四歳の私は、砂を噛むような学校生活の日々を送っていました。意味の見いだせない受験勉強に疲れ、入った練馬の本屋で、なにげなく手に取ったのが、『花と空と祈り』（彌生書房、昭和四八年）という小さな詩集でした。

今では表紙のすっかり黄ばんだ詩集の最後の頁には、「きらりと光り、共鳴できる多くをみつけ、たまらなくなり買う。祖母没してより6日目」という書き込みがありました。

うつくしいもの

わたしみづからのなかでもいい
わたしの外の　せかいでも　いい
どこにか「ほんとうに　美しいもの」はないのか
それが　敵であつても　かまわない
及びがたくても　よい
ただ　在るといふことが　分りさへすれば、
ああ、ひさしくも　これを追ふにつかれたこころ

（『秋の瞳』八木重吉全詩集1、二〇頁）

重吉は、そのときの私の形にならない混沌を、言葉にしてくれた初めての詩人でした。

その頃から私の文学への想いが目覚めていったのかもしれません。

○
おおいなる
そらよ
きりすとの
かおのようなそら

（『花と空と祈り』一六三頁）

○
なにもかもかんがえないで
ただひとすじによく生きてごらん
それがうたです

（『花と空と祈り』二一八頁）

○
聖書をよんでも
いくらよんでも感激がわかなくなったなら
聖書を生きてみなさい
ほんのちょっとでもいいから

（『花と空と祈り』二一九頁）

ひらがなの繰り出す柔らかいリズムとすがすがしい語り口に、渇ききっていた私の心は魅せられました。生き方を探していた私にとって、彼の詩は、砂漠で出会った「いのち」の水になりました。

大好きだった祖母は、六〇歳で脳溢血《のういっけつ》で倒れ、あっという間に亡くなってしまいました。シスターになろうとまで思った母に育てられ、幼少時からミサに通っていた私ですが、その頃から信仰に多くの疑いを持って、教会からも遠ざかっていました。祖母の死は私の心に、生きること、信じることについての本当の問いを呼び起こしたのだと思います。

教会も、ミサもきらいになったけど、キリストはきらいになれなかった私にとって、重吉の語るキリストだけは、心にすっと忍び込み、それをたよりに私の「信仰」は、ほそぼそと続いてゆきました。

■「求道」の詩

今私は、六〇歳で亡くなった祖母とほぼ同じ年となり、大学ではキリスト教文学を教える身となりました。母の憧れであった奉献生活の会に入り、すべてをキリストに献げて生きる道も与えられました。

重吉の詩を読み直すとき、一四歳の私には気づけなかった、彼の詩の根底にある求道の真摯《しんし》さに、今改めて心打たれます。

私の詩

（私の詩をよんでくださる方へささぐ）

裸になってとびだし
基督《きりすと》のあしもとにひざまづきたい
しかしわたしには妻と子があります
すてることができるだけ捨てます
けれど妻と子をすてることはできない
妻と子をすてぬゆえならば
永劫の罪もくゆるところではない
ここに私の詩があります
これが私の贖《いけにえ》である
これらは必ずひとつひとつ十字架を背負ふてゐる
これらはわたしの血をあびてゐる
手をふれることもできぬほど淡々しくみえても
かならずあなたの肺腑《はいふ》へくひさがって涙をながす

（『晩秋』八木重吉全詩集2、一九九－二〇〇頁）

一見単に単純素朴、あるいは「淡々しく」見える彼の詩が、時代を超えて人々の魂をゆさぶり続けている秘密は、この詩に歌われている「十字架」としての詩作にあります。

断　章

わたしは弱い
しかし　かならず永遠をおもふてうたふ
わたしの死ぬるのちにかがやかぬ詩《うた》なら
いまめのまへでほろびてしまへ

（八木重吉全詩集1、三〇七頁）

重吉の詩の中には、「かなしみ」を語った作品が数多くあります。

この「かなしみ」は単なるセンチメンタリズムやメランコリーでは、ありません。

すべてをすてきればしないのだから
かなしみのきゆる日はない
だがきょうははるであるゆえ
かるやかな野の心にひたってこよう

（『花と空と祈り』一一五頁）

重吉の「かなしみ」は「すべてをすてて」キリストに従うことのできない「かなしみ」です。彼はアシジの聖フランシスコをこよなく愛し、そこにキリスト者の生き方の理想を見いだしていました。その「かなしみ」はキリストに従って路を行く者のかなしみです。同時にその「かなしみ」こそが、詩作の原動力でもありました。

かなしさが　ながれる日
わたしの詩《うた》は　うまれるのです
さぶしさが　かがやく日
わたしのこころは　高原《こうげん》を　ゆくのです

（『花と空と祈り』七九頁）

■ひらがなの霊性

このように重吉の詩作の「ことば」はすべて、彼が「よいほん」とルビをふった聖書の「ことば」に生かされています。

この聖書《よいほん》のことばを
うちがわからみいりたいものだ
ひとつひとつのことばを
わたしのからだの手や足や
鼻や耳やそして眼のようにかんじたいものだ
ことばのうちがわへはいりこみたい

（八木重吉全詩集2、九一頁）

このように、八木重吉の詩は、ひらがなでイエス・キリストの「こころ」を日本人に伝えてくれます。それは、カタカナでも難しい漢語でもなく、柔らかでありながら私たちの魂の深みに届く言葉です。また重吉の詩には、自然を歌ったものが数多くあります。その自然は、神のいのちを宿し、神の面影を伝えてくれるいのちです。それは、すべての被造物を自分の家族と呼んだ聖フランシスコの霊性と深く響きあっています。

水や草は　いい方方である
はつ夏の
さむいひかげに田圃がある
そのまわりに
ちさい　ながれがある
草が　水のそばにはえてる
みいんな　いいかたがたばかりだ
わたしみたいなものは
顔がなくなるようなきがした

（『貧しき信徒』八木重吉全詩集2、五六－五七頁）

自然の内に神のいのちを感じて賛美すること。これは日本人にとって、キリスト教に至る一つの入りやすい門、歩きなれた路となるように思います。

■**祈り**

一四歳のときから、私を生かしてくれてきた詩は、こうして今私の一部となり、私の祈りとなっていま す。

ねがひ

人と人とのあひだを
美しくみよう
わたしと人とのあひだをうつくしくみよう
疲れてはならない

（八木重吉全詩集2、一五一頁）

○

こどもが
よちくたとあるきはじめた
じっさいは
わたしもいっしよにあるいてゐるのだ

（八木重吉全詩集1、三一〇頁）

祈

ゆきなれた路の
なつかしくて耐えられぬように
わたしの祈りのみちをつくりたい

（八木重吉全詩集2、一三三頁）

○

神様　あなたに会ひたくなつた

（『貧しき信徒』八木重吉全詩集2、六七頁）

八木重吉の詩に出会わなかったなら、私の信仰は一〇代で、とうに枯れ果てていたに違いありません。今の私にとって信仰は、いのちより大切なものになりました。いのちの恩人への恩返しは、私も神のいのちを、次世代に生きる若者たちへ、人々へと「ことば」を通して伝えてゆくことなのだと信じて、「祈りのみち」を「よちくた」と今日もたどっています。

第三章　「物語」と人間

一　物語の知

太古の昔から、人間は物語を紡ぎながら生きてきた。神話、伝承、昔話から、叙事詩、詩歌、演劇、小説、そして、現代のマンガ、アニメ、ケータイ小説に至るまで、物語の歴史は、そのまま人間の歴史と言っても過言ではない。

近年、特に人文科学の様々な分野で、「物語の知」の重要性が指摘され、近代社会の産業主義を支えてきた実証主義哲学の「科学の知」と対比、あるいは、それを補うものとして提唱されるようになった。実証主義とは、「有効な知識の形態として科学的知識（観察・実験により、法則や理論を蓄積する方法に基づく）のみを認め、その立場から知の統一をめざす」哲学的潮流で、科学革命以来の科学の進歩と、その社会的成功を受け入れる形で一九世紀ヨーロッパで成立した思想である（『岩波哲学・思想事典』）。

近代社会を担ってきたこの思想は、一九世紀末から二〇世紀にかけていわゆるポスト・モダンの思想家たちの批判の対象の一つとなり、例えば、構造主義の創始者と見なされるレヴィ・ストロースは、その神話分析を通して「物語的知」の復権を成し遂げる。その後、二〇世紀から二一世紀にかけて現在の環境問題・危機に象徴されるように、「科学の知」の限界が露呈し、新しいパラダイムにおける新たな人間探求、倫理の模索の中で、古くから人間と共にあった「物語の知」に新たな光が当てられるようになったのである。

新しいパラダイムにおける「物語」は、ただ単に、小説、随筆などのジャンルや、ルポルタージュに対するフィクションといったカテゴリーを指すのではない。ここで、「物語」を簡潔に定義してみたい。すなわち、「物語」とは、「様々な出来事の継続を一定の筋立て（プロット）をもって自分の経験の中に秩序づける認識の仕方[19]」である。

物語が成り立つためには、二つ以上の出来事が必要であり、その出来事が筋立てによって結びつけられたときに、物語が発生する。

ごく簡単な例で説明すると、

「王子さまが死にました。キツネが死にました。」

という文章はまだ物語にはならない。これは単なる二つの出来事の羅列である。そこには何の連関も見出せない。これが物語となるのは、例えばこの二つの文章の間に以下の挿入が入るときである。

「王子さまが死にました。そして哀しみのあまり、キツネが死にました。」

19　芳賀力『物語る教会の神学』教文館、三〇頁。

これで、この文章は最小単位の物語を構成することができる。筋立てを生み出した原動力は、意味の探求である。なぜキツネは王子さまの後で死んだのか。それは、「哀しみ」という意味がこの二つの単なる出来事を結びつけ、この二つの出来事の連関を認識可能にするからである。人間が常に、「意味」すなわち「なぜ?」という問いを発せずにはいられない存在であるということが、この物語という認識の仕方を生み出してきたと言えるであろう。

別の表現を試みるならば、人間は混沌《こんとん》（カオス）の中で生きることはできない、と言えようか。われわれの人生は、一見何の脈絡もない様々な出来事によって織りなされている。われわれがどうにか自らの生を営むことができるのは、これらの出来事の間に自分なりの「筋」すなわち意味による連関をつけて認識しているからである。そうでなければ、この世界は、認識不能の混沌として人間を押しつぶしてしまうことであろう。

人間がどれほど、この意味に深く動かされている存在であるかは、子どもの「なんで?」「どうして?」という問いかけから始まって、ひいては『夜と霧』を代表作とするヴィクトル・フランクル（Viktor Emil Frankl, 1905-1997）の研究・著作が如実に示す通りである[20]。現代の日本社会において、意味がないという「むなしさ」がいかなる教育的・社会的危機をもたらしているかは、私たちも日々の生活の中で痛感させられているのではないだろうか。

したがって自分が誰であるかという自己同一性（アイデンティティ）も、「各人が自分に語ってきかせる物語[21]」である。われわれは、物語ることで、過去の混沌とした出来事の連続に一定の筋立てを与え、自分の経験の中に位置づけることにより、自己を認識し、人生の意味を見いだすからである。

人間は、常に自分に向かって問い続ける。「自分とは誰か、人間とはどういう存在なのか、自分の人生とは何か、生きる意味とは何か、そして自分はどこから来てどこへいくのか」これらの形而上学的問いに、科学の知は答える術を知らず、物語の知のみがこれらの根源的問いへの答えの地平を指し示すことができるのである。

二　物語と自己――「物語的自己同一性（identité narrative）」

人間の自己理解のための「物語の知」について考察する際、現代フランスの哲学者ポール・リクールの「物語論」から多くを学ぶことができる。リクールは、主著『時間と物語』（*Temps et récit*）の中で、「時間の表象不可能性」という哲学の根本的命題に解釈学の長い迂回を通して取り組み、「時間を再形象化する物語の能力（la capacité du récit à refigurer le temps）」[22]に注意を喚起する。

私は、われわれが案出する筋の中に、漠として不定形で、極限すれば沈黙しているわれわれの時間経験を、われわれが再＝形象化するための特権的手段を見出す。アウグスチヌスは尋ねる。『時間とは何だろうか。誰も私にその問いを発しなければ、私は知っている。もし誰かがその問いを発し、私がそれを説明しようとすると、私はもうわからなくなる。』筋の指示機能とはまさに、哲学的思弁のアポリアのとりこになっているこの時間経験を再形象化するフィクションの能力の中に存している。[23]

20　この点で、臨床心理学、教育心理学の分野からフランクルの研究を行っている諸富祥彦の著作『フランクル心理学入門　どんな時にも人生には意味がある』（コスモス・ライブラリー、一九九七年）等は示唆に富むものである。
21　芳賀力『物語る教会の神学』前掲書、三〇頁。
22　Ricœur, P., *Temps et récit III*, Editions du Seuil, 1985, p. 483.（邦訳）ポール・リクール『時間と物語Ⅲ』新曜社、一九九〇年、四八四頁。
23　Ricœur, P., *Temps et récit I*, Editions du Seuil, 1983, p. 12.（邦訳）ポール・リクール『時間と物語Ⅰ』新曜社、一九八八年、X頁。「アポリア」とは、解決の糸口を見いだせない難問の意味。

人間の時間経験は物語る行為と切り離すことができない。時間という捉えどころのないものが、物語られることにより、人間的時間となり、その時間の経過の中で継起する人間の様々な経験も、筋立てという一つの総合的な形を付与されて、人間にとって手応えのあるもの、認識可能なものとなるのである。

またリクールは、『時間と物語』では、結論部に萌芽として論じられている「物語的自己同一性（identité narrative）」というキーワードとなる概念を晩年の主著『他者のような自己自身』（*Soi-même comme un autre*）において深め、発展させ、自らの倫理思想の軸としている。

> 歴史と物語の一体化から生える脆いひこばえとは、個人または共同体に、物語的自己同一性（identité narrative）となづけることのできる特殊な自己同一性を割り当てることである。「自己同一性」とはここで実践の一カテゴリーの意味に解される。個人または共同体の自己同一性を言うことは、この行為をしたのはだれか、だれがその行為者か、張本人か、の問いに答えるものである。まずだれかを名指すことによって、つまり固有名詞でその人を指名することによって、その問いに答える。しかし固有名詞の普遍性を支えるものは何か。こうしてその名で指名される行為主体を、誕生から死まで伸びている生涯にわたってずっと同一人物であるとみなすのを正当化するものは何か。その答えは物語的でしかあり得ない。「だれ?」という問いに答えることは、ハンナ・アーレントが力をこめてそう言ったように、人生物語を物語ることである。物語（ストーリー）は行為のだれを語る。〈だれ〉の自己同一性はそれゆえ、それ自体物語的自己同一性にほかならない。
> （*L'identité du qui n'est donc elle-même qu'une identité narrative*）[24]

『美徳なき時代』(After Virtue) において、マッキンタイア (Alasdair MacIntyre, 1929-) もリクールに少し先駆ける形で、「人生の物語的統一」について語っている。「それぞれの人生を一つの全体として、つまり統一体として眺めようと今の時代に試みるならば、(…) 物語の様式で自己について考えることが」最も自然である。なぜなら、「自己性についての概念」とは、「物語のもつ統一性のうちにその統一性が存在するような自己の概念であり、その物語は、誕生—生—死を〈物語の初め—中間—終わり〉として連結させるのである」[25]。

リクールの著作において、特に興味深いのは、文学の特権的とも言える価値について論じている箇所である。マッキンタイアの考察を深める形で、リクールは文学こそが、人が自分の人生について考察する際の「思考実験のための広大な実験室 (un vaste laboratoire pour des expériences de pensée)[26]」であると語るのである。

この「実験室」は、「死」のようにわれわれが決して経験から認識することができない事柄について、すなわち混沌として時にわれわれを恐怖に陥れる「未知の無」に形を与えることができる唯一の手段を提供する。「死への準備教育」などにおいて、「文学」を用いることの有効性は、以下の論述にも十分に示されている。

死については、文学がそれについて産み出す物語は、何らかの資格で模範的な、あれこれの死に、想像上で輪郭《りんかく》を与えることによって、未知の無に直面しての苦悩の刺《とげ》をやわらげる力をもっているのではないか。こう

---

24 Ricœur, P., *Temps et récit III*, op.cit., pp. 442-443.(邦訳)ポール・リクール『時間と物語Ⅲ』前掲書、四四八頁。傍線筆者。

25 MacIntyre A., *After Virtue*, University of Notre Dame Press, 1981, pp. 191-192.(邦訳)アラスデア・マッキンタイア『美徳なき時代』篠﨑榮(訳)、みすず書房、一九九五年、二五〇-二五二頁。

26 Ricœur, P., *Soi-même comme un autre*, Editions du Seuil, 1990, p. 192.(邦訳)ポール・リクール『他者のような自己自身』久米博(訳)、法政大学出版局、二〇〇三年、二〇五頁。

してフィクションは死の学習に協力してくれる。キリストの受難に思いを潜めることが、こうしてひとりならずの信徒の最後の敷居まで、同伴してくれたのだ。[27]

そして、リクールは「現実の生のまさに逃げやすい性格のゆえに、われわれはその生を事後に回顧《かいこ》しながら編成するために、フィクションの助けを必要としている」と述べ、「文学的物語と人生物語とは、両者の対比にもかかわらず、というよりその対比ゆえに、排除しあうどころか、互いに補い合う[28]」と結論するのである。

こうして、「物語」は、時間の中で生きる人間存在の自己を把握する際の最も優れた認識の方法となりうる。だが、「いかに生きるべきか」の問いに答えるには、自己を把握、認識するだけでは足りない。そこで、倫理学の視点を加えることが、必要不可欠となる。

三 物語と「倫理」

マッキンタイアは、倫理思想において、「物語という形態が他者の行為を理解するのにふさわしいのは、私たちすべてが自分の人生で物語を生きているからであり、その生きている物語を基にして自分自身の人生を理解する[29]」からだと指摘する。そして「『私は何を行うべきか』との問いに答えられるのは、『どんな(諸)物語の中で私は自分の役を見つけられるのか』という先立つ問いに答えを出せる場合だけである[30]」と指摘し、特に子どもたちが、物語を通してこの役割を学んでいくことを明らかにする。その上で、「物語を語ることが、人々を諸徳に向けて教育する上で、鍵となる役割を占める[31]」と結論する。

古来、様々な文明において、神話や昔話は、社会においてこのような「倫理」教育の根幹を担ってきた。古老から子どもたちへと語り継がれてきた伝統が、世界各地で消えつつある現代、意識ある絵本作家、児童文学者たちがこの伝統の灯を受け継ごうと試みているように思える。なぜなら、人生の初めに、このような根源的「物語」に出会う機会を奪うことは、人間が人間らしく生きる可能性をも奪うことにつながるからである。最近教育の世界でキーワードとして用いられるようになった「生きる力」も、元来「物語」によって培われてきたものである。この点については、福音館書店の創立者であり、自ら優れた絵本作家でもある松居直《まついただし》の数多くの絵本論[32]や、後述するミヒャエル・エンデの著作、随筆[33]からは学ぶところが多い。

したがって、キリスト教倫理の分野においても、「物語」はキーワードと言っても過言ではない位置を与えられるようになった。例えば、マッキンタイアに深く学んだプロテスタント神学者ハワーワス（Stanley Hauerwas, 1940-）は、キリスト教信仰が本質的に「物語的性格」を持っていることを、自らの倫理神学の根本に位置づける。

そして、「キリスト教倫理の本質は、キリスト教が物語の形態、さらに丁寧にいえば、共同体を形成する伝統をつくる物語の形態をとる事実によって定められる[34]」と語る。そして、「物語形式がキリスト教信仰にとって、偶然

---

27 Ricœur, P., *Soi-même comme un autre*, op.cit., p. 192.（邦訳）ポール・リクール『他者のような自己自身』前掲書、二〇九頁。
28 Ibid., p. 191.（邦訳）同書、二〇九－二一一頁。
29 MacIntyre, A., *After Virtue*, op.cit., p. 197.（邦訳）マッキンタイア『美徳なき時代』前掲書、二五九頁。
30 Ibid., p. 201.（邦訳）同書、二六五頁。
31 Ibid., p. 201.（邦訳）同書、二六五頁。
32 松居直『絵本とは何か』日本エディタースクール出版部、二〇〇一年、『こどもの本・ことばといのち』日本基督教団出版局、二〇〇〇年、等他多数。松居の幼児期における語りかけの言葉の大切さについての論考は特に秀逸である。
33 ミヒャエル・エンデ『はてしない物語』岩波書店、一九八二年、『エンデのメモ箱』岩波書店、一九九六年、等他多数。
34 Hauerwas, S., *The Peaceable Kingdom: A Primer in Christian Ethics*, University of Notre Dame Press, 1983, p. 24.（邦訳）S・ハワーワス『平和を可能にする神の国』東方敬信（訳）、新教出版社、一九九二年、五八頁。

でも余計なものでもなく、神について語る基本的方法は、物語以外にない[35]」とまで断言するのである。ハワーワスが特に強調するのは、「見ること」の重要性である。

キリスト教倫理は、とくに明瞭な内容をもった明確な物語によって形成される。わたしたちが世界をこのような物語として見ないのなら、イエスの生涯と十字架と復活に啓示された神を信じなくても、あるいは礼拝しなくてもよいことになる。別の言葉で言えば、キリスト教倫理の仕事は、基本的に、わたしたちに「見る」ことを教えることである。わたしたちは、見る訓練を受けた時にのみ世界を描け、また自分で描いた世界でだけ行動できる。[36]

そして、「キリスト教倫理は、まず規則や原理を考えるのではなく、真理に従って世界を見るために自己を変革する方法について語る[37]」と結論するのである。

四　たとえ話の力

こうしてリクールの「隠喩論」から、聖書の「たとえ話」の新しい見方が生まれてくる。リクール自身、「たとえ話は、隠喩的過程を物語形式に援用した表現方法である」と定義している。[38] すなわちそれは、普通われわれの目には、隠されている現実・真理を「見えるもの」とする「たとえ話」の役割である。「たとえ話」は、当時の教養なき民衆のための程度を落とした宗教説話などではない。神の愛がどのようなものであるかをイエスが語ろうとしたとき、それは「たとえ話」の形でしか表現できないものだったのである。

■放蕩息子のたとえ話

聖書の中でも最も有名な「たとえ話」はルカ15章の「放蕩息子のたとえ話」であるが、実は最も誤解の多い「たとえ話」と言っても過言ではない。罪人の改心という出来事が扱われるがゆえに、とかく倫理的教訓としてのみ解釈されることが多いからである。この物語の核心は「絆《きずな》」である。父の生前に財産を求めた弟息子は自ら親子の絆を切り、父の存在を忘却する。放蕩の末、弟息子は「人間失格」の状態にまで堕ちる。ユダヤ人にとって不浄な存在である豚の餌《えさ》まで食べたいと欲することは、人間以下の存在となったと同様であったからだ。そこで父の存在を思い起こし、戻ってくる。

遠くにいるにもかかわらず彼を見つけた父は、全存在をゆすぶられる激情を覚えて息子のもとに駆け寄る。普通「哀れに思い」と淡泊《たんぱく》に訳されている言葉は、実は「はらわた（スプランクノン）」を語源とし、身体にまで現れるはらわたを揺さぶられるような強い感情を表す「スプランクニゾマイ」という言葉である。ここで父は、いてもたってもいられれぬ烈しい思いに駆られて息子を抱きしめるのである。

そこで息子は改悛《かいしゅん》の言葉を述べ、謙遜《けんそん》に雇い人の一人にしてくれと頼むが、父は息子の言葉が何一つ耳に入らないかのように、矢継《やつ》ぎ早《ばや》に使用人に命令を下す。その中で完全を表す七つの動詞の命令形を用いて息子を復権させるのである。指輪や履き物、良い服などは、すべて息子にしか与えられない特権だからである。そこには、失った

35　Ibid., p. 25.（邦訳）S・ハワーワス『平和を可能にする神の国』前掲書、五九頁。
36　Ibid., p. 29.（邦訳）同書、六五－六六頁。
37　Ibid., p. 33.（邦訳）同書、七一頁。
38　ポール・リクール『隠喩論』前掲書、一〇一頁。

息子を見出した父の狂喜とも言える喜びしかない。

兄は、そんな弟を冷ややかに見下し、父に弟のことを「あなたのあの息子」と言い放つが、父は「お前のあの弟」と兄が断ち切った絆を想起させる。だが父の兄への呼びかけは決して咎《とが》め立てではなく、限りなく優しい。「子よ。お前はいつもわたしと一緒にいる。わたしのものは全部お前のものだ。だが、お前のあの弟は死んでいたのに生き返った。いなくなっていたのに見つかったのだ。祝宴を開いて楽しみ喜ぶのは当たり前ではないか」（ルカ15・31－32）。「子（テクノン）」は、小さい子への温かい呼びかけである。この父は、弟に冷たい態度をとる兄をも排除しようとは思っていない。

父にとって、その関心は、お金でも財産でもない。したがって弟の放蕩など何でもない。彼の唯一の関心は、息子が自分を忘れ、親子の絆を切って出て行ったことだったのだ。その哀しみのみがこの狂喜を説明する。この父といったいどちらの息子が「共にいる」のだろうか？　兄は身体的には共にいたものの、そのことに気づかなかった人間のようである。転じて、罪人である弟は今こそ、このような父とともにいることの喜びに目覚めたのではないだろうか。

ゆえにこのたとえ話の真の主人公は、息子ではなくて、父親である。神に向かって初めて「アッバ（パパ）」と親しく呼びかけたイエスの神理解がこの「たとえ話」の鍵《かぎ》となっている。神のいつくしみの愛という目に見えない働きが、「ゆるしの物語」として語られたときに、「断腸《だんちょう》の思い」で失われた人間を探し求める神の姿をあらわにしたのである。隠喩が翻訳不可能であるように、この「物語」を他の論理的表現で置き換えることはできない。なぜなら、人間の歴史に介入し、時間の中で働く神の愛のダイナミックな働きは物語の形でしか語りえないからである。

また父の悲愛《ひあい》（アガペ）を中心に据えたこの絆の物語は、全聖書の縮図といっても過言ではない。なぜなら、弟息子とは、背き続けつつも、神へと立ち戻ってやまなかったイスラエルの民の象徴でもあり、それはどん底まで堕ちても神への帰還の希望に生きる人間存在それ自体の象徴とも言えるからである。

■『ひつじが丘』

ここで、キリスト教文学における援用の例として、三浦綾子の『ひつじが丘』を用いて、「たとえ話」の持つ力を説明してみたい。

周知の通り、三浦綾子は『氷点《ひょうてん》』等のミリオンセラーを通して一般に知られるプロテスタント作家である。その小説は、しばしばメロドラマや推理小説仕立ての大衆小説風に仕上がっており、純文学の批評家からは相手にされないことも多い[39]。だが、この読みやすさは、三浦によって意図的に選択された宣教の手段であり、彼女は「聖書のように簡潔な文体」を目指し、「小学校五年生の学力で十分読める小説しか書かない」と明言してきた。文壇《ぶんだん》への挑戦とも言われたこの試みが、実に四千万部を超える総発行部数を見れば、どれほどの成功を得てきたかは明らかである。ここで浮き彫りにしてみたいのは、表面的な「メロドラマ」の背後に、しばしば三浦による現代人のための「たとえ話」が巧妙に隠されている点である。

『ひつじが丘』はデビュー作『氷点』の次に書かれた作品で、『氷点』で描ききれなかった「ゆるし」のテーマを展開したいという作家の願いが結実した作品である。三角関係をベースにした典型的恋愛小説の転換点は、主人公奈緒美が不良の良一と結ばれた後、その不貞に気づき、絶望のあげく父と母の住む牧師館へと帰る場面である。三浦は、ルカ15章の『放蕩息子のたとえ話』のディテールをちりばめながら、「放蕩娘」奈緒美の帰還を描き出す。イエスの描く父親のイメージを彷彿《ほうふつ》とさせる奈緒美の父耕介は、夜中に身一つで帰ってきた娘に「たびはだしのま

39　三浦綾子の作品についての批評・研究は数多いとは言えないが、その中で上出恵子の『三浦綾子研究』（双文社出版、二〇〇一年）は、本格的な優れた研究書である。

ま走りより」肩を抱き、喜びをあらわにする。こうして、恋愛小説の下に隠された「ゆるしの物語」の骨格が明らかになる。

この転換点から、善人と悪人のバランスがシーソーのように交差し、ついには、結末の耕介の告白、奈緒美の悔《かい》恨《こん》によって、その区分が一挙に崩壊《ほうかい》するのである。読者は、単なる筋立てのおもしろさにひかれ、小説を読み進むうちに、登場人物への自己移入や反感を通して、自分の在り方を問うように迫られる。すなわちこの「物語」が「それでは、あなた自身は愛すること・ゆるすことを知っているのか？　人を裁いてはいないのか？　偽善者ではないのか？」という根本的な問いを投げかけてくるのである。このような読みを表層から深層へと導いてゆくことで、読者は、自らの気づきに目を開かれ、自分の今の生活、ひいては人生を新しい目で見るきっかけをつかんでゆく。なぜなら、そこで、あらわになるのは、普段はわれわれ自身の目に隠されている自分のありのままの姿だからである。「物語」の持つ「鏡の効果」と名付けることができるだろうか。混沌である自己が物語をのぞきこむことにより、そこにあらわに映し出された自分の真の姿に気づくのである。

そのとき、初めて「罪」「ゆるし」「愛」といった抽象語が形を与えられ、イエスの語った物語が自らの人生の物語に重ね合わされることにより、「イエスの物語」自身が現実のものとして受け止められるための素地が築かれることになる。

このような意味で、旧約聖書の中で預言者ナタンが使った「たとえ話」は秀逸《しゅういつ》である。自らの忠実な兵士であるウリヤの妻バト・シェバを奪い、不倫の事実を隠すためにウリヤを戦場で殺させたダビデに、ナタンは、一つの「たとえ話」を語る。

1 主はナタンをダビデのもとに遣わされた。ナタンは来て、次のように語った。
「二人の男がある町にいた。
一人は豊かで、一人は貧しかった。
2 豊かな男は非常に多くの羊や牛を持っていた。
3 貧しい男は自分で買った一匹の雌《めす》の小羊のほかに
何一つ持っていなかった。
彼はその小羊を養い
小羊は彼のもとで育ち、息子たちと一緒にいて
彼の皿から食べ、彼の椀《わん》から飲み
彼のふところで眠り、彼にとっては娘のようだった。
4 ある日、豊かな男に一人の客があった。
彼は訪れて来た旅人をもてなすのに
自分の羊や牛を惜しみ
貧しい男の小羊を取り上げて
自分の客に振る舞った。」

（サムエル記下 12・1－4）

豊かなくせに貧しい男から羊や牛を取り上げるひどい男の話を聞いてダビデは激怒するが、ナタンはその男こそダビデ自身であることを告げる。ただ単に、掟に背いたことを糾弾されるより遥かに明らかに、この「たとえ話」によって、ダビデは自らの罪の姿を「見る」のである。そしてその認識は、回心という「行為（プラクシス）」を導

く原動力となる。
このような問いや視点を引き出すことができたとき、文学は、いわゆる「文学のための文学」にとどまらず、「意味探求」のための手段となることができる。そして、文学中の文学である聖書の「物語」はすべてこのような力を秘めた物語なのである。

五　イエス・キリストの「物語」と私の「物語」

自分の「物語」を模索し始めたときに、初めてイエス・キリストの「物語」の意味が明らかになってくる。そして、「創世記」から「ヨハネの黙示録」に至る大いなる物語の中で、自分の物語が担う役割こそが、一人一人の人間にとっての召命（vocation）であると言えよう。このような観点から見たとき、第二バチカン公会議の「現代世界憲章」二二項で述べられた内容の深い意味が一層明らかになる。

「実際、人間の神秘が真に解明されるのは、肉となったみことばの神秘においてのみである。（中略）なぜなら、神の子は受肉によって、ある意味で自分をすべての人間と一致させたからである。（中略）実際、キリストがすべての人のために死に渡され、また、人間の究極的召命が実際には一つ、すなわち神に由来するものであるからこそ、われわれは、聖霊が神に知られている方法で、復活の神秘にあずかる可能性をすべての人々に提供することを信じなければならない。

キリスト教にかかわる啓示によって、信じる人々に明らかに示される人間の神秘は、このようなものでかくも偉大である。したがって、キリストの福音がなかったならば、われわれを押しつぶしてしまう苦しみと死の謎は、キリストによってキリストにおいて解明される。キリストは復活し、その死をもって死を滅ぼし、われわれにいのちを豊かに与えた。こうして、われわれは御子において子となり、霊によって「アッバ、父よ」と叫ぶのである。[40]」

つまり、人間の物語の意味、特に、苦しみ、死の意味などの実存的問いは、すべてイエス・キリストの物語においてでなければその真の意味を明らかにしないということになる。イエス・キリストの物語が、単なる知識ではなく、自分の物語への一つの呼びかけとして捉えられたとき、そこに「いかに生きるべきか」への招きが生まれる。そして、そのイエスの教えの根本にある黄金律「私があなた方を愛したように、互いに愛し合いなさい」が、掟と呼ばれるがゆえに義務とのみ捉えられがちであるが、実は、山上の説教の「幸いなるかな」に連なる「幸い、幸福」への招きであることを忘れてはならないだろう。イエスの招きには、「永遠のいのち」という永遠の「幸福」へと向かう一つの目的、方向性があるからである。

『道徳と宗教の二源泉』でベルクソンが開かれた道徳について語った箇所は、このようなイエスの招きにその頂点を見ると言っても過言ではない。

なぜ聖者たちはこのように模倣者《もほうしゃ》をもち、なぜ偉大な善人たちはその背後に群衆を従えたのであろうか。彼らは、何一つ要求しない、しかも獲得する。彼らは説きすすめる必要はない。彼らは存在しているだけでよい。

40 『第二バチカン公会議公文書』前掲書、六二一－六二三頁。

彼らの存在がひとつの呼びかけである（Leur existence est un appel）。なぜならば、この別種の道徳の性格は全くこのようなものだからである。自然的債務が圧力もしくは推力であるのに反して、完全無欠な道徳は、ある呼びかけである。[41]

この有名な文章中の、聖者たちの存在が一つの呼びかけであるように、「物語」もまた呼びかけとなるのである。

自分の物語を神の物語に位置づけるのを学ぶなら、わたしたちの生は、単なる出来事の経緯以上と考えられる。（…）これは、わたしたちの生がただひとつの目的や意味をもつということではない。わたしたちがキリストから学ぶ神の物語は、目的が明確でない時も、旅をつづける技能を与える。（…）わたしたちは、いつまでも生きがいを与える課題を真実な物語の中に発見していくなら、幸福や楽しみがなんであるかを学ぶことができる。[42]

この文章からも示唆されるように、リクール、マッキンタイア、ハワーワスのように現代思想に大きな影響を与えた哲学・倫理学者たちが注目するのは、アリストテレス哲学、特に倫理学の現代における意義である。このような思想家たちの発見を受けて、キリスト教倫理を再考するとき、単なる義務の羅列、掟の遵守ではなく、「善き生」、究極的な善としての「幸福（eudaimonia）」を求めるダイナミックな倫理の可能性が浮き彫りにされるのである。

そして、時間の中で生きる人間の善き生き方を、真の幸福を探求しようとするとき、「物語」は、人間の生に形を与え、人生に統一を与える唯一の認識の方法として、特権的な位置を付与される。「物語」からは、掟の羅列と強制による道徳とは、全く違ったレベルでの「倫理」を読み取ることができる。「どのように生きればよいのか」

という問いに人間は長い間、物語からその答えを学んできたからである。それは、究極的な意味や生きがいを人間の根源的な意志とし、意味による治療（logotherapy）を打ち立てたフランクルの思想にも新たな光を与えるものと言えよう。

広義の宗教教育、すなわち「意味」を取り上げる教育において、まず自分の物語（自己同一性）の確立がなければ、思考の基盤がないと同様であり、宗教についての健全かつポジティブな理解は望めない。そして、自分の物語を構築するためには、他の物語に学び、自己理解を深める必要がある。

聖書を「大いなる物語」として捉え直し、自分の物語との関係に気づくことができたなら、そのような内的理解は、新しい霊性の基礎を築きうるとも言える。また多くの優れた文学に学ぶことで、いかに生きるべきかの問いに自ら応えるための思想の土壌を形成し、刹那的「神話」と真に人生に意味を与える真の「神話」を識別する眼を養うことができる。単なる知識の獲得、道徳的掟の伝達、宗教的情緒の涵養にとどまらぬ、新しい宗教教育の可能性が、意味を創造する「物語」の再発見・再考に開かれているのではないだろうか。

---

41 Bergson, H., *Les deux sources de la morale et de la religion*, in Oeuvres, Presses universitaires de France, 1984, p.1003.（邦訳）H・ベルクソン『道徳と宗教の二源泉』平山高次（訳）、岩波文庫、一九七七年、四二頁。

42 Hauerwas, S., *The Peaceable Kingdom: A Primer in Christian Ethics*, op.cit., p. 68.（邦訳）S・ハワーワス『平和を可能にする神の国』前掲書、一二四頁。

コラム

人生は物語となる「あなたが子孫に語り伝える」（出エジプト10・2）

教皇フランシスコ 第五四回「世界広報の日」のメッセージ

今年のメッセージは、物語をテーマにしたいと思います。道に迷ったままにならないためには、よい物語から真理を吸収する必要があると、わたしは信じているからです。よい物語とは、壊すのではなく築き上げる物語、自分のルーツと、ともに前に進むための力を見いだす助けとなる物語です。さまざまな声や知らせに取り囲まれる喧騒《けんそう》の中でわたしたちに必要なのは、自分自身のことと、周りにあるすべての美しいもののことを語る、人間らしい物語です。世界とさまざまな出来事にいつくしみのまなざしを向ける物語、わたしたちは生きている織物の一部であることを伝えてくれる物語、わたしたちを互いに結びつけている糸の縒《よ》り合わせを明かす物語です。

一　物語を織る

人間は物語る存在です。わたしたちは子どものころから、食べ物を欲するのと同じように、物語を欲します。童話、小説、映画、歌、報道など、いずれの形であれ、物語はわたしたちの人生に、そうとは気づかなくても、影響を与えています。なじみのある登場人物や話に基づいて、物事の善悪を判断することもあります。物語はわたしたちに刻まれ、わたしたちの信条と姿勢を形成し、自分は何者であるかを理解して伝えられるよう助けます。

人間は、自分のもろさを覆《おお》うために衣を必要とする唯一の生き物（創世記3・21参照）であるばかりか、自分のいのちを守るために物語を「まとう」ことをも必要とする唯一の生き物でもあります。わたしたちは衣だけでなく、物語も織り上げます。人間の「織りなす」（テクセレ〔ラテン語〕）力はまさに、織物（テキスタイル）にも、文章（テキスト）にも及ぶのです。

どの時代の物語にも、共通の「枠組み〔機（はた）〕」、すなわち「勇者」が登場するという型があります。日常生活においても見られるそうした勇者が、夢を追い求める中で困難に直面し、勇気を与える力、愛の力に動かされ、悪と戦うという展開になっているのです。物語に熱中することで、わたしたちは人生という挑戦に臨むための勇者の士気を得ることができます。

人間は物語る存在です。人間は、日常という筋書き〔横糸〕の中で己を知って豊かにし、成長する生き物だからです。しかし原初から、わたしたちの物語は危険と隣り合わせにありました。歴史〔物語〕には、悪が蛇のようにはい回っているのです。

二　すべての物語がよいとは限らない

「それを食べると、神のようになる」（創世記3・5参照）。蛇の誘惑は、ほどけにくい結び目を、歴史の筋書きに生じさせます。「あれを手に入れると、このようになれる、あのようなこともできるようになる……」。これは、いわゆるストーリーテリングを道具として用いる人が、今もささやくことばです。幸せになるためには、獲得し、所有し、消費することを続ける必要があると信じ込ませ、説き伏せる物語がどれほど多くあることでしょう。わたしたちはどれだけおしゃべりやうわさ話に躍起《やっき》になって、どれほど暴力や虚言を振るっているのか、ほとんど自覚していません。コミュニケーションという機（はた）は、社会的なつながりや文化の構造を結びつける建設的な物語ではなく、社会を織りなす切れやすい糸をほつれさせ、断ち切ってしまう破壊的で挑発的な物語ばかりを生み出しています。裏づけのない情報を寄せ集め、ありきたりな話や一見説得力のありそうな話を繰り返し、ヘイトスピーチで人を傷つけ、人間の物語をつむぐどころか、人間から尊厳を奪っているのです。

道具として用いられる物語や権力のための物語は長くは続きませんが、よい物語は時空《じくう》を超えます。いのちをはぐくむものなので、幾世紀を経ても普遍なのです。

偽造がますます巧妙化し、予想をはるかに超えた域（ディープフェイク）にまで達する現代において、わたしたちには美しく、真実で、よい物語を受け入れ、生み出す知恵が必要です。偽りで悪意のある物語をはねつける勇気が必要です。今日の多くの分裂にあって、それをつなぎ止める糸を見失わないよう助けてくれる物語を再び見いだすためには、忍耐力と識別が必要です。それは、日常の気づかれることのない英雄行為をも含め、わたしたちの真の姿を照らし出す物語です。

三　種々の物語から成る物語

聖書は、種々の物語から成る物語です。なんと多くの出来事、民族、人々が示されていることでしょう。そこには冒頭から、創造主であり語り手でもある神について記されています。神がことばを発せられると、それは実現するのです（創世記1章参照）。神は、ことばを発することでさまざまなものにいのちをお与えになり、その頂点として、自由意志をもったご自分の話相手として、またご自分とともに歴史を生み出す者として、男と女をお造りになります。詩編では、被造物が神に呼びかけています。「あなたは、わたしの内臓を造り、母の胎内にわたしを組み立ててくださった。わたしはあなたに感謝をささげる。わたしは……驚くべきものに造り上げられている。……秘められたところでわたしは造られ、深い地の底で織りなされた。あなたには、わたしの骨も隠されてはいない」（139・13－15）。わたしたちは完成されて生まれたのではありません。それどころか、つねに「編まれ」、「織られ」なければなりません。いのちは、「驚くべきもの」であるわたしたち自身を織りなし続けるよう促す招きとして、わたしたちに与えられているのです。

この意味で聖書は、神と人間との壮大なラブストーリーです。その中心にはイエスがおられます。イエスの物語は、神の人間への愛を完成させ、同時に、人間の神へのラブストーリーも完成させます。ですから人間は、種々の物語から成るこの物語の中の重要なエピソードの数々を、世代から世代へと語り伝え、記憶にとどめなければなりません。それらのエピソードには、起きたことの意味を伝える力があるのです。

今年のメッセージのタイトルは、出エジプト記から取られています。出エジプト記は、神がご自分の民の歴史に介入されることを語る本質的な聖書物語です。奴隷となったイスラエルの子らが神に向かって叫んだとき、神はその声を聞き、思い起こされます。「神はその嘆きを聞き、アブラハム、イサク、ヤコブとの契約を思い起こされた。神はイスラエルの人々を顧《かえり》み、み心に留められた」（出エジプト2・24－25）。しるしと奇跡を通してもたらされる抑圧からの解放は、神の記憶に由来します。そのとき、主はこれらすべてのしるしの意味をモーセに知らせます。「どのようなしるしを行ったかをあなたが子孫に語り伝え、わたしが主であることをあなたたちが知るためである」（同10・2）。出エジプトの体験が教えているのは、神についての知は何よりも、神がいかに現存されているかを次の世代に語り継ぐことによって伝えられるということです。いのちの神は、いのちについて語ることによって伝えられるのです。

イエスご自身も神について、抽象的な話ではなく、日常生活にまつわるたとえ話や短い物語を用いて語りました。そこでは人生は物語となり、そして、聴衆にとっては、その物語が自分の人生となるのです。その物語はそれを聞く者の人生に入り込み、その人生を変えるのです。

もちろん福音書も物語です。福音書は、わたしたちにイエスのことを伝えるだけでなく、「行為遂行《こういすいこう》的《てき》」[43]でもあり、わたしたちをイエスに一致させます。同じ生き方をするために、同じ信仰に結ばれるよう福音書は読者に求めます。ヨハネによる福音書は、至聖なる語り手——言（ことば）、神であることば——が、ご自身について語られたことを伝えています。「父のふところにいる独り子である神、この方が神を語られたのである」（ヨハネ1・18参照）。わたしが「語られた」という表現にしたのは、このことばの原語 exegésato（示された）は、「啓示された」とも「語られた」とも訳せるからです。神は自ら、わたしたち人間の中にご自分を織り込むことにより、わたしたちの物語を織る新しい方法を示してくださいます。

四　新たにされる物語

キリストの物語は過去の遺産ではありません。それは、今もたえず進行中の、わたしたちの物語です。神は受肉して人となり、歴史となるほどに、人間、わたしたち肉なる者、わたしたちの歴史を深く気遣《きづか》っ

43　ベネディクト十六世回勅『希望による救い』カトリック中央協議会、九頁。「キリスト教のメッセージは『情報伝達的』なだけでなく、『行為遂行的』なものでした。すなわち、福音は、あることを伝達して、知らせるだけではありません。福音は、あることを引き起こし、生活を変えるような伝達行為なのです。」

ておられることを、その物語は示しています。また、人間の物語には、取るに足らない無意味な話など一つもないことも伝えています。神が物語になられたのですから、人間の物語はそれぞれが、ある意味で神聖なのです。御父は、一人ひとりの物語の中に、地に下られた御子の物語を再び見ておられます。どんな人の物語にも、否定しえない尊厳があります。ですから人間は、イエスが引き上げてくださった、目もくらむようなすばらしい最高傑作の物語にふさわしいのです。

聖パウロは次のように記しています。「あなたがたは、……墨《すみ》ではなく生ける神の霊によって、石の板ではなく人の心の板に、書きつけられた手紙です」(二コリント3・3)。神の愛である聖霊が、わたしたちの中に書きつけておられます。そして、書き記しながら、善をわたしたちの中に留め置き、そのことを思い起こさせてくださいます。実際、「思い起こさせる(ri-cordare)」とは、心に記す、心に「書きとどめる」ことを意味します。どんな物語も、たとえだれからも忘れ去られたものや、滅裂《めつれつ》な文でつづられたように見えるものであっても、聖霊の働きによって導かれ、傑作となって息を吹き返し、福音書に添えられる物語となることができます。アウグスチヌスの『告白』然り、イグナチオの『ある巡礼者の物語』然り、幼いイエスのテレジアの『ある霊魂の物語』然り。『いいなずけ』、『カラマーゾフの兄弟』然りです。神の自由と人間の自由の出会いを見事に描いた数えきれないほど多くの他の物語も同様です。わたしたちはだれもが、人生を変えてくださる愛なるかたをあかしした、福音の香りのする、さまざまな物語に覚えがあります。そうした物語は、いつの時代も、あらゆる言語で、すべての手段によって、共有され、語られ、生きられなければなりません。

五　わたしたちを新たにする物語

わたしたちの物語は、どの偉大な物語の中にも見られます。聖書、聖人伝や、人間の魂を洞察してそのすばらしさを照らし出すことのできた文学作品を読むとき、聖霊は、自由にわたしたちの心に書き込みをし、神の目に映るわたしたちの姿の記憶をわたしたちの中で新たにしてくださいます。わたしたちを造り、救ってくださった愛を思い起こすなら、日々の物語の中に愛を差し込むなら、日常の筋書き〔横糸〕をあわれみで織るなら、そのときわたしたちは、ページをめくっているのです。わたしたちはもはや、後悔や悲しみにつながれ、心を閉じ込めてしまう暗い記憶に縛られてはいません。それどころか、他者に対して自らを開くことで、語り手である神がまさに見ておられるものに向けて、自分自身を開いているのです。神に自分の物語を語ることは、決して無駄ではありません。たとえ出来事を記した年譜は変わらなくても、意味と見方は変わります。主に自分のことを語るとは、主がわたしたちと他者に向けておられるあわれみ深い愛の視界の中に入ることです。わたしたちは主に、自分が生きている物語を語り、他者のことを伝え、状況を打ち明けることができます。主とともに、ほころびや裂け目を修繕《しゅうぜん》しながら、いのちの織物を再び織り上げることができるのです。皆さん、わたしたちはどんなに、そのことを必要としているでしょう。

そうしてわたしたちは、語り手である主――決定的な視点を持つ唯一のかた――のまなざしをもって、主要な登場人物たち、つまり今日の物語の中でわたしたちのすぐそばにいる役者である兄弟姉妹に歩み寄ります。そうです。世界という舞台では、だれも端役《はやく》ではありませんし、どの人の物語も、生じうる変化に開かれているからです。悪について語るときでさえ、あがないのための場を残すすべを学ぶことができます。悪のただ中の善のダイナミズムに気づき、善に働きの場を与えることもできるのです。

ですから、ストーリーテリングの論理に従うことでも、自分を宣伝することでもなく、神の目に映る自分の姿を記憶にとどめること、聖霊が心に記したことをあかしすること、そして神の物語の中には息をのむほどの驚きがあることを、あらゆる人に明かすことが肝心なのです。わたしたちにそれができるよう、ご自分の胎で神の人性を織りなしたかたに、そして福音で語られているように、ご自分に起きたすべての出来事を一つに織り上げたかたに、わたしたち自身をゆだねましょう。おとめマリアはまさに、すべてのことを心に納めて、思い巡らしておられました（ルカ2・19参照）。愛という柔和な力によって人生の結び目を解くすべを心得ておられるマリアに、助けを願い求めましょう。

一人の女性であり母であるマリアよ。あなたはその胎内で神のことばを織り、神の驚くべきわざをご自分の人生をもって語りました。わたしたちの物語に耳を傾け、心に納め、だれも聞きたがらない物語をもご自身の物語としてください。物語を導くよい筋道〔糸〕に気づくすべを教えてください。わたしたちの人生をもつれさせ、わたしたちの記憶を曖昧にさせる、幾重もの結び目に目を向けてください。あなたの繊細な手先は、どんな結び目も解くことができます。神の霊に満ちたかた、信頼の母であるマリアよ。わたしたちをも導いてください。平和の物語、未来の物語をつむげるよう、助けてください。そして、その物語をともにたどる道を指し示してください。

ローマ
サン・ジョヴァンニ・イン・ラテラノ大聖堂にて
二〇二〇年一月二四日
聖フランシスコ・サレジオの記念日

フランシスコ

＊＊＊＊＊

教皇フランシスコ

第四章
聖書――大いなる物語

すべてのキリスト教文学の源泉であり、現在に至るまで世界中の物語に影響を与えてきたのは「聖書」である。だが聖書について、キリスト教文学の視点から詳細に論じることはこの本の射程を遥かに超える試みである。それゆえここでは、キリスト教文学の分野で聖書を読み解くために必要な最低限の知識、方法を紹介するに留めておきたい。

まず、聖書は古典中の古典であり、様々な観点から比類無き物語として、人類の遺産となってきた現在でも普遍の超ロングセラーである。国際聖書協会の発表によれば、一八一五年から一九九八年の間だけでも推定三八八〇億冊が発行されており、二〇〇〇年の一年間だけでも世界中の聖書協会によって約六億三三〇〇万冊が発行された。そしてこのペースは衰えることを知らない。

執筆された年代の長さは、新約聖書でも約一〇〇年間、旧約聖書になると聖書学的には諸説あるものの少なく見積もっても約一〇〇〇年以上と考えられている。聖書という「物語」が他の物語とは一線を画する膨大《ぼうだい》なスケールを持っていることがよくわかる。

聖書の原文は、旧約聖書がヘブライ語（一部アラム語）、旧約聖書続編はギリシャ語、新約聖書はギリシャ語で書かれている。時代とともに数多くの言語に翻訳され、二〇二〇年一〇月時点でその言語数は聖書全巻の翻訳が七〇四言語、部分訳を含めると三四一五言語と言われている。[44] 現在七〇〇〇語近くあると言われる世界の言語の約半数に翻訳されているということになる。

■日本語訳聖書

現在、日本のキリスト教会で最も用いられている聖書は、一九八七年に発行された日本聖書協会の「新共同訳」聖書である。これはプロテスタントとカトリックの聖書学者が共同して行った翻訳である。本書での引用にもこの訳を用いている。

最も新しい翻訳は、二〇一八年に実現した聖書協会共同訳である。この新しい翻訳は、共同訳事業の延長として、日本の教会の標準訳となること、すべてのキリスト教会での使用を目指し、礼拝での朗読にふさわしい、格調高く美しい日本語訳を目指して完成されたものである。この訳の優れた特徴は、引照《いんしょう》と注が導入されたことである。

引照とは、聖書本文の関連する箇所を選び、本文下の欄外《らんがい》に示したものである。この引照を利用することで、聖書の原文を他の聖書の箇所と関連させて読み解くことが可能になる。旧約聖書の場合は、その箇所が新約聖書でどのように引用されているかを知ることができ、新約聖書の引照を読むことにより、旧約聖書を参照しつつ意味を深めることができる。こうして旧約と新約の結びつきと一貫性が明らかになるところからも、引照を丹念に読むことは、聖書を理解するための基本的な方法である。

だが、引照だけでは、古典中の古典である聖書を理解することは困難である。そのため、注の存在は、非常に有用な手引きとなる。新共同訳ではすでに「スタディ版」聖書があり、聖書全体にわたって、必要な箇所に注による説明が施されている。

日本聖書協会のＨＰは大変充実しており、聖書について多くのことが学べるが、最近できた web Bible は、有料ではあるが、聖書協会共同訳、新共同訳、口語訳、ＥＳＶ（The Holy Bible English Standard Version）をすべて読むことができ、スタディ版の注も参照することができる。また朗読音声も聞くことができるようになっている。

また二〇一三年に完成したフランシスコ会聖書研究所訳の聖書には、全体にわたる詳しい注と所々には地図も挿入されており、各文書の初めには、簡単な解説も挿入されている点など、聖書の理解を助ける工夫がされている。

また、日本語以外であれば、例えばフランス語では Bible de Jérusalem, la traduction oecuménique de Bible（TOB）など、豊富な注のある優れた聖書が数多くあり、日本語の聖書の注に飽き足らない場合は、英語、フランス語、ドイツ語などの聖書を参照するのも有益である。

★事典・辞書

次に聖書の理解のために助けとなるのは、様々な辞書である。手軽なものとしては、『岩波キリスト教辞典』があるが、すでに絶版となっているため、図書館などでの参照となる。次に『聖書思想事典』（三省堂）も残念ながら絶版であるが、聖書の用語の教義的・霊的意味を説明するために発案された事典で、旧約聖書と新約聖書を貫く統一性を大切にし、聖書の全体像を把握するためには、大変有益な文献である。

『新カトリック大事典』は、全五巻の大部の辞典であるが、電子版が研究社のサイトから提供されており、各項目の記述の中のキーワードをサイト内から瞬時に調べることができる点など、非常に便利な事典である。（【参照】研究社オンラインディクショナリー　https://kod.kenkyusha.co.jp/service/）

また、もちろん聖書のみならず、あらゆるキリスト教についての項目を調べることが可能であり、現在も電子版

44　日本ウィクリフ聖書翻訳協会ＨＰによる。

の方は、新たな項目の加筆や修正が行われている。キリスト教文学についての項目も充実している。他にキリスト教文学に特化した事典としては、『キリスト教文学事典』（教文館、一九九四年）があるが、絶版になっている。それで『新カトリック大事典』がその代用ともなりうるが、各項目の内容は、『キリスト教文学事典』の方が、専門家による執筆であるだけに、詳しく読み応えのある内容となっている。

★参考書

聖書の参考書というと枚挙に暇がなく、どれを選べば良いのか選択に困るというのが実のところである。また良書であっても、難解すぎれば役に立たないし、古すぎる本は、お勧めすることができない。

以上の点から以下、キリスト教文学を研究する初心者にも手に取りやすい参考書を紹介しておきたい。

・小友聡・木原桂二『1冊でわかる聖書66巻+旧約続編』日本キリスト教団出版局、二〇二三年

聖書の各文書のあらすじとポイントが簡潔かつ的確にまとめられた入門書である。

・犬養道子『新約聖書物語』『旧約聖書物語』新潮社、一九七六年

犬養道子は、数多くの著作と世界的なスケールのボランティア活動で有名な評論家であり、活動家でもあった。聖書研究は彼女のライフワークで、フランスやベルギーで本格的に聖書を学んでいる。この二冊は、物語というタイトルではあってもいわゆるフィクションの意味ではなく、犬養の長年の聖書研究を反映した聖書の解説であるが、エッセイ風のため、読みやすい。また、より専門的には『聖書を旅する』一〇巻もある。

・『聖書入門』オリエンス宗教研究所編、二〇一三年
・『キリスト教入門』オリエンス宗教研究所編、二〇一四年
この二冊は、『聖書と典礼』や『毎日のミサ』を発行しているオリエンス宗教研究所が長年行ってきた通信講座を一つにまとめた入門書である。通信講座のため、平易な説明で書かれており、簡潔にまとめられた良い入門書である。

・ヨゼフ・ラッチンガー『ナザレのイエス』三巻、春秋社、二〇一三年
教皇ベネディクト十六世が、ヨゼフ・ラッチンガーの名で発表した本格的イエス研究の書。入門書に飽き足らなくなったとき、取り組む価値のある名著である。

この他に、聖書の解説書、注解書は数多く、初心者が良書を選択することはなかなか困難である。そのため、聖書学と神学を学んだ専門家の知見に導かれて、広大かつ深い聖書の世界に入ってゆくことをお勧めしたい。

聖書及びキリスト教文学における名著の中には、現在絶版になっている書籍も数多い。これらの著作は、図書館で探すしか方法がないが、普通の図書館には所収されていない書籍も多い。この点で、神学部を有する上智大学の図書館は外国語文献も含め、東洋一とも言える抱負な文献を有している。また、より小さい規模ではあるが、四谷イグナチオ教会横にある聖三木図書館は一般に開かれており、キリスト教関連の文献が豊富に集められている親しみやすい図書館である。

■聖書という図書館

聖書（Bible）の語源は、βιβλια（Biblia）、ギリシャ語で「本」の複数系である。目次を見れば一目瞭然《いちもくりょうぜん》のように、聖書は数多くの書で構成されている。その数は、カトリック（七三書：旧約四六書、新約二七書）とプロテスタント（六六書：旧約三九書、新約二七書）で若干の違いがある。それは、新共同訳で「旧約聖書続編」と呼ばれている旧約聖書のギリシャ語で書かれた文書（カトリックでは第二正典、プロテスタントでは外典）を正典と見なすか否かという違いからくるものである。

文学研究のために聖書を購入する場合、及びカトリック神学の観点からは「旧約聖書続編付き」をお勧めしておきたい。なぜなら、このカテゴリーに入る書は、イエスの時代に近い時代にギリシャ語で執筆されたもので、福音書の記述に通じる思想を含んでいる文書もあり、「知恵の書」など文学的にも優れた文書があるからである。

数多くの書から構成されるために、聖書は一つの書物というより、むしろ「図書館」と言った方が良いような体裁《ていさい》をとっている。

旧約聖書の文書には、律法、歴史書、預言書、その他の諸書などの様々なジャンルがある。新約聖書も福音書、使徒言行録、書簡、黙示録などのジャンルがある

そこから、「文学類型」と呼ばれる聖書テクストのジャンルの認識と読解における留意が必要となる。なぜなら、そのテクストが「歴史書」に属するものなのか、または「ヨブ記」のような教訓的知恵文学に属するものなのかで解釈の仕方は全く違ってくるからである。また例えば新約聖書の中にも、様々な文学類型が取り入れられており、本文の読み解きには、まずどの文学類型に属するテクストであるかを見極める必要がある。

では、この「図書館」は、通常の「図書館」のように全くばらばらな種々の文書の寄せ集めにすぎないのであろ

うか?

いや、世界稀《まれ》に見るこの「図書館」の不思議さは、その多様さにもかかわらず、底流には一貫したテーマがあり、全体が一つの「大いなる物語」を構成している点である。現在のキリスト教においては、新約聖書の光に照らして、旧約聖書を理解する。すなわち、旧約聖書では、まだ不完全な形で示されている神秘が、新約聖書の中で初めて十全な形で明らかにされると解釈するのである。これを予型《よけい》論的解釈という。予型とは、後に新約の中で成就される事柄の旧約における表象である。例えば、民数記における青銅の蛇を、十字架上のキリストの救いの予型とする、とか、旧約の過越を、イエスの受難と復活の予型とするなどである。遠藤周作の『深い河』でリフレーンのように登場するイザヤ53章の「苦しむ僕《しもべ》」は、新約のイエスの受難と救いを予型する代表的な例である。

このような解釈は、救いの歴史の統一性を示している。

■契約の物語

確かに聖書は、まず一つの民の救いの歴史の物語である。その民は、世界史上決して力ある民ではなく、数々の大国の圧政に苦しむ小さな民である。その民の歴史に神が介入するところからこの物語は始まる。

聖書は、多くの人が誤解するように、単なる掟の羅列とか、神についてのみ書かれた「聖なる物語」ではない。聖書の主役は、神とそして人間である。ありのままの人間、すなわち神によって創造された良き存在でありながらも、与えられた自由の濫用《らんよう》により、罪に自己を引き裂かれた人間である。それゆえ、聖書にはありとあらゆる人間のドラマ、赤裸々《せきらら》な人間の姿が描かれている。ゆえに聖書の数多くの物語は後の文学創造に決定的な影響を与えるようになる。そして、古今東西の文学に、聖書は人間のドラマについて汲めども尽きぬ泉のような源泉として、インスピレーションを与え続けてきたのである。

聖書において、神と人間との関係、特に選ばれた一つの民と神との関係は、「契約」という言葉で表される。この「契約」という一見無味乾燥な法律用語は、聖書の世界では実は人間と神との親密で深い関係を表している。それは日本語で言うならば、むしろ「契《ちぎ》り」という言葉でより良く表現されるように思われる。なぜなら、聖書の神と人間との関係は頻繁《ひんぱん》に「婚姻」の象徴で描き出されているからである。前述のコラムにおいて教皇フランシスコが「聖書は神と人間との壮大なラブストーリー」であると述べているのは、そのような意味である。愛の契りに神は常に忠実であるのだが、人間は一部の義人を除いては、その契りに不忠実であり続ける。しかし、この長い愛憎のドラマの果てに、最後には、神の愛が勝利を収め、契りは全うされるのである。

また、創世記からヨハネの黙示録まで一貫して、聖書は実存的な問題提起に満ちた物語でもある。聖書の中には、いつの時代にも人間にとって普遍的な問いが響いている。それは、「人間とは何か、人間はどこから来て、どこへ行くのか、生とは、死とは何か、なぜ苦しみがあるのか」などの問いである。例えば「ヨブ記」は、なぜ罪なきものが苦しむのか、について現在に至るまで様々な思索の原点となっている書である。

このような全人類的問いに、特殊な一民族の歴史を通して聖書は独自の立場から今も語りかけている。こうして、一民族の旅の物語は、個人の人生の旅と重ね合わされ、様々な象徴、例えば、出エジプト記における、奴隷《どれい》状態の脱出、海の横断、砂漠での放浪、約束の地への到着などは、多層的な解釈を帯び、今生きる人間に光と励ましを与えることができるのである。それゆえキリスト教文学は、この聖書という源泉から汲みつつ、人間の神秘を探究し続ける肥沃《ひよく》な分野であると言えるのではないだろうか。

第二部

ファンタジー文学とキリスト教

第一章 『星の王子さま』――砂漠の中の泉

一 サン＝テグジュペリの生涯

世界で聖書の次に読まれている「物語」は、『星の王子さま』だそうである。一九四三年に出版されて以来、現在二〇〇以上の言語に翻訳され、不動のロングセラーとなったこの作品は、児童文学というカテゴリーを遥かに超えるファンタジー文学の傑作である。現代人のための聖書とも言えるようなこの美しい物語は、聖書の熱心な読者でもあったサン＝テグジュペリが、聖書と同じく象徴やたとえを駆使した物語でもある。

アントワーヌ・ド＝サン＝テグジュペリ

意外なことに『星の王子さま』は作家サン＝テグジュペリが書いた唯一の児童文学であり、ある意味、彼の遺書《いしょ》とも呼べる作品である。現代人のための「たとえ話」とも言えるこの物語について、数多くの評論が書かれ、様々な解釈が試みられてきた。日本でも二〇〇五年に著作権が切れて以来、二〇を超える新訳が出版されているが、ここではなじみ深い内藤濯《ないとうあろう》の名訳を使って読み進めてゆく。

以下、この物語をキリスト教、特に聖書とのかかわりに注目して読み解いてゆくが、まず、サン=テグジュペリの生涯を簡単に紹介してみたい。[1]なぜなら彼は飛行家であることと作家であることが常に共存していた希有な人物であり、その人生を知らずして作品を深く理解することは困難だからである。一九三九年の『フィガロ誌』のインタビューで「飛行機に乗ることと、文学作品を書くことではどちらがより重要なのか」という問いに、サン=テグジュペリは、こう答えている。

「わたしにとって、飛ぶことと書くことはまったくひとつなのです。肝心なのは行動すること、そして自分のいる位置を自分自身のなかで明らかにすることです。[2]」

〈年譜〉

一九〇〇年六月二九日　アントワーヌ・ド=サン=テグジュペリは、ジャン・ド=サン=テグジュペリ伯爵とマリー・ド=フォンコロンブの長男として貴族の家に生まれる。

一九〇四年　四歳のときに、父は病死し、家族と共に叔母の伯爵《はくしゃく》夫人に引き取られる。リヨン郊外の夫人の広大な所有地サン-モーリス=ド=レマンなどで幼年時代を過ごす。

一九〇九年　ル=マンに引っ越し、聖十字聖母学院に入学するが、学校にはなじめなかった。

一九一二年　サン-モーリスに帰省中、初めて飛行機に乗る体験をする。これが後にサン=テグジュペリの飛行家としての生涯を決定することとなる。

1　年譜は稲垣直樹『サン=テグジュペリ』（清水書院、二〇一五年）の巻末の年譜（二〇六-二一三頁）を参照した。
2　同書、一六五頁。

一九一四年　第一次世界大戦勃発。
一九一七年　最愛の弟フランソワが一五歳で病死、この死は兄アントワーヌの心に深いショックを与える。『星の王子さま』の王子さまの言葉は、死にゆくフランソワの言葉を反映しているとも言われている。
一九二一年　二年間の兵役で空軍の第二航空連隊に配属、ストラスブールで民間パイロットのライセンスを取得。
一九二三年　ルイーズ・ド＝ヴィルモランと恋愛し婚約する。ヴィルモラン家の意向で航空連隊を除隊し、瓦・タイル製造販売会社に就職するが、仕事はうまくいかず、ルイーズとの関係は破綻する。
一九二七年　ラテコエール航空会社にパイロットとして就職し、僚友となるアンリ・ギヨメや、ジャン・メルモーズとともにフランスとアフリカ西海岸の間の郵便飛行に従事する。
　　　　　　ダカール－カサブランカ路線の中継基地キャップ－ジュビーの所長に任命され、一年半サハラ砂漠での生活を体験する。その間『南方郵便機』を執筆。
一九二九年　アルゼンチン航空郵便会社の空路開発営業主任として、ブエノス＝アイレスに赴任。
一九三〇年　親友アンリ・ギヨメが吹雪のアンデス山脈で消息不明となる。帰還が絶望視される中、捜索にたずさわる。ギヨメ、奇跡的に生還を遂げる。このエピソードは『人間の土地』の中で感動的に描かれている。
一九三一年　中米出身の女性コンスエロ・スンシン＝デ＝サンバドルと結婚。
　　　　　　『夜間飛行』が出版され、フェミナ賞を受賞し、作家としての地位を確立する。
一九三五年　パリ－サイゴン間の長距離飛行記録更新に挑戦するが、リビア砂漠で遭難《そうなん》する。機関士プレヴォーと共に奇跡的に生還する。このときの体験も『人間の土地』の中で描かれている。
一九三六年　新聞のルポルタージュを引き受け、スペイン内乱を取材する。政治社会問題、国際情勢に強い関心を示す。

一九三八年　再び長距離飛行に挑戦するが、離陸に失敗し重傷を負う。療養中、『人間の土地』を執筆。

一九三九年　『人間の土地』が出版され、アカデミー・フランセーズの大賞を受賞する。後に、英語版がアメリカで刊行され、ベストセラーとなる。

ヨーロッパ情勢は緊迫《きんぱく》の度を増し、ドイツはポーランドに侵攻《しんこう》、英仏がドイツに参戦し、第二次世界大戦が勃発《ぼっぱつ》する。

召集されたサン＝テグジュペリは、高齢と事故の後遺症を押して、偵察部隊配属を希望し、合計七回偵察飛行に出撃する。

一九四〇年　パリが陥落し、ドイツに全面降伏してからは、動員を解除され、南フランスに滞在する。フランスは、ドイツに協力するヴィシー政府と徹底抗戦《てっていこうせん》をよびかけるド・ゴール将軍のレジスタンス派の真っ二つに分かれるようになってゆく。その分裂を憂えたサン＝テグジュペリは、アメリカに渡り、自分の名声を利用してアメリカに参戦を呼びかけることを計画したが、どちらの党派にも属することを嫌った彼の立場は難しいものになっていった。

一九四二年　アメリカで『戦う操縦士』が出版され、ベストセラーとなる。

一九四三年　『星の王子さま』の英語版と仏語版が同時に出版される。出版の二か月後、アメリカからアルジェに行き、戦線復帰の運動を展開。

一九四四年　出撃五回までを条件に偵察飛行部隊に復帰。

七月三一日、北フランスのアヌシー、グルノーブル方面へ偵察飛行に飛び立ったまま、行方不明となる。独軍偵察機に撃墜《げきつい》されたものと推測されている。

二　サン＝テグジュペリとキリスト教

サン＝テグジュペリは、その出自《しゅつじ》においてはカトリックの洗礼を受けたキリスト者であった。また幼年時代には敬虔《けいけん》な叔母による教育を受け、ミッションスクールではカトリックの教育を受けていた。ただその後のサン＝テグジュペリのキリスト教とのかかわりは決して単純なものではない。彼は青年時代に信仰についての懐疑《かいぎ》を抱き始め、それ以降はいわゆる信仰者としての務めからは遠ざかっている。その理由については、様々な推測が挙げられる。この問題に焦点を当てて詳しく考察したアンドレ・ドゥヴォーの評論によると、例えば、「宗教的信仰と科学的真理のあいだに一致を見いだすことができないこと」「人間を信者と不信者、正統派と異端とにはっきり分けてしまうやり方が容認できないこと」[3]、また、弟の死や戦争などの悪の問題などが挙げられている。サン＝テグジュペリは、パスカルの『パンセ』[4]を愛読すると同時に、ニーチェの著作に惹《ひ》かれ、その狭間《はざま》で「人生の意味」を探し求め、苦悩し続けたが、同時に聖なるもの、宗教的なもの、神への郷愁《きょうしゅう》への興味は常に変わることなく持ち続けていた。

中でも聖書には、すでに高校時代に傾倒し、その感嘆を綴《つづ》った母宛の手紙に、次のような一節がある。

　聖書をすこし読んだところです。なんとすばらしく、なんと簡潔でしょう。文体は力づよく、詩情にあふれています。たっぷり二五頁にわたる掟のことばは、律法と良識の傑作です。いたるところに道徳的な掟が有効性と美をいかんなく発揮しています。まったくすばらしい。（…）あなたは、ソロモンの『箴言』をお読みになりましたか。それに『雅歌』これはなんとすばらしいものでしょう！（…）あなたは、『伝道の書』をお読みになりましたか。[5]

この時点においては、単なる青年の詩的感受性からの傾倒にせよ、後に飛行家として、ジャーナリストとして、作家として、パスカルを旅の友としつつ「人生の意味」の問題を中心に据えるようになったとき、聖書はより深い思索の対象となっていったに違いない。この点に関しては、一九三七年から八年にかけての二年間がとりわけ重要な宗教的熟考の時期であったことを友人のジョルジュ・ペリシェは友との会話を回想し次のように語っている。

アントワーヌは不安から多弁になり、その心のなかを打ち明けた（…）彼は私に、絶対への渇きについて、彼の神の探究について語った。「もしぼくが信仰をもつことができたら、ドミニコ会の修道士になりたいね。でも信仰がないのにドミニコ会にはいるわけにはいかない。そんなことをしたらひどいインチキになってしまう。だからぼくは絶望しているんだ[6]」

また、ルネ・ゼレールも、サン゠テグジュペリが一九三八年に彼が特に信頼していたある修道士を訪れたことを伝えている。

サン゠テグジュペリはためらわなかった。彼は自分が救いを期待したその人物が住んでいる地方都市に向け

3　アンドレ・ドゥヴォー『サン゠テグジュペリ』渡辺義愛（訳）、ヨルダン社、昭和四八年、五〇頁。
4　『パンセ』については、本書のコラム（二四七頁〜）を参照のこと。
5　『サン゠テグジュペリ』前掲書、一一頁。
6　同書、四六頁。

て汽車に乗った。その修道士みずからが運転する質素な車が乗り換え駅で彼を待っていた。会話はすぐにはじまった。夜の九時に到着して、飛行家は朝の六時にいとまを告げた。夜通し神のことが話題になった。[7]

このようにサン＝テグジュペリの生涯と彼のキリスト教との葛藤《かっとう》、そして『星の王子さま』の執筆を取り巻く状況を知ると、『星の王子さま』という作品が持つ重層性が明らかになる。この作品がニューヨークの出版社の申し出によって、子ども用の童話として書かれた作品であることは明らかである。同時にこの「童話」を書いていたサン＝テグジュペリは、すでにそのとき、戦線復帰、すなわち自らの死を予感し、覚悟していたこともまた明白な事実である。一人の思想家でもあった作家は、この最後の作品に生涯の思索の結晶を盛りこんだのである。それが、この『星の王子さま』を単なる「かわいい」ファンタジーではない哲学的な物語、生と死のドラマともしている理由であろう。

花とのいざこざの末、星を出た王子さまは、様々な出会いを通して、花の真の姿に気づき、自分の幼さを認め、結局花のもとへ帰ってゆくことを決意する。この帰還の物語の背後には、最も大切なものを守るために、最後まで前線で戦い続けることを選びとった作家の姿があるのではないだろうか。

三　「絆」の物語

『星の王子さま』は、単純なように見えて実は精緻《せいち》な構造に支えられており、まさに童話文学的な「妖精物語」のイントロダクションから、星巡りの「風刺物語」、「幻想物語」を経て、「神秘物語」へ至るという段階的な変容を遂げていく物語でもある。[8] 初めに、単なるフェアリーテールとして読み始める読者が次第にその深みについてゆけず、途中で諦めてしまうことが多いのもこの段階差によることが多いのかもしれない。

〈『星の王子さま』の時間構造〉

まず物語の時間軸に注意して見ると、二章から七章までは、物語の時間は直線的にすすんでゆく。二章で遭難《そうなん》したぼくには、一週間の飲み水しかないことがわかるが、七章は、それから五日目である。八章から二三章までは、時間が過去へと戻っている。花とのいざこざ、家出ならぬ星出の様子、星巡《めぐ》り、地球での出会い、キツネとの会話は、すべて二章で王子さまが飛行士のぼくに出会う前にあった出来事である。それゆえ、七章の時間は、直接には二四章につながり、そのときには、もう水は一しずくしか残っていない。そして二四章から最後まではまた、物語の時間が直線的にすすんでゆくことになる。

八章から二三章の過去の時間は同時に、王子さまが一度は離れた花との絆を取り戻し、「愛すること」を学んだ時間であり、この学びは物語を貫くテーマになっている。それは同時に、王子さまの気づきの段階をも示している。

〈一三章　ビジネスマンとの出会い〉

一三章で、王子さまはいつも忙しがっている実業屋（原語は英語のbusinessman）に出会う。彼の口癖は、「おれはだいじな仕事してるんだ」である。このリフレーンは、フランス語では、« Je suis sérieux, moi » で、直訳すると「わたしはまじめなんだ!」となる。だが、この男の「まじめなこと」とは、星を「持っている」ことである。し

7　『サン＝テグジュペリ』前掲書、四七頁。
8　山崎庸一郎『星の王子さまの秘密』弥生書房、一九九四年、七頁参照。

かもその持っているとは、その数を紙の上に書いて、その紙を引き出しの中に入れて鍵《かぎ》をかけておくということなので、実体の伴わない「所有」である。

それに反して、王子さまにとっての「まじめで、たいせつ」なことは、「役に立つ（utile）」ことだ。それで、この「まじめ」なビジネスマンにこう宣言するのである。

> ぼくはね、花を持ってて、毎日水をかけてやる、火山も三つ持ってるんだから、七日に一度すすはらいをする。火を吹いてない火山のすすはらいもする。いつ爆発するかわからないからね。ぼくが、火山や花を持ってると、それがすこしは、火山や花のためになるんだ。だけど、きみは星のためにはなってやしない……[9]

ここには、すでに人間のかかわりの二つのレベルが明らかに提示されている。所有のレベルと存在のレベルである。存在のレベルにおいて他者にかかわり、他者のための存在であること、それこそが王子さまにとって大切なことなのであり、このとき彼は、今まで気づかずに行い、それによって傷ついてきたかかわりの真の意味を理解したのである。

それゆえ、一四章で出会った点灯夫の一見滑稽《こっけい》な仕事の価値を見いだすことができたのではないだろうか。なぜなら「あのひとが自分のことではなく、ほかのことを考えているから[10]」である。

〈一五章　地理学者との出会い〉

一五章で、出会うのは地理学者である。この地理学者もやはり自分が「たいせつな」仕事をしていると確信している「大人」である。会話の中心となってゆくのは、「はかない（éphémère）」という形容詞である。このちょっと詩的な言葉の意味がわかるまで食い下がって質問した王子さまはその意味「そのうち消えてなくなる」がわかったときに驚愕《きょうがく》する。なぜなら、この意味を知ったとき、初めて彼は自分が星に残してきた花の「はかなさ」、つまり花がいつか消えてなくなる存在であることを知るからである。この気づきから生まれるのは、真剣な後悔である。

ぼくの花は、はかない花なのか、身の守りといったら、四つのトゲしか持っていない。それなのに、あの花をぼくの星に、ひとりぼっちにしてきたんだ！と王子様は考えました。[11]

続く一文は、原語では、« Ce fut là son premier mouvement de regret. » とあり、直訳すれば、「そのとき王子さまは初めて後悔したのでした」となる。今まで単に水平的次元でしか見てこなかった花との関係に、初めて相手を「死に向かう存在」として見る実存的視点が加わったのである。そこから、今まで目に見えなかった花の本当の価値を理解し始めたのである。

ところが、地球に到着した王子さまは、二〇章で、無数のバラの花に出会う。今まで唯一と思って大切にしてきた花にそっくりのバラが五千本も咲いているのである。このバラと三つの火山はある意味、王子さまが所有するすべてであり、彼のアイデンティティともなっていた。それが、根底から覆《くつがえ》されて王子さまは、絶望に陥《おちい》ってしまう。

ぼくは、この世に、たった一つという、めずらしい花を持ってるつもりだった。ところが、じつはあたりまえ

9 『星の王子さま』内藤濯（訳）、岩波文庫、二〇一七年、九二頁。
10 同書、一〇〇頁。
11 同書、一〇九頁。

のバラの花を、一つ持ってるきりだった、あれと、ひざの高さしかない三つの火山――火山も一つは、どうかすると、いつまでも火をふかないかもしれない――ぼくはこれじゃ、えらい王さまなんかになれようがない……[12]

ここで、注目すべきは、ビジネスマンとの出会いの時は所有ではなく、存在のレベルで花との関係を捉え直した王子さまが、ここでは再び所有のレベルへと引き戻されている点である。

〈二一章　キツネとの出会い〉

王子さまのこの絶望の状態を考慮せずに、次の二一章の本当の意味を理解することはできない。キツネとの対話の中のキーワードは、「飼い慣らす（apprivoiser）」の真の意味である。キツネは、出会い頭《がしら》に王子さまに「飼い慣らして」ほしいと願う。その意味を問われるとそれは、「仲良くなる」という意味だと答える。この「仲良くなる」と訳されている原語は《 créer des liens 》すなわち「絆《きずな》を創る」である。キツネは友だちをつくるために、この絆を創ることが最も重要であることを説くのである。

うん、そうだとも。おれの目から見ると、あんたは、まだ、今じゃ、ほかの十万もの男の子と、べつに変わりない男の子なのさ。だから、おれは、あんたがいなくなっていいんだ。あんたもやっぱり、おれがいなくたっていいんだ。あんたの目から見ると、おれは十万ものキツネとおなじなんだ。だけど、あんたがおれを飼いならすと、おれたちは、もう、おたがいに、はなれちゃいられなくなるよ。あんたは、おれにとってこの世でたったひとりのひとになるし、おれは、あんたにとって、かけがえのないものになるんだよ……[13]

この絆は世界を変容する力を持っている。絆を創ったとき、キツネにとって何の意味もない麦畑は王子さまの金色の髪を思わせ、キツネに友情の幸福感をもたらす空間に変容するのである。

それに気づいた王子さまは、再びバラの園に戻り、多くのバラにこう言い放つのである。

あんたたち、ぼくのバラの花とは、まるっきりちがうよ。それじゃ、ただ咲いてるだけじゃないか。だあれもあんたたちとは仲良くしなかったし、あんたたちのほうでも、だれとも仲良くしなかったんだからね。(…)あんたたちは美しいけど、ただ咲いているだけなんだね。あんたたちのためには、死ぬ気になんかなれないよ。そりゃ、ぼくのバラの花もなんでもなく、そばを通って行く人が見たら、あんたたちとおんなじ花だと思うかもしれない。だけど、あの一輪の花が、ぼくには、あんたたちみんなよりも、たいせつなんだ。[14]

そして最後にキツネは、王子さまに秘密を伝授する。

さっきの秘密をいおうかね。なに、なんでもないことだよ。心でみなくちゃ、ものごとはよく見えないってことさ。かんじんなことは、目に見えないんだよ。[15]

12 『星の王子さま』前掲書、一二六頁。
13 同書、一三〇－一三一頁。
14 同書、一三九－一四〇頁。
15 同書、一四〇頁。

「かんじんなこと」の原語は《l'essentiel》、本質的なことという哲学的な用語である。キツネが王子さまに伝授したのは、物事の本質を決めるのは、この目に見えない絆の持つ力であるということだった。それは同時に、人間にとって客観的な世界が実は存在しないことも意味している。われわれはこの世界をすべて主観のフィルターを通して見ているからである。対象となる世界と自らの間に存在のレベルにおける絆が存在するのか、しないのか、それによってこの世界は意味に満ちた場所にもなれば、空虚なただの空間ともなりうるのである。

また、ここでキツネの言葉にある「心でみなくちゃ」の「心」は単なるフィーリングを指すのではない。『パンセ』の愛読者であったサン＝テグジュペリにとって、この「心」は間違いなくパスカル的な「心」である。パスカルにとって、「心（le cœur）」とは、内的（本質的、根本的）で直接的、かつ分割不可能な認識の場である。

われわれが真理を知るのは、推理によってでなく、また心情（le cœur）によってである。われわれが第一原理を知るのは、後者によるのである。（…）空間、時間、運動、数が存在するというような第一原理の認識は、推理がわれわれに与えるどんな認識にも劣らず堅固なものだからである。そして、これらの心情と本能による認識の上に立てられなければならないのである。

（『パンセ』ブランシュビック版　断章２８２）[16]

心で知るとは、パスカルにとって理性を超える直観的認識を意味している。それを土台として、サン＝テグジュペリはここで、意味の次元は、この「心」の認識でしか把握されないこと、そして、それこそが人間にとって「本質的」であることを語っているのである。

目に見えないものの価値は、すでに聖書の中でもパウロの書簡においても触れられている。

だから、わたしたちは落胆しません。たとえわたしたちの「外なる人」は衰えていくとしても、わたしたちの「内なる人」は日々新たにされていきます。わたしたちの一時の軽い艱難《かんなん》は、比べものにならないほど重みのある永遠の栄光をもたらしてくれます。わたしたちは見えるものではなく、見えないものに目を注ぎます。見えるものは過ぎ去りますが、見えないものは永遠に存続するからです。

〈コリントの信徒への手紙2．4章・16－18〉

目には見えないが、永遠に存続するものとは、愛である。

愛は決して滅びない。（…）わたしたちは今は、鏡におぼろに映ったものを見ている。だがそのときには、顔と顔を合わせて見ることになる。わたしは、今は一部しか知らなくとも、そのときには、はっきり知られているようにはっきり知ることになる。それゆえ、信仰と、希望と、愛、この三つはいつまでも残る。その中で最も大いなるものは、愛である。

〈コリントの信徒への手紙13章・8－13〉

四　「愛するということ」

キツネによって、かんじんな目に見えない絆が本質的であることに目を開かれた王子さまは、生きる上で最も大切なものは何かに目を開かれたことになる。それは、端的に言えば、「愛する」ということである。この絆とは、

16　パスカル『パンセ』前田陽一・由木康（訳）、中公文庫、二〇一一年、改版、二〇九頁。

つまるところキリスト教の「愛」にほかならない。

このような視点で『星の王子さま』を読み返すなら、この物語全体がある意味で、愛することの学びの物語であることに気づくことができる。自分の過去をふり返った王子さまの言葉が、その発端となっている。

ぼくは、あの時、なんにもわからなかったんだよ。あの花のいうことなんか、とりあげずに、することで品定めしなけりゃあ、いけなかったんだ。（…）だけど、ぼくは、あんまり小さかったから、あの花を愛するってことが、わからなかったんだ。[17]

この点で『星の王子さま』と、愛についての古典とも言えるフロムの『愛するということ（*The Art of Loving*）』を比較して読むことは大変示唆に富んでいる。

フロムは『愛するということ』の第一章で、愛の問題を単なるいかに「愛されるか（be loved）」という受動ではなく、「愛する（loving）」という能動、すなわち自ら積極的に愛する能力の問題として提起する。なぜなら、「愛する」ことこそが、人間の実存的孤独を克服する真の解決であり、成熟への道だからである。

愛を人間の成熟に関係づけた考察としては、他にM・スコット・ペックの『愛すること、生きること（*The Road Less Traveled*）』もまた示唆に富んでいる。このロングセラーの中で、スコット・ペックは、愛を「自分自身あるいは他者の精神的成長を培うために、自己を広げようとする意志である[18]」と定義する。

愛は不思議にも円環的な過程であることである。それは、自己を広げる過程が進化の過程だからである。自分の限界をうまく伸ばすと、人間はより大きな存在に成長する。だから愛の行為は、その目的が他者の成長であっても、自分を進化させる行為である。[19]

王子さまの星巡《めぐ》りは、まさに「自己を広げる過程」であり、それによって、彼はより大きな存在に成長したからこそ、パイロットに「ぼくは、あの時、なんにもわからなかったんだよ。(…)ぼくは、あんまり小さかったから、あの花を愛するってことが、わからなかったんだ」[20]と語ることができたのである。

またフロムは、『愛するということ』の中で、愛の能動的性質の四つの要素として、配慮(attention)、責任(responsibility)、尊敬(respect)と知(knowledge)を挙げている。この四つの要素は、『星の王子さま』の中で以下の箇所に見ることができる。

まず、「知」は、さきほど引用した王子さまの気づきの箇所に見られる。花の言うこと(mots)ではなく、すること(actes)で品定めするべきだったという悔いからは、花の真意を真に知らなかったことへ気づきがある。

次に「配慮」は、前述したビジネスマンとの会話の中で、自分がした多くの配慮(花に水をかける、火山のすすはらいをする、などが役に立つ行為であり、それによって花との絆が生まれていたこと)について言及されている。

「尊敬」は、ここでは、その人のありのままの姿を見て、その人が唯一無二の存在であることを知ることである。それは、前述した多くのバラの花を見て、一度は圧倒されるものの、実は自分のバラの花が自分にとって唯一無二の存在であることに気づき、そこから新たな意味の世界に開眼する王子さまの内に芽生えた想いである。

そして、最後の「責任」は、キツネのアドバイスに中に端的に組み入れられている。

17 『星の王子さま』前掲書、六〇頁。
18 M・スコット・ペック『愛すること、生きること』氏原寛・矢野隆子(訳)、創元社、二〇一〇年、八四頁。
19 同書、八五頁。
20 『星の王子さま』前掲書、六〇頁。

人間っていうものは、このたいせつなことを忘れているんだよ。だけどあんたは、このことを忘れちゃいけない。めんどうみたあいてには、いつまでも責任があるんだ。まもらなけりゃならないんだよ。バラの花との約束をね。[21]

この責任を果たすために、王子さまは自分の星に帰還することを決意する。その帰還は単なる今までの星巡りとは違い、地上との一種の別離を意味している。一種の「死」を通ってしか、その帰還を果たすことができず、それを恐れつつ、パイロットの哀しみを思いやる王子さまの姿が最後に描かれている。それは、「死」のようでありながら、すべての終わりとしての「死」ではなく、パイロットは寂しさを覚えつつも王子さまが別の様式で生きていることを確信している。

このような王子さまの最後は、確かに、イエス・キリストの死と復活を思わせる。イエスもまた、罪の贖《あがな》いという「責任」と使命を果たすために自ら死に赴く、三日の後、復活し、その体はすでに無くなっている。だが、イエスは、別の様式で生きていることを弟子たちに示し、彼と会った人々は皆喜びで満たされる。

もちろん、王子さまはイエス・キリストの単なる象徴的人物像ではない。その最後の場面は、むしろサン＝テグジュペリが青年時代に失った弟フランソワの最後の様子と言葉を強く思わせる。また、花を妻コンスエロに代表される具体的な女性として理解するだけではなく、フランスという国とたとえることも可能である。その故国は隣国ドイツと比べれば、「たった四つのツメ」しかないような貧弱な軍備しかないか弱い存在である。その国を守るために帰還する王子の死を賭しての責任をそこに重ねる読みもまた可能なのである。

この場面で投げかけられている問いは、人生のそして死の意味なのではないだろうか？　死は果たしてすべてを無にしてしまうのか？　それとも死を超えた永遠のいのちがあるのか？　この究極の問いを答えの無きままに、サン＝テグジュペリは王子さまの姿に託して逝《い》ったのではないだろうか？

五　「おとな」と「子ども」のテーマ

『星の王子さま』は、王子さまの愛における成長の物語であるが、この物語の中で、「子ども」は単なる未熟な人間を意味するのではない。また、子ども時代とは、単なるノスタルジーの世界でもない。「子ども」は、むしろ一つの大切な価値観として物語を貫いて提示されており、それは、まず初めの献辞に明らかに示されている。献辞は「子どもだったころのレオン・ウェルトに」であり、その理由は、「おとなは、だれも、はじめは子どもだった。（しかし、そのことを忘れずにいるおとなはいくらもいない）[22]」からである。つまり、「子ども」とはおとなになっても忘れてはならない何かを持っている存在なのである。

次に一章の二つの絵を通して、パイロットが嘆くのは、おとなたちの「ものわかりの悪さ」である。

おとなの人たちときたら、じぶんたちだけでは、何一つわからないのです。しじゅう、これはこうだと説明しなければならないようだと、子どもは、くたびれてしまうんですがね。[23]

21　『星の王子さま』前掲書、一四一頁。
22　同書、八頁。献辞。
23　同書、一一－一二頁。

彼は「ものわかりのよさそうな人（原語はlucide、明晰な人の意味）」に会うといつもゾウをこなすウワバミの絵を見せて、その中身がわかる人かどうかをテストするのだが、なかなか本当に明晰な人はいないため、孤独のうちに過ごしてきたのである。そこから導き出されるのは、本当に明晰で物事の本質が見えるのは、「子ども」であるということである。

四章の天文学者のエピソードでは、「おとな」の性質として「数字がすき」であり、すべて物事を数字で知りたがるという習性が皮肉たっぷりに描かれている。一人の人間がどういう存在かを知るために、「おとな」は、人の性格や趣味ではなく、兄弟の数、体重や父の年収などを聞いて、どういう人間かわかったつもりになるのである。パイロット（ぼく）は、「子ども」の世界に与する人間として、こう宣言する。

だけれど、ぼくたちには、ものそのもの、ことそのことが、たいせつですから、もちろん、番号なんかどうでもいいのです。[24]

ここで「ものそのもの、ことそのこと」と意訳されている文章は原語では、« Nous qui comprenons la vie, » すなわち、人生（la vie）がわかっているぼくたち、という意味になる。すなわち、la vie に込められた様々な意味で、生活、人生、などがわかっている存在は、「子ども」なのである。

これらの箇所を総合して見ると、「おとな」と「子ども」は、年齢の問題ではなく、生における二つの物の見方、価値観を代表していることが明らかになる。

この二つの見方は、M・ブーバーが『我と汝』（Ich und Du）で展開した二つの関係の概念を用いると明快に理解することができる。この古典的名著において、ブーバーは、人間と外界の関係を「我とそれ」、「我と汝」という二つの関係性に分けて提示した。

「我とそれ」とは、対象を単なる機能、道具としてのみ見る見方である。そこには、真のかかわり、すなわち「絆」は存在しない。一三章のビジネスマンと星の関係は典型的な「我とそれ」との関係である。

それに対して、「我と汝」の関係においては、対象は唯一無二の存在であり、その関係は相互的、対話的である。すなわち絆のある関係である。

もちろん、人間が生きてゆく中で、「我と汝」の関係のみで生きてゆくことはできないし、「我とそれ」の関係も必要であり、ブーバーもそれを否定はしない。ただ、彼が主張するのは、以下の本質的考察である。

人間は〈それ〉なくして生きることはできない。しかし、〈それ〉のみで生きるものは真の人間ではない。[25]

『星の王子さま』で描かれている「おとな」の多くは、〈それ〉のみで生きているため、「汝」と出会うこと、「汝」を理解することが不可能となった種類の人間である。そして「子ども」こそは、「我と汝」の絆を忘れずに生きる人間なのである。

24 『星の王子さま』前掲書、二九頁。
25 マルティン・ブーバー『我と汝・対話』岩波文庫、一九七九年、四七頁。

六　砂漠の井戸の物語――水のテーマ

次に、『星の王子さま』を貫く一つの象徴、「水」のテーマに注目して、このファンタジーと聖書を比較して分析してみたい。

「妖精物語《ようせい》」としての始まりの前、読者はこの物語がかなりシリアスな状況から始まることを知らされる。なぜなら冒頭の場面は、リアルに想像してみれば悲劇としか言い様のない、飛行機の墜落《ついらく》事故から始まるからである。これはもちろんサン＝テグジュペリが実際に経験したリビア砂漠での墜落事故がその下敷きとなっている。

ぼくは、そんなわけで、六年前、飛行機がサハラ砂漠でパンクするまで、親身になって話をするあいてが、まるきり見つからずに、ひとりきりで暮らしてきました。パンクというのは、飛行機のモーターが、どこか故障をおこしたのです。（…）ぼくに取っては、生きるか死ぬかの問題でした。一週間の飲み水が、あるかないくらいでした。[26]

初めから死活問題になっているのは、「水」である。王子さまの冒険談に耳を傾けてきた飛行士は、八日目に「一しずくしか残っていない貯《たくわ》えの水をのみながら」王子さまに向かってこう言う。

じつにおもしろい話だ。だけど、まだ飛行機の修繕《しゅうぜん》ができてないし、それに飲み水が、もう一滴もない、このありさまなんだ。だから、ぼくも、どこかの泉のほうへ、ゆっくりゆっくり歩いていけたら、うれしんだがなあ！[27]

そして、二人は砂漠で井戸を探しに歩き始める。その途上で、王子さまは印象深い言葉をつぶやく。

「水は、心にもいいものかもしれないな……」[28]

「砂漠が美しいのは、どこかに井戸をかくしているからだよ」[29]

ついに、二人は、井戸を見つけるが、それは砂漠には似つかぬ、つるべも綱もある村にあるような井戸である。そして、王子さまは飛行士にこう呼びかける。

「ぼく、その水がほしいな。のましてくれない?……」

ぼくは、王子さまがなにをさがしていたのか、わかりました。

ぼくは、つるべを王子さまのくちびるに持ち上げました。すると、王子さまは、目をつぶったまま、ごくごくとのみました。お祝いの日のごちそうでも食べるように、うまかったのです。その水は、たべものとは、べつなものでした。星空の下を歩いたあとで、車がきしるのをききながら、ぼくの腕に力を入れて、汲み上げた水だったのです。だから、なにかおくりものでも受けるように、しみじみとうれしい水だったのです。[30]

26 『星の王子さま』前掲書、一四頁。
27 同書、一四七頁。
28 同書、一四九頁。
29 同書、一五〇頁。
30 同書、一五七頁。

「水」に注目して物語りを読み解く中で気がつくのは、初めはただ単に物質的な意味での水の問題が、次第に霊的（spiritual）な水の問題へとレベルを変えてゆくことである。同時に、「渇き」も単に肉体的な渇きから魂のspiritualな渇きへと変容してゆく。

前述したように、『星の王子さま』において「心（coeur）」は、パスカルが『パンセ』の中で用いている「人間の本質」にかかわるキーワードである。「心」とは、本質的、直接的な認識の場であり、意志をも含む、すなわち「心」は、人間存在の深みと自発性、真の存在を意味している。

王子さまが、「水は、心にもいいものかもしれないな……」と言うときの、「心」は、このような人間学的な深みを担ったキーワードなのである。

〈井戸のほとりの出会い：イエスとサマリアの女〉

井戸をめぐるエピソードを、同じ作家の作品『人間の土地』と対照させ、サン＝テグジュペリの幼年時代や、実際の遭難《そうなん》体験から解釈を試みることも可能であるが、ここでは、より源泉に遡《さかのぼ》り、福音書のエピソードとの比較を試みてみたい。

ヨハネによる福音書は、共観《きょうかん》福音書と呼ばれるマタイ・マルコ・ルカによる福音書とは異なる独特の構成と象徴言語を駆使した福音書として知られている。特に「水」は、聖書全体を通じて大切な鍵となる象徴であるが、特にヨハネにおいて効果的に用いられている本質的な象徴である。

以下に引用するのは、ヨハネによる福音書の中で語られる、イエスが宣教を始めて間もない頃の、ある出会いの「物語」である。

イエスは、ユダヤを去り、再びガリラヤへ行かれた。しかし、サマリアを通らねばならなかった。それで、ヤコブがその子ヨセフに与えた土地の近くにある、シカルというサマリアの町に来られた。そこにはヤコブの井戸があった。イエスは旅に疲れて、そのまま井戸のそばに座っておられた。正午ごろのことである。サマリアの女が水をくみに来た。イエスは、「水を飲ませてください」と言われた。弟子たちは食べ物を買うために町に行っていた。

すると、サマリアの女は、「ユダヤ人のあなたがサマリアの女のわたしに、どうして水を飲ませてほしいと頼むのですか」と言った。ユダヤ人はサマリア人とは交際しないからである。

イエスは答えて言われた。「もしあなたが、神の賜物《たまもの》を知っており、また、『水を飲ませてください』と言ったのがだれであるか知っていたならば、あなたの方からその人に頼み、その人はあなたに生きた水を与えたことであろう。」

女は言った。「主よ、あなたはくむ物をお持ちでないし、井戸は深いのです。どこからその生きた水を手にお入れになるのですか。あなたは、わたしたちの父ヤコブよりも偉いのですか。ヤコブがこの井戸をわたしたちに与え、彼自身も、その子供や家畜も、この井戸から水を飲んだのです。」

イエスは答えて言われた。「この水を飲む者はだれでもまた渇く。しかし、わたしが与える水を飲む者は決して渇かない。わたしが与える水はその人の内で泉となり、永遠の命に至る水がわき出る。」女は言った。「主よ、渇くことがないように、また、ここにくみに来なくてもいいように、その水をください。」

（ヨハネによる福音書、4・3―15）

イエスの時代、サマリア人はユダヤ人からは軽蔑《けいべつ》の対象であり、家父長制の社会において女の位置は男と比べて格段に低かった。初めの女のやや攻撃的とも言える受け答えは、公の場でユダヤの男から話しかけられた、サマリアの女のほとんど恐れにちかい驚愕《きょうがく》からきている。しかも、砂漠に近い暑い国で、正午に水を汲みにくるのは、女が人目を避ける必要があったことを示している。確かに、この後のイエスとの会話で多くの男を遍歴《へんれき》した女の過去が明らかになる。イエスは、正当な信仰から離れたがゆえにユダヤ人から見下げられ、社会の中でも軽蔑の対象となって固く閉じられていた女の心を、自分の「渇き」をきっかけとして、少しずつ開いてゆく。『星の王子さま』風に言うなら、女は、イエスに「飼い慣らされて（apprivoiser）」（p. 117）ゆくのである。

このエピソードにおいて、印象的なのは、『星の王子さま』と同じく、「水」の意味するものが、物質的な水から出発して、「生きる水」、「イエスの与える水」、「永遠の命に至る水」と段階を追って変容していく点である。その変容は、「意味の探求」と深く結びついている。なぜなら、「心でみなくちゃ、ものごとはよく見えないってことさ。かんじんなことは目に見えない」（p. 140）からである。

イエスの「渇き」は、サマリアの女の心の奥底に隠されていた真の渇き、すなわち真の神、「救い」を求める「渇き」を引き出す。同様に、王子さまが探し求めた「水」は、飛行士が無意識に探し求めていた「水」を発見させるのである。

このような視点から王子さまの言葉「機械のいけないとこが見つかってよかったね。« Je suis content que tu aies trouvé ce qui manquait à ta machine »」を原語通り「君の飛行機に欠けていたものが見つかって良かったね」と訳してみると飛行機の停止したモーター（moteur）の再生を指していることがわかる。飛行機のモーターとはそれと一体になって飛んでいる飛行士にとっての心（coeur）であるとも考えられる。心（coeur）に良い水は、飛行士のモーター（moteur）─心（coeur）を癒したのだとすれば、これは、だれにも理解されず孤独の内に生きてきた飛行士の心の再生の物語とも読むことが可能になる。

こうして、目に見える、現実の水、現実の渇きを出発点として、目に見えない、心に良い水を求めるという構図は、現実の人間のドラマの背後に、目に見えぬ恩寵《おんちょう》のドラマを見ることへと誘《いざな》うこととなる。人間が、本当に求めているものは何なのか、「心」の「渇き」を癒す「生きた水」とは何なのか？　それは、同時に人間とは何かという根本的な問いへとつながってゆく。このように古今東西の文学の源泉とも言える聖書の「物語」は、文学作品を深く味わうことに寄与するばかりでなく、人間存在への深い問いへと私たちを導いてくれる。

サン＝テグジュペリは、その人生を通して、意味の探究者、真の愛の探究者であった。彼は、愛の価値を知り、真の愛を探し求めていた。それはあたかも、美しいカテドラルの入口で、教会内のすばらしい典礼や歌に耳をすまし、その美しさを認め味わいつつも、中に入ることをためらい続けた人のようであった。彼が生涯探し続けた「いのちの水」が、イエス・キリストとその聖霊の内にあることを垣間見ることはあっても、実際にその水を飲んで飽《あ》かされることはなかったように思われる。だが、その探究の誠実さ、高潔な責任感、そして「子ども」時代を探し求める心の純粋さゆえに、その物語はこれからも「意味」を探し求める人々の渇きに応えるロングセラーであり続けるのではないだろうか。

第二章　『モモ』――人間と時間

一　エンデの生涯

ミヒャエル・エンデ（Michael Ende, 1929-1995）と、サン゠テグジュペリには、いくつかの共通点が見られるが、その中の大きな要素の一つは、童話作家として有名になったこの二人が実際の人生において、非常に過酷な時代を生き抜いた人間であるという点である。それゆえ彼らは共にその時代において人間についての深く真摯《しんし》な思索を続けた思想家でもあった。彼らのファンタジーの源泉には、この苦悩の体験と思索があることを見落としてはならないのである。

〈年譜〉

一九二九年一一月一二日　ドイツ、バイエルン州のガルミッシュ゠パルテンクルヘンで、生まれる。この年は、世界恐慌《きょうこう》が始まった年であり、世界経済と政治が大きく変動するきっかけとなった年であった。[31]

父エドガー・エンデは、シュールレアリズムの画家であった。

一九三三年　ヒトラー、ドイツの政権を掌握《しょうあく》。

一九三六年　以降、エドガー・エンデの絵作品は「退廃《たいはい》芸術」の烙印を押され制作禁止命令が出された結果、家計は困窮《こんきゅう》する。

一九三九年　第二次世界大戦勃発。

一九四一年　一二歳のミヒャエルはギムナジウムの一年生で落第し、イザール河に飛び込んで死のうとまで思い詰める。

一九四三年　ミュンヘンの空襲《くうしゅう》が激しくなり、ミヒャエルも母から離れて故郷のガルミッシュに疎開《そかい》する。この頃から詩や短編を書き始める。

一九四五年　一六歳のとき、軍隊への召集令状が来るが、それを破り捨て、「バイエルン自由行動派」というイエズス会グループの抵抗組織に加わり、危険な伝令活動を行う。

一九四六年　シュトットガルドのシュタイナー学校に入学。その後演劇に没頭《ぼっとう》する。

一九四八年　シュタイナー学校をやめ、ミュンヘンのオットー・ファルケンベルク俳優学校に合格、二年の過程を終える。

一九五〇年　演劇学校卒業後、俳優として舞台に立つ傍ら、脚本、映画評、歌詞などを書いて生計を立てる。当時のドイツ演劇界の主流であったブレヒトの理論に一時は傾倒《けいとう》する。

一九五七年　やがて、従来の自己移入的演劇観を退け、異化作用を重視したブレヒトの教育劇による演劇に絶望し、文学を断念しようとするが、そのとき絵本の文章を依頼され、執筆した『ジム・ボタン』シリー

31　年譜は、黒姫童話館のエンデのプロフィール参照　https://douwakan.com/dowakan/ende_about　長野県にある黒姫童話館には、エンデの資料二千点が収蔵され、展示室では、その中の代表的な資料が、常設展示されている。

ズが好評となる。

一九六一年　『ジム・ボタンの機関車大旅行』でドイツ児童文学賞受賞。以降、生活は安定する。

一九六四年　俳優のインゲボルク・ホフマンと結婚。

一九七一年　ドイツの文学状況を窮屈に感じ、イタリアのローマ南方ジェンツァーノに移住。

一九七二年　『モモ』完成。

一九七四年　『モモ』でドイツ児童文学賞受賞。

一九七七年　日本に初来日。東京、京都を訪問し、能《のう》、歌舞伎《かぶき》、弓道《きゅうどう》、禅寺《ぜんでら》での老師との対談などに強い印象を受けて帰国。『はてしない物語』に着手する。

一九七九年　『はてしない物語』を三年がかりで完成、大好評を博する。

一九八三年　『鏡のなかの鏡』完成。
『はてしない物語』の映画化「ネバーエンディングストーリー」をめぐって、原作に不忠実であるとし、訴訟《そしょう》を起こすが、敗訴する。

一九八五年　妻インゲボルグ帰天。

一九八九年　「エンデ父子展」のために来日。九月、佐藤真理子と結婚。佐藤真理子（上智大学ドイツ文学科卒）は、『はてしない物語』の翻訳者の一人であった。

一九九一年　長野県黒姫村に黒姫童話館開設。ミヒャエル・エンデ展示室が常設される。

一九九二年　『モモ』一〇〇万部出版記念で来日。

一九九五年　胃ガンのため七月二八日死去。ミュンヘン市「森の墓地」に埋葬。

二　エンデとキリスト教

エンデとキリスト教のかかわりには、父エドガー・エンデの影響が大きい。若くしてシュタイナー思想に没頭したエドガーは、その影響を受けた「キリスト者共同体」のメンバーであったようだ。

キリスト者共同体（独　Die Christengemeinschaft、英　The christian Community　http://www.kirisutoshakyodotai.org/）とは、またの名を宗教改新運動と言い、一九二二年に中部ヨーロッパで開始されたキリスト教運動である。創立にあたっては人智学《じんちがく》（アントロポゾフィー）の創始者であるルドルフ・シュタイナー（Rudolf Steiner, 1861-1925）の大きな助力を得ているが、組織は別である。この共同体には、教義やドグマはなく、個人の自由及び礼拝や儀式を重んじている。エドガーの葬儀も、ミヒャエルの葬儀もキリスト者共同体によって行われている。カトリックとも、プロテスタントとも違う自由な形態・思想の共同体は、エドガーにもミヒャエルにも好ましい共同体であったことが推測される。

カトリックについては、エンデ自身が編集した『M・エンデが読んだ本』の中で、ノヴァーリスの『クリスチャンの世界あるいはヨーロッパ』の中で、以下の文章が引用されているところからも、エンデは好感を持っていたことが推測できる。

活用されたキリスト教といえば、三番目の姿つまり昔ながらのカトリック信仰だった。生活のどの場面にも顔を出し、芸術を愛し、深く人道的であり、離婚を認めず、秘密に耳傾ける優しさをもち、貧しさを喜び、従順で、誠実なので、カトリックは、紛れもない正真正銘の宗教となるのである。そしてそういう点に教義の概要を見ることができる。
カトリックは時代の流れによって浄められている。キリスト教の他の二つの姿と緊密に繋がって、カトリックはこの地上を永遠に幸せにするだろう。[32]

また、この『M・エンデが読んだ本』の冒頭で、エンデ自身が述べているように、聖書が彼にとって特別な本であったことは間違いない。

この「読本」を編むとき、宣教や教育の視点からテキストを選ぶことなど考えもしませんでした。では私は、自分がとくにすばらしいと感心しているテキストを、すごいと思うテキストを、重要であると思うテキストを、ひたすら美しいと思うテキストを、無造作に選び出せばよかったのでしょうか? そんなことを試みようものなら、たちまち悪魔の台所へ直行して、窮地におちいってしまいます。シェイクスピアの半分を、聖書のすべての部分を、『千夜一夜物語』の三分の一を、『白鯨《はくげい》』を、『ドン・キホーテ』を、そのほかに一〇〇冊もの本を、四〇〇頁ほどの読本に収めるのは不可能なことです。[33]

後述するように、『はてしない物語』の骨格そのものが聖書全巻であり、その中に聖書が縦横無尽《じゅうおうむじん》に引用されていることからも、エンデがいかに聖書を読み込み、高く評価していたかは明らかである。

三　『モモ』

一九七三年に出版された『モモ』は、一九七六年に翻訳されて以来、総発売部数三六〇万部のロングセラーである。岩波書店によると、コロナ禍が始まった二〇二〇年の部数は、前年度の四倍の一六万部となったそうである。コロナ禍の間、人との交わりがなくなり、孤独を味わざるを得なくなった人々が、すべてにタイパのみを重視する社会の中、何かを求めて『モモ』を再び手にとるようになったのかもしれない。

『モモ』（岩波書店、1976年）

〈あらすじ〉

『モモ』の舞台は、南イタリアを思わせる廃墟《はいきょ》となった円形劇場から始まる。年齢も、住所も不詳《ふしょう》のモモという女の子が、近所の人々の好意を得て、その廃墟に住み着くことになる。人々は、次第にモモがいることの幸せに気づくようになっていった。なぜなら、モモに話しを聞いてもらうことで、皆悩みを解決したり、自信や希望を持つことができるようになったりしたからだ。子どもたちもモモがいると遊びが楽しくて大喜びだった。

だれとでも仲良くなれるモモにも特別な親友がいた。道路掃除夫《そうじふ》のベッポと観光ガイドのジジだった。二人

32　ミヒャエル・エンデ編『M・エンデが読んだ本』丘沢静也（訳）、岩波書店、一九九六年、一五九－一六〇頁。
33　同書、V頁。傍線筆者。

は全く性格の違う、老人と若者だったが、モモを大切にして暮らしていた。

だが、平和で幸せな生活に次第に影が射してくる。時間貯蓄銀行の銀行員である灰色の男たちが人間から時間を奪おうと一気に攻勢《こうせい》を仕掛けてきたのである。床屋のフージーがその罠《わな》に陥《おちい》る様子が克明に描かれ、その後、町の人々は皆、灰色の男たちに操られてゆくようになる。子どもたちはそれに気づき、デモで注意を喚起《かんき》しようとしたが失敗に終わる。

その間、モモはカメのカシオペイアに導かれて時間の国に行き、そこで時間を司《つかさど》っているマイスター・ホラに出会う。ホラとの会話の中で、モモは「時間ってなに？」という問いを投げかけ、時間のみなもとへと導かれる。

時間の国から戻ってきたモモは、むこうで過ごした一日が実は一年であり、その間に灰色の男たちが親友のジジとベッポにも手をのばし、二人と子どもたちさえもが変わり果てた姿になっているのに再会する。初めは意気消沈《いきしょうちん》したモモも次第に勇気を取り戻し、灰色の男たちとの全面対決のために時間の国に戻る。そして、マイスター・ホラから与えられた究極の任務を果たして、凍結《とうけつ》されていた時間の花を解放し、人々は自分の時間を取り戻し幸せな日々が帰ってくるようになる。

四 「時間てなんなの？」——灰色の男たちのトリック

このあらすじからも明らかなように、モモの中心テーマは「時間」である。このテーマが直接提起される「6章インチキで人をまるめこむ計算」にまず注目してみたい。

この章は、このような導入で始まっている。

とてももとてもふしぎな、それでいてきわめて日常的なひとつの秘密があります。すべての人間はそれにかかわりあい、それをよく知っていますが、そのことを考えてみる人はほとんどいません。たいていの人はその分けまえをもらうだけもらって、それをいっこうにふしぎとも思わないのです。この秘密とは―それは時間です。時間をはかるにはカレンダーや時計がありますが、はかってみたところであまり意味はありません。というのは、だれでも知っているとおり、その時間にどんなことがあったかによって、わずか一時間でも永遠の長さに感じられることもあれば、ほんの一瞬と思えることもあるからです。

なぜなら時間とは、生きるということ、そのものだからです。そして人のいのちは心を住みかとしているからです。[34]

この傍線部のドイツ語の原語は、Zeit ist Leben. で、英語に直すと Time is Life となる。ゆえに様々な訳が可能であり、時間は、生活であり、人生であり、いのちであり、生きることそのものであるという解釈が成り立つ。またエンデは、この文章を6章の終わりでも再び繰り返すことで、その重要性を強調している。

けれど時間とは、生きるということ、そのものなのです。そして人のいのちは心を住みかとしているのです。人間が時間を節約すればするほど、生活はやせほそっていくのです。[35]

34 ミヒャエル・エンデ『モモ』大島かおり(訳)、岩波少年文庫、二〇〇五年、八三頁。傍線筆者。
35 同書、一〇六頁。傍線筆者。

この痩《や》せ細っていくものは、したがって、人生、いのちそのものである。

ここで、6章のフージー氏に仕掛けた灰色の男たちのトリックについて、再び**アンリ・ベルクソンの哲学**を借りて、正確に理解してみたい。

『時間と自由』（原題は『意識の直接与件に関する試論』）の中で、ベルクソンは、空間的表象に置き換えられ「量」として理解される「物理学的時間」と人間の意識の体験する「質」としての時間「持続（durée）」を区別する。

ベルクソンは、これをまず有名なゼノンの詭弁《きべん》、矢の運動のたとえを用いて説明している。[36] ゼノンは、矢が放たれて落ちる間、その矢の通った地点を追っていけば、ある瞬間には、矢がある空間の地点にあることに注意を喚起する。その地点がすべてあわさったものが矢の放物線を描いているわけである。とするならば、矢の運動というのは、目の錯覚にすぎず空間の無数の集まりが運動という現象を見ていると錯覚しているにすぎないというのである。これに対するベルクソンの反論は、簡潔にまとめるならば、もし矢を空間の一点で止めてしまえば、矢は落っこちてしまうという現実を想起させることにある。矢が空間の放物線を通って移動することは確かであるが、その絶え間ない運動を止めれば、矢はもう放物線上にはないのである。

これを時間に援用して考えるならば、時間という運動もまた止めることができないという結論に達する。空間上に止められた時間、空間化された時間は、もはや真の時間ではなく、表象化された時間の残像にすぎない。もちろん、科学的に物理学的時間を単位や量として用いることは可能であり、必要なことである。ただ、人間にとっての時間は、その意識が留まることなく流れ続けるものである限り、決して等質の「量」にはならない。

このありのままの意識の流れを、ベルクソンは「持続《じぞく》（durée）」と名づけた。[37] 意識の本質は持続にあり、持続とは人間の意識にとっての時間そのものにほかならない。意識は本来「持続」するものであり、意識の諸状態は相互に浸透《しんとう》しあい、絶えず質的に新しいものになってゆく。

意識の流れを音楽のメロディーにたとえると、メロディーが分割できないように（音譜上ではできるとしても、演奏上では分割できない）意識も絶え間なく流れている。今聞いている音には、今までのメロディーがすべて「浸透《しんとう》」して聞こえているように、私の今の意識には、私の今までの意識のすべてが「浸透」している。続いて聞こえる音がどのような高さ…長さの音かで、今まで聞いていたメロディーすべての性格が変わってしまうように、私の意識がどのように展開してゆくのか、私が何を思い、何を感じ、何を決断してゆくのかによって「私という音楽」の音色は全く新しいものとなってゆく。

この音楽のたとえは、モモも自らが見つけた、「時間て、いったいなんなの？」という質問への一つの回答となっている。

「時間はある――それはいずれにしろたしかだ。でも、さわることはできない。つかまえられもしない。においみたいなものかな？　でも時間て、ちっともとまってないで、動いていく。すると、どこからかやってくるにちがいない。風みたいなものかしら？　いや、ちがう！　そうだ、わかった！　一種の音楽なのよ――いつでもひびいているから、人間がとりたてて聞きもしない音楽。でもあたしは、ときどき聞いていたような気がする。とってもしずかな音楽よ。[38]」

ここでモモが気がついたしずかな「音楽」は、ベルクソンが「持続」と名づけたものの表象とも考えられる。

36　ベルクソン『時間と自由』中村文郎（訳）、岩波文庫、二〇〇一年、一三四－一四八頁。
37　同書、一四九－一五四頁。
38　『モモ』前掲書、二三四頁。

そして、灰色の男たちのトリックとは、本来的に「質」であるはずの時間を空間化し、「量」であると思わせることによって、その本質から疎外することであり、そこで疎外されたものは、人間のいのち、生活、生きることそのものであったのである。これについて、エンデ自身も『オリーブの森で語りあう』の中で以下のように語っている。

ぼくにいわせれば、灰色の紳士達は、ほかでもない、ものごとをひたすら量としてとらえてしまう思考を代表しているわけだ。すべてのものを計算や計測や軽量の対象にしてしまうなら、そうすることによって価値というものは棚上《たなあ》げにされ、合計欄にはゼロしかのこらないことになる。すべてが無価値になるか、すべてがおなじ価値になり、なにもかもどうでもよくなるわけだ。（…）すると「死ぬほど退屈」な状態になる。どんな瞬間だって、もはや経験されなくなり体験されなくなる。（…）人間は生の現実というものからすっかり疎外《そがい》されてしまう。生活が、人生が抽象的なものになる。[39]

それゆえモモの問い、「あの人たち、いったいどうしてあんなに灰色の顔をしているの？」にマイスター・ホラは以下のように答えるのである。

「死んだもので、いのちをつないでいるからだよ。おまえも知っているだろう、彼らは人間の時間をぬすんで生きている。しかしこの時間は、ほんとうの持ち主《ぬし》からきりはなされると、文字どおり死んでしまう。人間はひとりひとりがそれぞれじぶんの時間をもっている。そしてこの時間は、ほんとうにじぶんのものであるあいだだけ、生きた時間でいられるのだよ。[40]」

時間を空間化し、貯蓄するという幻想を植え付けることで、時間は「無」となってしまった。それゆえ、人々は人間らしさを失い、愛も自由も生きがいも意味もない世界がそこに誕生してしまったのである。

五　「変わった人と変わらなかった人――表層の自我と深みの自我」

ファンタジーが展開してゆく中で、灰色の男たちに出会って変わった人間と変わらなかった人間が明確になってゆく。特に灰色の男たちが手をのばして、その手中におさめようとしたのは、手強い敵であるモモの親友たち、ジジ、ベッポそして子どもたちであった。中でもまず注目したいのは、モモの親友であったジジの場合である。ジジは、無名の観光ガイドであったときには、自分なりの夢と考えを持っていた青年であった。そしてモモにいつも次のように語っていた。

「その気になれば、金もちになるのなんか、かんたんさ。(…)でもな、ちっとばかりいいくらしをするために、いのちもたましいも売りわたしちまったやつらを見てみろよ！　おれはいやだな、そんなやり方は。たとえ一ぱいのコーヒー代に事欠くことがあっても――ジジはやっぱりジジのままでいたいよ！」[41]

39　M・エンデ他『オリーブの森で語りあう』丘沢静也（訳）、同時代ライブラリー、岩波書店、一九九一年、五七頁。
40　『モモ』前掲書、一二一五頁。
41　同書、五八－五九頁。

当時のジジは、いっぱしのストーリーテラーでもあり、モモとの比較において、自分の役割を認識していた。

「いぜんにはな、みんなはモモのところに話を聞いてもらいによくきたもんだ。聞いてもらっているうちに、みんなはじぶんじしんを見つけだしたんだ――（…）ところがいまじゃ、みんなはもうそんなことはしたがらない。いぜんにはな、みんなはおれの話を聞きにもよくきたもんだ。そしてじぶんじしんをわすれたもんだ。ところがそれもいまじゃしたがらない。[42]」

そして、町の人々の異変にいち早く気づいたのもジジであり、むかしからの知り合いであるフージー氏の変わりようについて彼はこのように語っている。

「しばらく会ってなかったが、こんど見たときには、すぐにはだれだかわからなかった。やつはそれほど変わっちまってて、いらいらして、おこりっぽくて、ゆううつそうなんだ。いぜんはいいやつで、歌はうまいし、どんなことにもやつ一流の考えをもっていたんだがな。それがきゅうに、なんにもするひまがなくなったって言うんだ。ありゃあもうただのぬけがらで、フージーじゃない、わかるかい？[43]」

そんなジジのもとに、灰色の男たちは「成功」という手段の巧妙な罠《わな》を仕掛けたのである。ジジは新聞に「ほんとうの物語の語り手として最後の人物」であると紹介され、瞬《また》く間にラジオやテレビに出演するスーパースターとなってしまう。名前もジロラモと名乗るセレブになるのである。ところが、ジジの想像力は枯渇《こかつ》してゆき、モモのためにだけつくってあった物語までも話してしまうことにより、内容はからっぽの物語を量産するだけの人間と成り下がってしまう。そんなジジが自分らしさを奮《ふる》い起こし、灰色の男たちについての真実を語ろうと勇気を取り戻したそのとき、灰色の男たちから直接に脅《おど》されることになり、ジジは今までの成功がすべて灰色の男たちによるトリックであったことに気づく。王子ジロラモとなったのはただの夢想で、彼はたんに灰色の男たちに操《あやつ》られるゴム人形だったのだ。しかし、時すでに遅く、ジジは操り人形であっても、今の成功を維持することを選ぶことにする。ただ、その代償《だいしょう》として、彼は真の想像力とその喜びを失い、単なる「うそつき」となり、大切にしていた「自分のもの」をすべて失うことになる。むかしの「夢見るジジ」は、「おどろくべき多産」な「うそつきジロラモ」になりはてるのである。[44]

時間の国から帰還したモモとの出会いも、ジジを救い出すことはできない。

「もどりたくても、もうもどれない。ぼくはもうおしまいだ。おぼえているかい、〈ジジはいつまでもジジだ！〉、ぼくはそう言ってたね。でもジジはジジじゃなくなっちゃったんだ。モモ、ひとつだけきみに言っておくけどね、人生でいちばん危険なことは、かなえられるはずのない夢が、かなえられてしまうことなんだよ。いずれにせよ、ぼくのような場合はそうなんだ。ぼくにはもう夢がのこっていない。きみたちみんなのところにかえっても、もう夢はとりかえせないだろうよ。もうすっかりうんざりしちゃったんだ。[45]」

ジジの言葉を聞いて、モモはジジが「死の病《やまい》」すなわち自分自身についての「絶望」にむしばまれていることに

42 『モモ』前掲書、二一八頁。
43 同書、二一八－二一九頁。
44 同書、二六二頁。
45 同書、三〇七－三〇八頁。

気づくが、ジジがその状態に甘んじている以上、彼を助けることはできない。「死の病」は、キルケゴールの『死に至る病』を想起させる。この絶望について詳細に分析した本の中で、キルケゴールが深い絶望と分類するのは、絶望し、そこに安住する状態のことである。[46]ジジはまさにこの救いようのない絶望状態に陥ってしまったのである。後のマイスター・ホラの「致死的《ちしてき》退屈症」についての具体的な説明により、モモはこの状態について、より深く理解することになる。

「はじめのうちは気のつかないていどだが、ある日きゅうに、なにもする気がしなくなってしまう。なににつ
いても関心がなくなり、なにをしてもおもしろくない。この無気力はそのうちに消えるどころか、すこしずつ
はげしくなってゆく。日ごとに、週をかさねるごとに、ひどくなる。気分はますますゆううつになり、心のな
かはますますからっぽになり、じぶんにたいしても、世の中にたいしても不満がつのってくる。そのうちにこ
ういう感情さえなくなって、およそなにも感じなくなってしまう。なにもかも灰色で、どうでもよくなり、世
のなかはすっかりとおのいてしまって、じぶんとはなんのかかわりもないと思えてくる。怒ることもなければ、
感激することもなく、よろこぶことも悲しむこともできなくなり、笑うことも泣くこともわすれてしまう。そ
うなると心のなかはひえきって、もう人も物もいっさい愛することができない。ここまでくると、もう病気は
なおる見こみがない。あとにもどることはできないのだよ。うつろな灰色の顔をしてせかせか動きまわるばか
りで、灰色の男とそっくりになってしまう。そう、こうなったらもう灰色の男そのものだよ。この病気の名前
はね、致死的退屈症《ちしてきたいくつしょう》というのだ。[47]」

このジジの変化に一種の悲痛な内的叫びが感じ取れるのは、ジジがある意味で作家、ストーリーテラーであるエ

ンデの反自画像であるからではないだろうか。『ジム・ボタン』シリーズによる急な人気により一躍注目されたエンデが、その成功の持つ危険性をよく認識していたからこそ、ジジの人物像には、他の人物にはない真実味がこめられているように思える。[48]

この人々の変化について、再びベルクソンの理論から、彼の**「根本的自我」**と**「表面的自我」**についての考察を援用して考えることができる。ベルクソンは、意識主体である人間の意識の深層を「根本的自我」、意識の表層を「表面的自我」と読んで区別している。

人間は、物や人とのかかわりの中で社会生活を営んで生きている。「表面的自我」とは、社会空間の中で、「時計」に支配されつつ、一種オートマチックな習慣や惰性《だせい》によって生活を可能とした自我のことである。ここでは、時間は質的にいつも新しく進みゆき、流れとしてではなく、均質化され、計算可能な量として把握されている。個人の深い意志や感情は、空間化された時間の中で、独自の深みやニュアンスを失い、惰性的、非人格的なものとなってゆくのである。

『モモ』の中で、エンデが鮮やかに描き出したのは、時間を空間化されたことにより、今まで「根本的自我」を把握して生きてきた人々が、「表面的自我」にのみ生きることを余儀なくされ、結局自我そのものを失って不幸になってゆく姿である。そこで、失われたものは、人間の根本的自由である。なぜならベルクソンにとっての自由とは、社会の中で法律や慣習によって生かされている「受動的な表面的自我」に甘んじることなく、自ら生きる能動的な「根本的自我」に戻ること、「生かされる自我」から「生きる自我」、自己を刻々と想像する「内的自我」に戻

46　キェルケゴール『死に至る病』斎藤信治（訳）、岩波文庫、一九五七年。
47　『モモ』前掲書、三六〇頁。
48　ミヒャエル・エンデ『ものがたりの余白　エンデが最後に話したこと』田村都志夫（聞き手・編訳）、岩波書店、二〇〇〇年、八八－八九頁参照。

ることだからである。

■時間と愛

カウンセラーであったテオドール・ボヴェーは、同じくベルクソンの持続の理論に学びつつ、愛と時間の関係についての深い人間学的思索を以下のように展開している。ボヴェーは、マルティン・ブーバーの『我と汝』を引用しつつ、我と汝が「出会う」瞬間はただ「現在」のみであることに注目する。

> このような出会いの優れた瞬間は、ただ現在のみである。我とそれ（Es）との関係、つまり事物との関係はどの時間にあっても同一である。私が今日手に取る石は、昨日の石と同じであり、それは明日も同じ石であるだろう。（…）それに対して、我と汝との関係、すなわち一人の人間との関係は、一回一回が常に新たな、繰り返すことの出来ない出来事である。[49]

そして、愛と持続についての関係を以下のように、簡潔にまとめている。

> 真の出会いは常に現在において行われ、それはわれわれの想い描いているものとは違って常に意表《いひょう》を突くものである。（…）
> 簡単明瞭《めいりょう》に表現すれば、……現在の、この創造的瞬間の本質的体験は愛である。私が受ける愛、同様にまた私が与える愛なのだ。何故ならば愛は、人格の「最も個人的」な表現であり、逆に人格は、愛の体験を通してはじめて正しく構築されるからである。しかし人は過去形で愛しはしない——それは郷愁《きょうしゅう》である——、また未来形

で愛することもなり―それは憧憬である―そうではなく人は現在形で愛するのである。[50]

空間化された時間に生きることを余儀なくされ、今の瞬間の持続に生きることを忘れた人々が忘れていったのは、まさに我と汝の関係、愛することそのものだった。そしてそれこそが死に至る病である「絶望」と「致死的退屈症」の真の原因なのであった。

六　「死と永遠」

時間をめぐる根本的な考察が散りばめられた「12章　モモ、時間の国につく」において、マイスター・ホラの知恵に満ちた言葉は、様々なキリスト教的考察を想起させる。ホラの名前、ゼクンドゥス・ミヌティウス・ホラは、ラテン語で「秒・分・時間」の意味であり、この名によって、彼は時間を司《つかさど》る人物であることが表されている。例えば、普通の時間と区別される「星の時間」は、聖書の中での「クロノス（Chronos）」と「カイロス（Kairos）」の区別と重ねあわせることが可能である。ホラによれば、「星の時間」とは、「宇宙の運行におけるある特別な瞬間」である。

「クロノス」が計測可能なある長さの時間を指すのに対し、「カイロス」は「時」と訳され、「本質的瞬間」「決定的時点」「神に与えられた瞬間」などを意味する。新約聖書においては、終末や救いとのかかわりのある「時」を

49　テオドール・ボヴェー『時間と自由　ボヴェー著作集3』松村克己（訳）、ヨルダン社、昭和四七年、五九―六〇頁。
50　同書、六二―六三頁。傍線筆者。

指すことが多い。その「時」はキリストにおける救いにより実現する特別な「時」なのである。[51]

また、マイスター・ホラの時間についてのなぞなぞは、アウグスチヌスの『告白』における有名な時間論（下、第一一巻第一四章から二六章）を想起させるが、すでにモモの「6章　インチキで人をまるめこむ計算」の冒頭は、『告白』の第一四章の導入と同じ問題提起で始まっている。

わたしたちは時間について語るとき、それを理解しているのであり、また他人が時間について語るのを聞くときにもそれを理解している。それでは、時間とはなんであるか。だれもわたしに問わなければ、わたしは知っている。しかし、だれか問うものに説明しようとすると、わたしは知らないのである。[52]

アウグスチヌスは、一連の考察の後、時間とは、「魂そのものの延長」であると結論するが、マイスター・ホラもまた時間を感じ取るのは「心」であることをモモに気づかせようとする。

「時計というのはね、人間ひとりひとりの胸のなかにあるものを、きわめて不完全ながらもまねて象《かたど》ったものなのだ。光を見るためには目があり、音を聞くためには耳があるのとおなじに、人間には時間を感じとるために心というものがある。そして、もしその心が時間を感じとらないようなときには、その時間はないもおなじだ。[53]」

モモとマイスター・ホラの会話の中でも、特に注目に値するのが、「死」をめぐってのホラの説明である。モモの問い「すると、もしあたしの心臓がいつか鼓動《こどう》をやめてしまったら、どうなるの？」にマイスター・ホラは、次のように答えている。

「そのときは、おまえの時間もおしまいになる。あるいは、こういうふうにも言えるかもしれないね。おまえじしんは、おまえの生きた昼夜と年月すべての時間をさかのぼってゆく、と。人生を逆にもどっていって、ずっとまえにくぐった人生への銀の門にさいごにはたどりつく。そしてその門をこんどはまた出ていくのだ。[54]」

そして、モモの次の問い、「あなたは死なの?」には、ほほえんでしばらく沈黙した後に、以下のように答えるのである。

「もし人間が死とはなにかを知ったら、こわいとは思わなくなるだろうにね。そして死をおそれないようになれば、生きる時間を人間からぬすむようなことは、だれにもできなくなるはずだ。[55]」

死を厳粛《げんしゅく》なる時として尊重しながらも、キリスト教は死を滅びではなく、新たないのちへの門であり、地上の生活を終わった後も、天に永遠の住みかが備えられている、と捉えてきた。本書第一部の三章で扱った放蕩息子のたとえ話(ルカ15・11－32)は、ある意味、人生の旅路を終えて、ようやく父の家にたどりつく全人類の姿を意味して

51 「カイロス」『新カトリック大事典』研究社、オンライン版。ボヴェー『時間と自由』前掲書、八〇－八一頁。
52 アウグスティヌス『告白(下)』服部英次郎(訳)、岩波文庫、一九九〇年、一一三－一一四頁。
53 『モモ』前掲書、二三六頁。
54 同書、二三六－二三七頁。
55 同書、二三七頁。

いるとも理解することができる。人間は、神から出て、神へと返ってゆく存在だからである。

死の時に、問われるのはただ一つ、キリストが与えた愛の掟を実際に実践したか否か（love in action）のみである。なぜなら、死が愛である神と永遠に共にいることならば、少なくとも一滴の愛がなければ、神との親和性はなく、神のいのちの内に入ってゆくことができないからである。

地上で神と共に生き、愛に生きた人が死の時に入る永遠のいのちとは、時間が永遠に続くことではなく、最高の愛の瞬間とその喜びのことである。ベネディクト十六世は、回勅『希望による救い』の中で、この「天国」すなわち「永遠のいのち」の体験を次のような印象的なイメージで描写している。

> 永遠とは、いつまでも暦の日付が続くことではなく、完全な満足を感じる瞬間のようなものだと考えてみなければなりません。その瞬間、全体がわたしたちを包み、わたしたちも全体を包みます。それは無限の愛の海に飛び込むのに似ています。そのとき、時間は過去も未来も含めてもはやなくなります。このような瞬間が完全な意味でのいのちであることを考えてみなければなりません。それは、広大な存在にいつも新たに飛び込むことです。そのときわたしたちはただひたすら喜びに満たされます。[56]

逆に、地獄とは、自由意志をもって愛することを拒否した人間が自ら陥《おちい》る状態のことである。

> 「愛することにない者は、死にとどまったままです。兄弟を憎む者は皆人殺しです。あなたがたの知っているとおり、すべて人殺しには永遠のいのちがとどまっていません。」（1ヨハネ3・14－15）（…）痛悔もせず、神の慈愛を受け入れもせずに、大罪を犯したまま死ぬことは、わたしたち自身の自由な選択によって永遠に神か

ら離れることを意味します。自ら神と至福者《しふくしゃ》たちとの交わりから決定的に離れ去ったこの状態を「地獄」ということばで表現するのです。[57]

時間を空間化し、現在に生きることを奪うことにより、灰色の男たちは人々から愛する時間を奪いとることに成功する。この状態で人生を終える人々は、自ら愛することを拒否することによってまさに生きながら「地獄」の状態を選びとってしまうことになる。

『モモ』というファンタジーのテーマは一見、単なる「もっとゆとりを持って生きよう！」的なメッセージと捉えられがちであるが、キリスト教的に考察すると実は、人間の実存にかかわる厳粛《げんしゅく》なテーマを底に秘めている。愛することが、イエス・キリストの残した唯一の掟であり、人間の真の幸福であるならば、時間というテーマを取り上げ、時間がまさに人間の「いのち」であること、時間と愛との根源的関係を物語の形で世に問うたこの作品は、広い意味での貴重なキリスト教文学とも言えるのではないだろうか。

56 ベネディクト十六世『希望による救い』カトリック中央協議会、二〇〇八年、三二－三三頁。
57 『カトリック教会のカテキズム』カトリック中央協議会、二〇〇二年、一〇三三項、三一〇－三一一頁。

第三章　『はてしない物語』と聖書

一九七二年に『モモ』を書き上げたエンデは、一九七七年の初来日後、畢生《ひっせい》の大作となる『はてしない物語』に着手する。そして三年の月日をかけて一九七九年にこの物語をようやく完成することになる。翻訳者、田村都志夫のインタビューに答えて、エンデは次のように語っている。

わたしはよく言うのですが、わたしが書く行為は冒険のようなものだって。その冒険がわたしをどこへ連れてゆき、終わりがどうなるのか、わたし自身でさえ知らない冒険です。だから、どの本を書いた後も私自身がちがう人間になりました。[58]

『はてしない物語』は、エンデにとって文字通りこのような冒険であった。この重層的な作品は様々な切り口から読み込むことのできる作品であり、今までも読書体験、物語論、発達心理学などの面からの研究は多数存在する。だが、この物語と聖書のかかわりについては、日本において未だ踏み込んだ論考はあまり見当たらない。ここでは主として『はてしない物語』の骨格とも言うべき聖書とのかかわりについて論じてゆきたい。

一　『はてしない物語』

〈あらすじ〉

『はてしない物語』とは、本の世界の中に飛び込んだバスチアン少年が、数多くの冒険と体験を経て、再び現実の世界に帰還する物語である。

バスチアンは、母が亡くなってから、歯科技工士の父とだけ暮らしていた。父は母の死後、哀しみのあまり、息子のことをかまうゆとりはなく、バスチアンは孤独の内に生きていた。彼は、太っちょで、夢見がちな性格をからかわれるいじめられっ子で、楽しみは読書だけだった。ある日、コレアンダー氏の古本屋に入った彼は『はてしない物語』という本に心を奪われ、その本を盗んで、学校の屋根裏部屋に隠れて読み始める。物語は、『はてしない物語』の中のファンタージエン国の存亡の物語とそれを読みふけるバスチアンの物語が交互に進み、ついに、バスチアンは、ファンタージエン国で待望されていた救い主「人の子」として物語の中に入ってしまう。

ファンタージエンの人物となったバスチアンは、この国を治める女王「幼ごころの君」に「月の子（モンデンキント）」という名を与えて物語の「新しい始まり」を創り出す。月の子は、バスチアンにアウリンという宝のメダルを授け、バスチアンは彼女の名代《みょうだい》となり、あらゆる生き物とことがらを治める権威《けんい》を手にする。アウリンの裏側には、「汝の欲することをなせ」という文字が刻まれている。

58　ミヒャエル・エンデ『ものがたりの余白』岩波現代文庫、二〇〇九年、二四頁。

そしてバスチアンは、自分の望みを次々とかなえてゆくことになる。太っちょでエックス脚だったのに、美しい貴公子となり、運動神経のない弱虫であったのに、ターザンのような密林の王者になる。与えられた新しいパワーに得意満面であったバスチアンは、ライオンのグラオーグラマーンに出会い、「汝の欲することをなせ」の真の意味を伝授される。次に、すでにファンタージエンの人物であった少年アトレーユとその竜フッフールに出会う。アトレーユは、「虚無」に蝕《むしば》まれ存続の危機にあるファンタージェンを救うために幼ごころの君が選んだ勇士でもある。彼らは友だちになって、共に旅をすることになる。

だが、自分を過信し、次第に傲慢《ごうまん》となると同時に疑心暗鬼《ぎしんあんき》となってゆくバスチアンと、アトレーユ－フッフールとの友情に次第に亀裂《きれつ》が生じ、溝が深まってゆく。エルフェンバイン塔へ赴《おもむ》き、もう一度幼ごころの君に会うことを望むバスチアンとそれを阻止《そし》しようとするアトレーユたちとの間に、女魔術師サイーデが入り込み、バスチアンを誘惑し、アトレーユを疑わせることに成功する。

賢くなりたい、恐れられるものになりたい、と望み続けたバスチアンは、ついには、ファンタージエンの帝王、専制君主となり、バスチアンを解放し救うために戦いをしかけてきたアトレーユに切りつけ、心の闇に沈んでしまう。

その後、元帝王たちの都にたどりついたバスチアンは、自分があやうくファンタージエンからの帰還ができなくなるはずであったことを知る。そしてイスカールナリの共同体に迎え入れられるが、和合はあっても個人としての愛のない共同体に飽き足らず、アイゥオーラおばさまの家にたどりつく。その「変わる家」でバスチアンは「子どもがえり」を体験し、ふんだんに愛を注がれることにより、自分の過失に気づき、ファンタージエンからの帰還を願い、生命の水を求める旅に出る。

次に彼は盲目の坑夫ヨルに出会い、地下の絵の採掘場《さいくつじょう》で働くことになる。採掘場には、人間世界の忘れられた夢が納められており、忍耐強く採掘を続ける中で、彼はある日、透明な氷の塊の中に閉じ込められている男の絵に出会う。それは妻を亡くしてから哀しみゆえに自分の世界に閉じ込もってしまった父の姿だった。

その絵を持って旅を続けたバスチアンは、ついに生命の水の泉に到着する。そこにはアトレーユとフッフールがいて、バスチアンを導き、バスチアンはアウリンの門を通って再び元の世界に戻る。そして父の待つ家に帰ったバスチアンは、何年ものように思われたファンタージエンでの冒険がたった一晩のことであったことを知る。父に自分の物語を語り、父との和解が行われた後で、バスチアンは盗んだ本のお詫《わ》びのため、コレアンダー氏の古本屋に入るが、そこでファンタージエンの真実を知るのだった。

二　ファンタージエン——想像力の魔術的領域

『はてしない物語』の想像力の国ファンタージエンは、「虚無」というブラックホールに蝕まれており、この「虚無」との戦いが最初に描かれるが、それは作家エンデが、現代社会の根本的問題として感じ取っていた危機でもあった。それは、想像力が貧しくなる、あるいは不必要とされる社会は、人間の自由とその尊厳が脅かされる社会になるという危機感であり、エンデの人間観の根幹に触れる点でもあった。

対談『オリーブの森で語りあう』の中で、人間の想像力について、エンデは以下のように語っている。

まさに人間に尊厳があるのは、なによりもまず、この地上では人間だけが、因果関係の鎖《くさり》を断ち切り、自分の頭で創造のできる唯一の存在だからだ。と考えればファンタジーの問題にもぶつかることになる。なにしろ人間は「なんの原因もなしに」、ということは「根拠なしに」じゃなく「強制的な原因なしに」——さらにいいかえれば「原因と結果の単純な鎖にとらわれないで」——自分の頭で新しいものを生み出すことができる。人間は創造ができる。新しいはじまりを生み出すことができる。[59]

そして、人間と動物との違いについて以下のように述べている。

どんなミツバチだって、六角形の巣のかわりに五角形の巣をつくろうと、とつぜん決心することはできない。どんなトラだって決心して菜食主義者になれるわけではない。動物は決定されている。人間は決定しなければならない。人間は自分で決めることができる。(…)自分で決定するとき、人間は、創造的であり、新しい世界、新しい文化、新しい概念、新しい価値を作る。[60]

人間を遺伝と環境の産物のみとして見る決定論的な傾向に、エンデは断固として反対を表明する。

人間には、精神と呼ばれるものがある。お望みなら、それを個性と呼んでもいい。呼び方は問題じゃない。ぼくは、ひとりひとりの人間にそなわっている想像力の核というものを問題にしているんだ。そういう核は、遺伝子や環境の条件などから説明はつかない。もちろん、人間がもっている人間的なものが、野蛮《やばん》で非人間的な状況によって押し殺されることもある。しかしだからといって逆に、人間にそなわっている核を状況だけから説明できるわけじゃない。人間には、物質をこえたものがあって、そのおかげで人間は、本質的に自由な存在になっている。[61]

『はてしない物語』の冒頭で、バスチアン自身もまたファンタジーを愛する理由を以下のように述べている。

この、はてしない物語が現実のことをあつかった話でないのが、バスチアンにはうれしかった。ごくありきたりの人たちの、ごくありきたりの一生の、ごくありきたりの事がらが、不平たらたら書いてあるような本は、きらいだった。そういうことは現実にであうことで十分だった。そのうえ何を今さら読む必要があるだろう？　まして何か教訓をたれようという意図に気づくと、腹がたった。事実、その種の本というのは、それがはっきりわかるかぼやかしてあるかは別として、常に読者をどうかしようという意図で書かれているものだ。

バスチアンの好きな本は、手に汗をにぎるようなもの、愉快《ゆかい》なもの、読んでいて夢のあるもの、話の中の人物たちが途方もない冒険をするもの、あらゆる場面を思い描いてみることができるもの、そういう本だった。[62]

前述した、さりげないブレヒト批判とも読める一文であるが、ファンタジーの必要性が、バスチアンの姿を借りて述べられている。

エンデ自身の言葉を借りれば、ファンタージエンは、「想像力の魔術的な領域」である。なぜなら、この自由な世界でこそ、人間の自由が際限なく羽ばたき、そこでの「体験」により、人間の意識が変えられてゆく可能性を持

59　M・エンデ他『オリーブの森で語りあう』前掲書、一〇〇頁。
60　同書、一〇一頁。
61　同書、一〇一－一〇二頁。
62　『はてしない物語』上、上田真而子・佐藤真理子（訳）、岩波少年文庫、二〇〇〇年、四三頁。

っているからである。

想像力の魔術的な領域こそ、『はてしない物語』のファンタージエン国なわけで、ぼくたちはときどきそこへ旅して、見者《けんじゃ》となるんだ。それからぼくたちは、外的現実にもどることができる。変化した意識をおみやげにしてね。そしてこの外的現実を変化させる、あるいはすくなくとも外的現実を新しい角度から見て体験することができる。ファンタージエン国で手にいれたものを、バスチアンは、この想像の国の境界をこえて現実の国になにひとつ持ち帰ることはできない。(…)バスチアンじしんは別だけど。生命の水だってこぼしてしまうのだが、それでもバスチアンはお父さんにそれをもって帰ることができる。バスチアンじしんを通してね。バスチアンは世界をちがったふうに体験する。自分というものをちがったふうに体験したからだ。[63]

三　想像力の持つ二面性

一方、エンデは『はてしない物語』の中で、ただ想像力を賛美し、その可能性を褒《ほ》め称《たた》えるのではなく、その危険性についても鋭く見通している。ファンタージエンに入ったバスチアンが段々と記憶をなくし、ついには人間世界に戻ることを望まなくなるという展開がその危険性を雄弁に物語っている。

この二面性についてはすでにキルケゴールが『死に至る病』において明快な分析をしており、その考察はそのままバスチアンの冒険に当てはまることになる。エンデと同じく、キルケゴールもまた、想像力を人間の「他の諸能力と並ぶ一つの能力にすぎないもの」ではなく、「あらゆる能力を代表する能力」[64]として位置づけている。

確かに、人間の想像力は無限である。われわれは宇宙の果てを「想像」することもでき、想像力によって、ありとあらゆる人物にもなることができ、様々な冒険をすることが可能である。それゆえ、想像によってわれわれは自分から出て、想像の世界にいくらでも入り込むことができる。ただ問題は、想像の世界に連れ去られると、元の自己自身へと戻ってくることが、想像力が強ければ強いだけ、困難となるという点である。キルケゴールはこの点を以下のように考察している。

空想的なるものは、まず想像力（ファンタジー）と最も近い関係にある。だが、想像力は更に感情・認識・意志と関係しているので、人間は空想的なる感情・空想的なる認識・空想的なる意志をもつことができる。想像力は一般に無限化作用の媒介《ばいかい》である。（…）空想的なるものとは一般に人間を無限者へと連れ出すところのものである。その際それは人間を単に自己から連れ去るだけなので、人間が自己自身へと帰還することをそれによって妨げる。[65]

バスチアンが想像力によって、今まで自分になかったあらゆる美質《びしつ》を手にした代償として少しずつ失っていったのが、自分自身についての記憶であった。そして、最後には名前さえも失うという段階において、その危険性は、自己の完全な喪失《そうしつ》として暗示されているのである。

63　『オリーブの森で語りあう』前掲書、二一七－二一八頁。
64　キエルケゴール『死に至る病』前掲書、四八頁。
65　同書、四八－四九頁。傍線筆者。

> このように感情ないし認識ないし意志が空想的になることによって、最後に自己の全体が空想的になるようになる、—それにはより能動的な形態（人間が空想的なるもののなかに突入する場合）とより受動的な形態（人間が空想的なるものによって奪い去られる場合）とがあるが、いずれの場合もそれは自己自身の責任である。その場合自己は抽象的な無限性ないしは抽象的な孤立性のなかで空想的な生存を営む。—ただしそれはたえず自分の自己を失い続けているので、自己はいよいよ遠く自己から離れ去るばかりである。[66]

このような想像力の持つ両刃《もろは》の剣《つるぎ》としての危険性について、社会学的に考察した優れた論考がオウム真理教事件を分析した吉見俊哉《よしみしゅんや》の「われわれ自身のなかのオウム」[67]である。吉見自身が解説しているように、このタイトルはマックス・ピカートの名著『われわれ自身のなかのヒトラー』[68]をもじったものである。その中でピカートは、ナチズムをヒトラーの個性や組織、または特異な歴史的事件として捉えるのではなく、ナチズムの出現をゆるした人間側の問題として捉え直している。すなわち「ナチズムは、内面的連関性を失った人間の在り方を完成したにすぎない」のであり、「人間が記憶を失い、経験を断片化させていく課程は、すでにヒトラーの登場以前から確実に進行していた」[69]ことに注意を喚起したのである。

「われわれ自身のなかのオウム」の中で、問題とされているのは、オウム真理教におけるリアリティの特質である。中でもオウム真理教の上九一色村《かみくいしきむら》を一種のディズニーランドと見たのは、宗教学者島田裕巳《しまだひろみ》である。島田の分析を取り込みながら、吉見は、オウムとディズニーランドの同型性が、どちらも「一定の約束事を前提に成立しているフィクショナルなリアリティ」の世界であることを指摘する。そして「ディズニーランド」が「外部の現実に対して徹底的に閉じた自己完結的な空間」であるのと同じように、上九一色村の教団施設もまた完全に閉じた空間であり、「自己完結的なリアリティの整合性」のみが保たれていたのではないかと指摘する。[70]

ヒトラーのナチズムにしても、オウム真理教にしても、このような閉じられたフィクショナルな空間に生きた団体が、ひとたび誤った事実認識の下に暴力化し、一種の宗教性を帯びて突き進んだ先の悲劇的結末を私たちは記憶している。元々は良き物として人間に与えられたはずの想像力がひとたび誤った道へと向かい、暴走した果ての恐ろしさは、『はてしない物語』の中でもバスチアンが次第に暴君となり、帝王となったあげく、あやうく帰還が不可能となる瀬戸際まで行ったという場面にも見事に描き出されていると言えるだろう。

ネットのロールプレイングゲームや戦闘ゲームに熱中し、いわゆる「ネトゲ廃人」となる青年たちの問題や、AIの発達により創り出されたバーチャルな人間との会話が、実際の会話より真実のものと捉えられる危険性など、現代社会においては『はてしない物語』が投げかける問題はより深刻化していると言っても良いのではないだろうか。

■「虚無」と「虚偽」

このように、想像力の持つ二面性に敏感であったからこそ、エンデは、インタビューやエッセイの中でも、芸術の意味について、特にフィクションと嘘《うそ》との関係について以下のように思索をめぐらしている。

芸術から基準をつくりだすことはできません。おなじように、偉大な詩や文学の芸術からも基準はつくれない。なぜなら、それは、その実質が嘘というものなのですから。つまり虚構（フィクション）です。詩と虚偽と

66 キェルケゴール『死に至る病』前掲書、五〇－五一頁。
67 吉見俊哉「われわれ自身のなかのオウム」『リアリティ・トランジット』紀伊国屋書店、一九九六年、一一九－一三九頁。
68 ピカート『われわれ自身のなかのヒトラー』佐野利勝（訳）、みすず書房、一九九九年。
69 『リアリティ・トランジット』前掲書、一二一頁。
70 同書、一三七頁。

の違いはただ、詩ははじめから虚構だと表明していることだけで、嘘も虚構ですが、（こちらは）いや現実だと、現実を成していると、主張しているのです。これだけが違いです。[71]

ここで、エンデは、芸術という虚構（フィクション）が担う重要な役割が、すなわちそれを通して「真実を見る」ことであることを語っている。

『はてしない物語』の中では、人狼グモルグがファンタージエンで広がり続ける「虚無」と「虚偽《いつわり》」との関係と、そのメカニズムの真実をアトレーユに暴露する。人間社会に広がる「虚偽《いつわり》」は、実はファンタージエンの人物たちが虚無に飛び込んだ結果の産物であり、それが「幻想」や「妄想」となるのである。

「だから、人間どもはファンタージエンとそこからくるものをみんな憎み、怖れるんだよ。やつら、そういうものを亡ぼしちまうつもりだぜ。まさにそれが、人間世界にひっきりなしに流れ込んでくる虚偽《いつわり》をどんどんふやしてるんだってことには気がつかねえんだな。ファンタージエンの生きものの、もう見わけもつかなくなったなれのはてである虚偽《いつわり》の氾濫《はんらん》だ。ファンタージエンの生きものは、あっちで生ける屍《しかばね》になって虚《にせ》の存在を生きねばならん。その屍の腐ったにおいが、人間の魂を毒してるんだ。やつら、そのことを知らねえんだぜ。おもしろいじゃないか、え？」[72]

そして、グモルグが告げる恐ろしい秘密とは、虚偽《いつわり》が強力な操る力を持っており、それによって人間世界が密かに支配されてきたという事実である。グモルグはアトレーユに宣言する。

「お前だって虚無に飛び込む順番がくりゃ、あやつる力の召使いになるんだ。意志もない、見分けもつかない一召使いにだ。そして何か役にたつことをするんだぜ、ひょっとしたら、人間にいりもしないものを買わせる役にたつかもしれん。それとも人間が知らないものを憎んだり、盲目的に信じ込んだり、救いであるはずのものを疑ったりするのに役立つかもしれん。なあ、ちび、おまえたちファンタージエンの生きものが、人間世界では大きなことを起こすのに使われてるんだ、戦争をおっぱじめたり、世界帝国をつくったり……」[73]

前述したオウム真理教はこの「虚偽《いつわり》」の操る力を十二分に利用したカルト集団であったと言えよう。「「世界帝国」をつくったり」のくだりは、ゲルマン民族の神話を最大限に利用して、「下等民族」であるユダヤ人虐殺《ぎゃくさつ》を正当化しようとしたヒトラーの「第三帝国」を想起させる。

グモルグの暴露《ばくろ》により、真実を知ったのは、アトレーユとバスチアンである。彼らは共に、ファンタージエンと人間世界の結びつきを明瞭に理解する。そして、この瀕死《ひんし》の二つの世界がよみがえるためには、だれかがファンタージエンに行かねばならないことを理解するのである。

後に、アトレーユは、実はグモルグの暴露した真実は真理の反面でしかなく、二つの世界の全体像を、幼ごころの君自身から聞くことになる。彼女によれば、ファンタージエンと人間界の境を越える道には、正しい道と誤った道の二つがある。

71 『ものがたりの余白』前掲書、五五－五六頁。
72 『はてしない物語』上、前掲書、二四九頁。
73 同書、二五〇－二五一頁。

ファンタージエンの生きものが恐ろしい方法でむりやり向こうへひきずられてゆくのは、誤った道。けれども、人の子たちがわたくしたちの世界にやってくるのは、それは正しい道なのです。ここにきた人の子たちはみなこの国でしかできない経験をして、それまでとは違う人間になってもとの世界に帰ってゆきました。かれらはそなたたちのまことの姿を見たゆえに目を開かれ、自分の世界や同胞《どうほう》もそれまでとはちがった目で見るようになりました。以前には平凡でつまらないものとばかり見えていたところに突然驚きを見、神秘を感じるようになりました。ですから、かれらはよろこんでファンタージエンにきていたのです。そのおかげでこちらの世界が豊かになり、栄えれば栄えるほど向こうの世界でも「虚偽《いつわり》」は少なくなり、よりよい世界になっていたのです。今は両方の世界が、たがいに破壊しあっていますが、それと同じようにたがいに癒《いや》しあうこともできるのです。[74]

このように、エンデは『はてしない物語』の中で、想像力の持つ豊かな力が人間をいかに成長もさせ、あるいは破壊にも導くかという二面性を鮮やかに描き出している。

四　いのちの水を求めて――聖書の借用

『はてしない物語』の一つの大きな特徴は、そのタイトルの中に込められている。タイトルの原語、Die unendliche Geschichte は、「エンデのいない物語」とも解釈できるからである。この物語を読んでいるとだれでも、「この箇所はどこかで読んだ物語に似ている！」ということに気づく。確かに、『はてしない物語』は、今まで作家たちが生み出してきた古今東西の物語がそこかしこで「借用《しゃくよう》」されている一種のパロディ文学としても十分楽しむことができる。その気づきは読者の今までの読書体験によるのだが、ざっと見てみても、『ナルニア国物語』（グラオーグラマーン）、『ターザン』（密林の王者）、『アーサー王と円卓の騎士』（銀の都アマルガント）、『神曲《しんきょく》』（元帝王たちの都）、『ガルガンチュアとパンタグリュエル』（アウリンの言葉）など枚挙に暇《いとま》がない。また、エンデ自身も『黄金の壺《つぼ》』や『オデュッセウスの物語』の影響について言及している。[75]

これは、ファンタージエンという想像力の国が今まで様々な物語を生み、それが、また新たな物語を生み続けるという営《いとな》みをも表している。『はてしない物語』の有名なリフレーン「けれどもこれは別の物語、いつかまた、別のときにはなすことにしよう」はこの「はてしない」生成の表現である。

様々な借用の中でも、特に、この物語の骨格としても、テーマとしても用いられているのが聖書である。文庫版では、『はてしない物語』は上下に分かれているが、大きく分類するならば、上は旧約聖書に、下は新約聖書にたとえることができる。

なぜなら、『はてしない物語』の上（前半）は、救い主を待ち望む待望の書であり、下（後半）は、救い主となってファンタージエンに飛び込んだバスチアンの冒険を描いているからである。「6章　三つの神秘の門」の最後でバスチアンが灯す七つに枝分かれしたさびた燭台《しょくだい》は、聖書世界への導入を暗示する象徴となる。なぜなら、この燭台は、メノラーと呼ばれ、旧約聖書の出エジプト記25章において、神からイスラエルの民に作成が要請された七枝の燭台で、以後ユダヤ教のシンボルとなるものであるからである。

続く「7章　静寂《せいじゃく》の声」でウユララの言葉は救い主を待ち望む民の一種の嘆きの詩篇であり、同時にその中には、

74 『はてしない物語』上、前掲書、二九〇頁。
75 安達忠夫『ミヒャエル・エンデ』講談社現代新書、一九八八年、一八一頁参照。

一種の預言が織り込まれている。

地上の国の　その住民たちは、
いみじくもアダムの息子イブの娘、
人間種族、力あるみことばの血兄弟と呼ばれます。
かれらはみな　世の創《はじ》まりより、
名づけの才に恵まれています。
いつの世にも　幼ごころの君に、
新たな美《うる》わしい名前をささげ、
君のお命をもたらしてきたのです。
ところが　すでに絶えて久しく、
人間はファンタージエンにこないのです。
かれらはもはや道を知らず、
われらがほんとうにいるのを忘れ、
信じなくなってしまったのです。
ああ、人の子が一人でもくれば、
それですべてはよくなるものを！
ああ、一人でも信じてくれれば、
この呼びかけを聞いてさえくれれば！[76]

■モーラの「空しさ」

また「3章　太古《たいこ》の媼《おうな》モーラ」に出ている沼亀のモーラもまた、旧約聖書的な登場人物である。この憂《うれ》いの沼の主は、すべてを呑《の》み込んでしまうほどの憂いを発散しているが、その憂いの源泉は、モーラ自身が味わっている空しさにある。モーラは、のどをごろごろ言わせつつ、次のように語る。

「わしらは年よりじゃ。年よりも年よりも、もうたっぷり生きた。たっぷり見てきた。たっぷり知ってしもうたわい。こうなりゃあ、大事なことなども う何もない。何もかも永遠にくりかえされるのじゃ。昼と夜、夏と冬、世界は空虚で無意味なのじゃ。何もかも、環になってぐるぐるめぐっておる。生じたものはまた消えうせ、生まれたものは死なねばならぬ。善と悪、愚《ぐ》と賢、美と醜《しゅう》、すべてはたがいに帳消《ちょうけ》ししあっておる。むなしいのじゃ、すべては。ほんとうのものは一つもない。大事なことは一つもない。[77]」

モーラの嘆く空しさは、旧約聖書の中で、徹底的な虚無から出発する知者「コヘレト」がすでに味わっていた空しさである。コヘレトは言う。

なんという空しさ、
なんという空しさ、すべては空しい。(…)
日は昇り、日は沈み、

76　エンデ『はてしない物語』上、前掲書、一九〇－一九一頁。
77　同書、一〇二頁。

あえぎ昇り、また昇る。（…）
何もかも、もの憂い。
語り尽くすこともできず
目は見飽きることなく、耳は聞いても満たされない。
かつてあったことは、これからもあり、
かつて起こったことは、これからも起こる。
太陽の下、新しいものは何一つない。[78]

コヘレトの言葉は、バビロンの捕囚時代以降に書かれた人生の意味の探究の書である。知者コヘレトの空しさは、終わりに新たな知恵を与えられ、神を畏《おそ》れて生きることへと導かれるが、一方モーラには、まだそのような救いの光はない。新しい名前を幼ごころの君へ与えることのできる「人の子」をひたすら待ちわびる存在として描かれている。[79]

■「人の子」

まずこの「人の子」という呼称自体が優《すぐ》れて聖書的な呼称であることを知れば、聖書の良き読者であったエンデがこの呼称を用いることで、そこに二つの重層的な意味を込めたことが明らかになる。

旧約聖書において、「人の子」は、まず神の前にはかない存在である人間存在そのものを指している。詩篇8には、主である神に向かって、人間が以下のように問いかけている。

あなたの天を、あなたの指の業をわたしは仰ぎます。
月も星も、あなたが配置なさったもの。
そのあなたが御心に留めてくださるとは　人間とは何ものなのでしょう。
人の子は何ものなのでしょう　あなたが顧《かえり》みてくださるとは[80]

もう一つの用例は、終末論的、かつ黙示文学的文脈における、超越的存在としての表象を伴う「人の子」の用法である。

夜の幻をなお見ていると、
見よ、「人の子」のような者が天の雲に乗り、
「日の老いたる者」の前に来て、そのもとに進み
権威、威光、王権をうけた。
諸国、諸族、諸言語の民は皆、彼に仕え
彼の支配はとこしえに続き、
その統治は滅びることがない。[81]

78　コヘレトの言葉　1・2－11。
79　『はてしない物語』上、前掲書、一〇四－一〇五頁。
80　『新カトリック大事典』「人の子」参照。詩篇8、4－5。
81　ダニエル書、7・13－14。

ダニエル書の中では、「人の子」は、世の終わりの時に現れる超越的な救い主、裁き主を指し示している。この伝統を受けて、新約聖書の福音書においては、「人の子」は特にイエスの自称として用いられており、受肉した神であるイエスの人性と救い主であるイエスの神性を同時に表す呼称として理解されている。[82] 人間であるバスチアンは、ファンタージエンにおける唯一の「人の子」であるが、そこには同時にファンタージエンを救う唯一の「救い主」の意味も込められているのである。

■創 造

幼ごころの君の招きに応え、ファンタージエンに飛び込んだバスチアンは、一つの世界の始めを創り出すことになる。その世界は彼の望みによって新しく生まれ変わった世界である。一粒の砂に見えたものは、実はあらゆるいのちを秘めた種で、そこから芽が出て、あらゆる草木が創造されてゆく。まさに聖書の創世記を思わせる場面が展開してゆく。

草木の創造は尽きるところを知らぬように、新しい形、新しい色が次々と生まれた。蕾《つぼみ》はそのつど大きくなり、花房《はなふさ》はどこまでも豊かになっていった。しかもこの生成はすべて静寂《せいじゃく》のうちになされていった。[83]

バスチアンと月の子（モンデンキント）は驚きの目をみはって、このすばらしい光景を眺めているが、その場面からは、天地を創造されてそれをすべて「良し」とされた神の喜びが想像されるようである。

神は言われた。

「地は草を芽生《めば》えさせよ。種を持つ草と、それぞれの種を持つ実をつける果樹を地に芽生えさせよ。」そのようになった。地は草を芽生えさせ、それぞれの種を持つ草とそれぞれの種を持つ実をつける木を芽生えさせた。神はこれを見て良しとされた。[84]

次に月の子は、バスチアンに彼が創造したものに名前をつけるようにと言う。バスチアンはうなずき、「夜の森ペレリン」と名づける。この場面は、創世記の人による名づけの箇所を想起させる。

主なる神は、野のあらゆる獣、空のあらゆる鳥を土で形づくり、人のところへ持って来て、人がそれをどう呼ぶかを見ておられた。人が呼ぶと、それはすべて、生きものの名となった。人はあらゆる家畜、空の鳥、野のあらゆる獣に名をつけたが、自分に合う助ける者は見つけることができなかった。[85]

ここで「呼ぶ」とは、「名をつける」ことと同じ意味で「それぞれにこの地上における役割、機能を支持すること、このように『呼ぶ』人が呼ばれるものの主人であることを意味[86]」している。この点について、久米博《くめひろし》は、以下のように指摘する。

82 ダニエル書、7・13–14。
83 『はてしない物語』下、前掲書、一七頁。
84 創世記、1・11–12。
85 創世記、2・19–20。
86 和田幹男『創世記を読む』筑摩書房、一九九〇年、六九頁。

最初の言語は名づける、名を与える言語である。「ことば」は創造であると考えられた。もとより、ことばが世界を創造するのでなく、世界はすでにそこにある。しかし人間が世界を人間の近づき得る世界として構成するのは、名づけることによってである。（…）名づけることによって、事物を「虚無から引き出して、存在へ呼びかけること」（G・ギュスドルフ）ができるのであり、命名されないようなものは、どのような方法によってであれ、人間にとって存在することにはならない。（…）

かくて、最初の言語は本質的な言語であり、魔術的、宗教的な価値をもち、命名することによって事物を存在させ、その本質を規定するのである。[87]

こうして、バスチアンの「ことば」による創造は、神の「ことば」による創造のまねびとなり、言葉の最も深い意味でバスチアンは「詩人」となる。なぜなら、詩（ポエジー）は元来ギリシャ語のポイエーシス（創造する）から派生した言葉であり、詩人こそが、新しい意味を創り出す人間であるからである。

■「救い主」バスチアンとらばのイハ

「16章　銀の都アマルガント」で、人々は「救い主」を待ち望んでいた。救い主についての伝説によれば、「昔、恐ろしい禍《わざわ》いがファンタージエンを襲い、間一髪で国全体が亡ぼしつくされてしまうところだったのを、最後の瞬間にその『救い主』がやってきて、幼ごころの君に月の子という名をさしあげ、救ってくれた[88]」というのである。

この都で、競技大会の勇者となったバスチアンが、自分こそがその「救い主」であることを告げると町中はすばらしいお祭りに沸き返る。

そこで、バスチアンはらばのイハと出会うが、らばなどに乗るのは品位にかかわると言って止める周りの反対にもかかわらず、[89]このらばに乗って旅を続けることになる。イハは賢いらばで、乗せている主人バスチアンの心を読むことができる存在である。旅の一行がなぜ先に進むことが困難になったかの理由をイハは、バスチアンが何も願いごとを持てなくなってしまったことにあると見抜くのである。この賢いアドバイザーであるイハの存在は、バスチアンを誘惑する女魔術師サイーデには邪魔であった。それでサイーデはある日らばなどに乗っているのは、バスチアンにはふさわしくないと言って、彼の心を動かし、ついには、イハと別れさせることに成功する。[90]それ以降、バスチアンはサイーデの輿《こし》に乗って進むようになり、彼女の罠《わな》に完全に絡《から》め取られてゆくのである。らばのイハとバスチアンの関係は、イエスがエルサレム入場のときに、馬ではなく、子ろばに乗っていたことを想起させる。受難と復活を予告し、最後の時を過ごすためにエルサレムに到着したイエスは、弟子たちに子ろばを手に入れるようにと命じる。そして、その子ろばに乗ってエルサレムに入場し、人々から歓声を上げて迎えられる。

弟子たちは行って、イエスが命じたとおりにし、ろばと子ろばを引いて来て、その上に服をかけると、イエスはそれにお乗りになった。大勢の群衆が自分の服を道に敷き、また、ほかの人々は木の枝を切って道に敷いた。そして群衆は、イエスの前を行く者も、後に従う者も叫んだ。「ダビデの子にホサナ。主の名によって来られる方に、祝福があるように。いと高きところにホサナ。」イエスがエルサレムに入られると、都中の者が、「いったい、これはどういう人だ」と言って騒いだ。[91]

87 久米博『象徴の解釈学』新曜社、昭和五三年、四五－四六頁。
88 『はてしない物語』下、前掲書、八一頁。
89 同書、一三五頁。
90 同書、二三四頁。
91 マタイによる福音書、21・6－9。

この子ろばの背にまたがっての入場については、ゼカリヤ書の預言が解説として引用されている。

それは、預言者を通して言われていたことが実現するためであった。「シオンの娘に告げよ。『見よ、お前の王がお前のところにおいでになる。柔和な方で、ろばに乗り、荷を負うろばの子、子ろばに乗って』」（ゼカリヤ書9・9）[92]

ここで注目すべき点は、乗り物となった動物が、乗っている主人の性格を如実《にょじつ》に示していることである。イエスは今までの王とは違い、権力を示す馬には乗らず、農耕のためのろば、しかも子ろばに乗っている。それは、だれをも踏みにじることのない王、柔和そのものの救い主の姿を表している。一方、バスチアンもイハに乗っている間は、今までのバスチアンの優しさや素直さを残していた、それがイハと別れてからは権力欲にとりつかれ、疑心暗鬼《ぎしんあんき》で傲慢《ごうまん》な存在と化してしまうのである。なにげない細部ではあるものの、エンデがいかに聖書の描写とその意味を自分のものとしているかがうかがえる箇所である。

■「いのちの水」

『はてしない物語』の最終章「生命の水」は、最も豊かな象徴に富み、様々な聖書の箇所との比較が可能である。最後に残っていた自分の名前を失い、渇きにもだえるバスチアンはアウリンの中にある大きな泉へと歩いてゆく。そこでほとばしる水たちは、歓声を上げつつ悦びの声を上げている。

「われら生命《いのち》の水！

己が内より　ほとばしり出る泉、
汝等が　飲めば飲むほど、
いやましに、豊かに湧く泉[93]」

まず、この「生命《いのち》の水」は、聖書全体を貫く本質的な象徴と言っても過言ではない。なぜなら砂漠地帯を舞台とする聖書の世界において、水はまずいのちの源であるからである。ゆえに水はまず神からの恵みであった。同時に水は、死をもたらす力を持ち、浄化の手段でもあった。バビロン捕囚以後の終末思想において、水は特に象徴的な意味を帯びるようになる。神は人間のいのちの源泉であり、人間は神から遠ざかれば乾ききった地となり、それゆえ、人間は生ける水なる神を渇望するのである[94]。

旧約聖書の中では、イザヤ書の中ですでに、いのちの水への招きが預言されている。

渇きを覚えている者は皆、水のところに来るがよい。
銀をもたない者も来るがよい。
穀物を求めて、食べよ。
来て、銀を払うことなく穀物を求め、
価を払うことなく、ぶどう酒と乳を得よ。[95]

92　マタイによる福音書、21・4-5。
93　『はてしない物語』下、前掲書、三八五頁。
94　『聖書思想事典』三省堂、昭和四八年。「水」七八九-七九二頁参照。
95　イザヤ書、55・1。

後半の豊富な食事への無償の招きは、「24章　アイゥオーラおばさま」の招きの歌を彷彿とさせる。

のどがかわいたでしょう、おなかがすいたでしょう、
みんな用意ができていますよ。
さがしているものも　欲しいものも、
やすらぎも　なぐさめも。[96]

渇いている者への招きは、新約聖書の中のイエス自身の招きでもある。
サマリアの井戸端で、水を汲みに来た女に彼は以下のように呼びかける。

「この水を飲む者はだれでもまた渇く。しかし、わたしが与える水を飲む者は決して渇かない。わたしが与える水はその人の内で泉となり、永遠の命に至る水がわき出る。[97]」

また、エルサレムでの祭りが最も盛大に祝われる終わりの日には、大勢の群衆に向かって大声でこう叫ぶ。

「渇いている人はだれでも、わたしのところに来て飲みなさい。わたしを信じる者は、聖書に書いてあるとおり、その人の内から生きた水が川となって流れ出るようになる。[98]」

迫害のただ中にあった初代教会への慰めの書であるヨハネの黙示録の終わりには、黙示文学の手法で終末の最終

的勝利が描かれているが、その中でもいのちの水は、神のいのちを表す中心的象徴として用いられている。

天使はまた、神と子羊の玉座から流れ出て、水晶のように輝く命の水の川をわたしに見せた。川は都の大通りの中央を流れ、その両岸には命の木があって、年に十二回実を結び、毎月実をみのらせる。(…)渇いている者は来るがよい。命の水が欲しい者は、価なしに飲むがよい。[99]

ヨハネ福音書は特に、水を、イエスが説く教えの象徴、あるいは聖霊の象徴として用いている。そしてこれらの象徴的意味は、洗礼の秘跡の中にあますことなく表れている。洗礼の水は、人間を罪から浄め、人間は古い人に死に、新しいいのちに生まれ変わるのである。[100]

このように『はてしない物語』の「生命の水」の章を聖書的象徴から読み解くならば、バスチアンの帰還を、「洗礼」の場面として読むことも可能になる。初代教会の「洗礼」のように、バスチアンは全身で水にとびこみ、「新たな誕生」を経験するのである。そこで彼は、彼の最も奥深い所に隠されていた最後の望みが、ありのままの自分であるということ、そして愛すること、愛することによって消え去ることのない悦びを得ることであることに気づいたのであった。

こうして生まれ変わったバスチアンが、父のもとに戻った日は、待降節の第一月曜日である。待降節は、幼きイ

96 『はてしない物語』下、前掲書、三三三頁。
97 ヨハネによる福音書、4・13－14。
98 同書、7・37－38。
99 ヨハネの黙示録、22・1－2、17。
100 『聖書思想事典』「みず」、三省堂、昭和四八年、七八九－七九二頁参照。

エスの誕生を待ち望む季節であるが、その誕生を祝うために遥か東方から来た三人の博士たちの名前の一つがバルタザールである。博士たちの使命は、人々を幼きイエスへと導くことであったとも言えよう。ファンタージエンから帰還したバスチアンは、東方の三博士たちのように、多くの人々を「幼ごころの君」へと導く存在となることが最後のコレアンダー氏の言葉に込められているように思われる。

「バスチアン・バルタザール・ブックス、(…)きみは、これからも、何人もの人に、ファンタージエンへの道を教えてくれるような気がするな。そうすればその人たちが、おれたちに生命の水を持ってきてくれるんだ。[101]」

五 「汝の欲することをなせ」――成長の物語

想像力のテーマと共に、『はてしない物語』を貫くもう一つのテーマは、人間の心の成長である。エンデ自身このテーマを重視して以下のように述べている。

『はてしない物語』でたいせつなのはね、バスチアンの心の成長のプロセスなんだ。彼はとにかくまず、自分の問題と対決することを学ばなくてはならない。彼は逃げ出す。けれども逃げることは必要なんだ。なにしろ、逃げることによって彼は変わるんだし、自分というものを、新しく意識するようになる。そのおかげで、世界というものに取りくめるようになる。(…)バスチアンにとっては、個人的なオデュッセイアが問題なんだから。[102]

■アウリンの秘密

バスチアンの心の成長の鍵を握っているのは、彼が幼ごころの君からいただくアウリンという宝のメダルである。そのメダルの表には、「相手の尾を咬《か》んで楕円《だえん》につながる明暗《めいあん》二匹の蛇」が刻まれており、裏には「汝の　欲することを　なせ」[103]という文字が記されていた。バスチアンの冒険は、アウリンと共に始まり、アウリンと共に終わる。その冒険を導く言葉が、この「汝の　欲する　ことを　なせ」であり、自分の真の意志を見つける旅が始まることになる。

まず、この互いに尾を咬み合う二匹の蛇は、ウロボロスと呼ばれ、グノーシスや錬金術などで用いられる神話的なシンボルである。このシンボルは、「永劫回帰《えいごうかいき》」や「永遠の若さ」などをも意味するが、深層心理学の分野では、生殖力と潜在的創造性を伴った原初の状態の象徴である。そこから、ユング、ノイマンなどは、これを人格発達の初期段階の主要な象徴とするのである。[104]つまり、このウロボロスは心の成長段階では未だカオスの原初の状態を意味している。これらの象徴に精通していたはずのエンデは、それゆえこのウロボロスをアウリンの表に刻み、バスチアンの心の旅が、未成熟な混沌から出発し、様々な経験を経て成熟を遂げ、真の望みへと至る過程であることを暗示したのではないだろうか。

次に、「汝の　欲する　ことを　なせ」は、二重の借用からなった文章である。まずこの言葉は、ガルガンチュアとパンタグリュエルの冒険物語の中、テレームの僧院の唯一の掟として有名である。これは一六世紀フランソワ・ラブレーによって書かれた二人の巨人の物語だが、その中で描かれたテレームの僧院とは、数多くの規則で縛られ

101 『はてしない物語』下、前掲書、四一〇－四一一頁。
102 『オリーブの森で語りあう』前掲書、五一頁。
103 『はてしない物語』下、前掲書、二三頁。
104 アンドリュー・サミュエルズ他『ユング心理学事典』創元社、一九九四年、二〇頁。

た当時の修道院を反転させたカーナバル的世界、一種の理想郷であり、その唯一の掟が「汝の　欲する　ことをなせ」である。だが、この僧院では、その中の住人は皆美徳の人であるため、問題は起こらない。それは彼らが「自由意志」を高潔に理解し、決して悪徳に染まることがないからである。

このテレームの僧院の標語も実は借用である。それは、教父アウグスチヌスの『ヨハネの手紙講解』7・8にある「愛せよ、そして汝の欲することをなせ」（Dilige et quod vis fac）の後半のみの借用なのである。

この言葉の解説は以下の通りである。

道徳性の核心である「カリタスの愛」によって支配されている魂は、完全に神の法を実現するだろう。このような魂は、ただ善のみをなしうるのだからである。カリタスの愛は、道徳的生を統宰する。エチエンヌ・ジルソンは次のように解説する。

「もし君がほんとうに愛するならば、君はまちがいなく善をなすであろう。カリタスの愛を語る者は愛を語っているのであり、愛を語る者は意志を語っているのである。そして、意志を語る者は活動を語っているのであり、愛は、その本質の必然性によって行為のうちに展開せざるをえないのである。」[105]

バスチアンは初め、この「汝の　欲する　ことを　なせ」を文字通り、自分の好き勝手に行動せよ、との意味、つまり単なる感性的恣意《しい》のレベルで捉えていた。それで、美しくなりたい、力強いものになりたい、などの夢を次々にかなえさせる。

その子どもっぽい理解を正すのは、色の砂漠に住むライオン、グラオーグラマーンである。「『汝の　欲する　ことを　なせ』というのは、ぼくがしたいことはなんでもしていいっていうことなんだろう、ね？」と問いかけるバスチアンに、ライオンは深い声で以下のように答える。

「ちがいます。（…）それは、あなたさまが真に欲することをすべきだということです。あなたさまの真《まこと》の意志を持てということです。これ以上にむずかしいことはありません。（…）いくつもの望みの道をたどってゆかれることです。一つ一つ最後まで。それがあなたさまをご自分の真に欲すること、真の意志へと導いてくれるでしょう。[106]」

自分の新しいパワーに酔いしれるバスチアンにはまだ、このライオンの言葉の意味することがわからず、様々な経験を経てようやくそれが理解できるようになる。確かに『はてしない物語』の中で、バスチアンはいくつもの望みの道をたどってゆく。だが、肥大した望み、つまり自分の欲望に支配され、サイーデの操り人形と成り果てたあげくの果てに、彼は「元帝王達の都」という一種の生き地獄にたどりつくことになる。そこからの再起の鍵は、愛についての望みである。それが、表面的な感性的恣意《しい》に隠された真の意志、根源的な意志であることに、バスチアンは多くの代償《だいしょう》を払って気がついてゆくのである。

「元帝王達の都」を逃れ、仲間を求めて行き着いたイスカールナリの平和な共同体の中で、バスチアンはまず「愛されたい」という望みを抱くようになる。

けれどもバスチアンは、一人の個人でありたかった。ほかのみなと同じ一人ではなく、一人の何ものかであ

105 エチエンヌ・ジルソン『アウグスチヌスとトマス・アクィナス』みすず書房、一九八一年、一五一－一五二頁。
106 『はてしない物語』下、前掲書、六八－六九頁。

りたかった。バスチアンがバスチアンであるからこそ、愛してくれる、そういうふうに愛されたかった。イスカールナリの共同体には和合はあったが、愛はなかった。
バスチアンは、最も偉大なものとか、最も強いものとか、最も賢いものでありたいとはもはや思わなかった。そういうことは、すべてもう卒業していた。今は、愛されたかった。しかも、善悪、美醜、賢愚、そんなものとは関係なく、自分の欠点のすべてをひっくるめて――というよりむしろ、その欠点のゆえにこそ、あるがままに愛されたかった。[107]

こうして感性的意志から根源的意志へと導かれるバスチアンの心の旅は、そのまま、テレームの僧院からアウグスチヌスの言葉へとたどりつく借用の旅と重なってゆく。

■「変わる家」

次に、バスチアンが気づくのは、「あるがまま」の自分の姿までも忘れてしまったことだ。そのとき、彼は「変わる家」にたどりつき、アイゥオーラおばさまに迎えられることになる。この不思議なおばさまが、「母性」の象徴であることは明らかである。発達心理学の見地から、このファンタジーを読むならば、エンデが人間の成長について、おそらくユング心理学などについても知見《ちけん》を持っていたことがうかがえる。

人間がその発達段階において、基本的信頼を獲得するためには、幼児期における愛の体験が必須であり、それが後にアイデンティティ形成の土台となることは、E・H・エリクソンなどが、発達心理の段階理論で述べている通りである。[108] 母の死から、バスチアンの父は哀しみに閉じこもり、バスチアンの物質的要求は満たしてくれたが、心の欲求には全く応えてくれなくなっていた。一人っ子のバスチアンは全くの孤独となり、必要としている愛情を得ることができなかった。自ら愛された体験を持たない人間が、真に愛することができないことは、自明の事実である。この根本的な喪失《そうしつ》体験を埋めるための場がこの「変わる家」なのである。

まずバスチアンは、一種の子ども返りを体験する。アイゥオーラおばさまの招き「さあ　大いなる君、また小さくおなり！　子どもにかえって　入っていらっしゃい」[109]に応えて、バスチアンは、変わる家の中で小さな赤ちゃんのように甘え、愛の飢餓《きが》状態を癒《いや》すため、欲しいものをすべて与えられ幾日をも過ごす、そして「知らないうちに長い間飢えつづけてきたものが、今あふれるばかりに与えられたという気持ち」[110]を体験する。

一方、アイゥオーラおばさまは、バスチアンの物語をすべて知っていて、彼に必要なものが何かをも見通しており、それを与えられる場が「変わる家」であると語るのである。

「この変わる家というのは、家そのものが変わるだけではなくて、家がその中に住む人を変えるから、そういう名前がついているのです。それは、ぼうやにはとても大切なことでした。ぼうやはそれまで、自分とはちがう、別のものになりたいといつも思ってきましたが、自分を変えようとは思わなかったからです。」[111]

飢餓が癒されてきたバスチアンは、そこで初めて自分の物語を語り、自分の非を悔いることになる。自分がまちがっていたこと、月の子からたくさんのものをいただきながら、それを自分のためにのみ用い、ファンタージエン

107　『はてしない物語』下、前掲書、三二五頁。
108　参照：西平直『エリクソンの人間学』東京大学出版会、一九九九年。
109　『はてしない物語』下、前掲書、三三四頁。
110　同書、三五〇頁。
111　同書、三三九頁。

に悪いことをしたのだと思い至る。だがアイゥオーラおばさまは、バスチアンを責めることはせず、旅を続けるようにと励ますのである。

「あなたは望みの道を歩いてきたの。この道は、けっしてまっすぐではないのよ。あなたも大きなまわり道をしたけれど、でもそれがあなたの道だったの。どうしてだか、わかるかしら？　あなたは、生命の水の湧き出る泉を見つければ、帰れる人たちの一人なの。そこは、ファンタージエンの一番深く秘められた場所なのよ。そこへゆく道は、簡単ではないわ。[112]」

そして飢餓感から完全に解放されたバスチアンは、ついに最後の望み「自分も愛することができるようになりたい」を見つけることになる。

■「絵の採掘坑」

雪原を旅するバスチアンは、次に盲目の坑夫ヨルに出会う。ヨルが闇の中で働く採掘場は、人間世界の忘れられた夢である。それは、明らかに人間の深層心理の象徴と読み解くことが可能であり、超自然の世界、夢の世界から画作を行ったエドガー・エンデの芸術世界をも彷彿《ほうふつ》とさせる。ヨルが掘り出してきた絵の中には、「大きな亀に石の女が乗っている絵」があるが、それはエドガー・エンデの作品「亀にのる女」を想起させる。

アイゥオーラおばさまの「変わる家」では、意識された心理状態の段階であったものが、この採掘坑においては無意識のレベルに深まってゆく。深く深く地中に降り、忍耐強く一枚の絵を求めるバスチアンは、無意識のレベルに押し込められた彼の最後の問題を探究する姿を示している。

母親の胎内に宿る胎児のように丸くなって、バスチアンは、ファンタージエンの基盤の暗い深みにかがみこみ、忘れた夢、自分を命の水へ導くことのできる一枚の絵を求めて、辛抱強《しんぼうづよ》く掘りつづけた。[113]

そしてついに、バスチアンは、氷の塊《かたまり》の中に閉じ込められた一人の男、すなわち哀しみという氷の中でがんじがらめとなった父の姿を発見する。男は、氷の中から助けを求めており、バスチアンはその絵をたよりに生命の水を見つけようとそこを旅立つのである。バスチアンの根本的な問題がこの父子関係にあったことを暗示するこの章の背後に、エンデ自身の父子関係を重ねることは可能である。天才的画家であり、その才能を認め、尊敬していた父への尊敬と同時に、母を捨て愛人のもとへ走った父へのゆるせぬ思いの交錯《こうさく》をエンデはバスチアンのドラマを描きつつ、文学へと昇華させていったのかもしれない。

アウリンの門をくぐり、ファンタージエンから出てゆく、バスチアンの最後のことばは、「父さん！――ぼくだよ――バスチアン――バルタザール――ブックス[114]」であった。

そして、「戻ってきたバスチアンは、心配のあまり気が狂いそうになっていた父と再会し、その父に自分の物語を語る。そして父の目に宿った涙こそが、生命の水であったことに彼は気がつく。バスチアンの変化は、父の変化を呼び覚ます。そして、バスチアンのオデュッセイアである『はてしない物語』は、成長し、互いに変わった父子の和解の物語として完結するのである。

112 『はてしない物語』下、前掲書、三五一頁。
113 同書、三七一頁。
114 同書、三九五頁。

＊＊＊＊＊

以上、エンデの二大ファンタジーを取り上げて、キリスト教とのかかわりについて分析し、かつ、人間学的考察を試みてみた。

優れたファンタジーは、子どもの永遠の問いを受けとめ、それに答えることによって大人となった人間にとっても生涯の糧《かて》となる作品である。エンデは、その秘密をよく知っていたからこそ、優れたファンタジーを世に生み出すことができたのである。

「なぜ子どもたちのために書くのか？」という問いにエンデは、次のように答えている。

まだ凡庸《ぼんよう》になりきらず、創造性がすこしでも残る人間なら、だれのなかにもこの子どもは生きていると、わたしは思います。偉大な哲学者、思想家たちは、太古からの子どもの問いを新しく立てたにほかならないのです。わたしはどこから来たのか？　わたしはなぜこの世にいるのか？　わたしはどこへ行くのか？　生きる意義とは何なのか？　偉大な詩人や芸術家や音楽家の作品は、かれらのなかにひそむ、永遠の神聖な子どものあそびから生まれたのだと思います。九歳でも九〇歳でも、外的な年齢とは無関係に、わたしたちのなかに生きる子ども、いつまでも驚くことができ、問い、感激できるこのわたしたちのなかの子ども。あまりに傷つきやすく、無防備《むぼうび》で、苦しみ、なぐさめを求め、のぞみをすてないこのわたしたちのなかの子ども。それは人生の最後の日まで、わたしたちの未来を意味するのです。

よろしければ、ゲーテの言葉「永遠に女性的なるもの」の脇に、〈永遠に幼きもの〉をつつましく添えたいと思います。この子どもをなくすと、人は人でなくなります。

わたしのなかに、わたしたちみんなのなかにひそむ、この子どものために、わたしは話を語るのです。[115]

「幼ごころの君」は、人間を人間たらしめているこの永遠に幼きものなのではないだろうか。

115　ミヒャエル・エンデ『エンデのメモ箱』田村都志夫（訳）、岩波書店、一九九六年、一八七－一八八頁。

コラム

C・S・ルイスの文学世界

ファンタジー文学の中でも、キリスト教文学の傑《けっ》作《さく》と言えば、C・S・ルイスの『ナルニア国物語』を忘れることはできません。

C・S・ルイス（Clive Staples Lewis, 1898－1963）は、イギリスのオックスフォード大学とケンブリッジ大学で教鞭《きょうべん》を執った著名な学者であり、キリスト教思想家、そして作家として広く知られています。彼の人生と作品は、特にキリスト教文学の分野で重要な位置を占めています。

ルイスは一八九八年、北アイルランドのベルファストで生まれました。幼少期に母を亡くした経験が彼の人格形成に大きな影響を与えました。第一次世界大戦に参戦した過酷《かこく》な経験なども原因となって、青年期には一時的に無神論者となりますが、オックスフォード大学での学びや、カトリックである『指輪物語』の著者J・R・R・トールキンをはじめとする友人との交流を通じて、キリスト教信仰へと回帰しました。自分自身が人生の辛い年月を通って無神論に至った経験は、後のルイスの護教論的作品に独特の説得力を与えることになります。

ルイスの人生における特筆すべき出来事の一つは、生涯の終わりにアメリカ人作家ジョイ・デイヴィッドマンと出会い結婚したことです。ジョイはすでに癌を患っており、短い結婚生活ののち一九五七年に亡くなります。初めて真に愛することのできるパートナーを得た至福《しふく》の後のこの深い喪失体験は、『悲しみを見つめて』に描かれています。

以下、彼の主要な作品を発表年代の順に紹介してみましょう。

一九四二年に発表された『悪魔の手紙』は、先輩悪魔のスクルーテイプが新人悪魔ワームウッドに送る手紙という形式で書かれユーモアに満ちた風刺《ふうし》的な作品です。この作品を通じて、ルイスは人間の弱さや、信仰生活における試練について鋭い洞察を示しています。悪魔の視点を採用することで、信仰生活の危機や誘惑が逆説的に明らかにされます。

悪魔は神を「敵」と呼び、なんとかこの敵から担当のクリスチャンの若者の魂を誘惑しようとしますが、最後には失敗してしまいます。神と人間についての深い洞察に富み、逆から見た霊的生活の書とも言える傑作です。

『キリスト教の精髄《せいずい》』(*Mere Christianity*, 1942 – 1944)の原題は、「混じりけのない生一本のキリスト教」といった意味です。わかりやすくするために薄められ、単なる道徳となったキリスト教ではなく、本物のキリスト教といった意味が込められています。この本は、第二次世界大戦中にＢＢＣラジオで行った講演をもとに一九四二年から一九四四年にかけて書かれました。この書物は、キリスト教信仰の核心をわかりやすく説明しており、信仰を持つ人々だけでなく、信仰を求める人々にも広く読まれています。ルイスは、「道徳律」の存在を通じて神の存在を論じ、キリスト教がいかに人間の人生に意味を与えるかを説きました。

ルイスの代表作とも言える『ナルニア国物語』(*The Chronicles of Narnia*, 1950 – 1956)は七巻からなる児童文学シリーズで、一九五〇年から一九五六年にかけて出版されました。この作品には、キリスト教の象徴が随所に織り込まれています。例えば、『ライオンと魔女』では、ナルニアの創造者であり救済者でもあるライオンのアスランが、イエス・キリストを思わせる人物として登場し、罪、贖い、復活といったテーマが物語全体を通して描かれています。ただ、ルイスは、この物語をキリスト教の単なるアレゴリー(寓意)と思われることを避け、読者の子どもへの手紙の中で、このように語っています。

「たとえばわたしは「ナルニア国ではイエス・キリストをライオンにしてみよう」などと、ひとりごとをいったわけではないのです。「ナルニアのような国がほんとうにあったとする。そして神の子が(わたしたちのこの世界で人間となられたように)そこではライオンの姿を取ったと想像してみよう。どういうことが起こるのか」——そんなふうに思ったのです。その違いはみなさんにもわかるのではないでしょうか」(中村妙子『C．S．ルイス　よろこびの扉を開いた人』日本

キリスト教団出版局、二〇一三年、九四頁）

『ナルニア国年代記物語』とも訳される理由は、この壮大な物語が七つの物語の総体として構成されているからです。そして、その年代記は聖書の創世記からヨハネの黙示録までを思わせる聖書の「大いなる物語」を土壌として想像されたものです。その中には「いかに生きるべきか」の問いかけはあるものの、単なる護教的、道徳的な物語ではなく、その生き生きした想像の世界は今もなお、多くの読者を引きつけてやみません。

『顔を持つまで』（*Till We Have Faces*, 1956）は、ギリシャ神話のキューピッドとプシュケの物語を下敷きにした作品です。この作品は、特に主人公オリュアルの愛の葛藤と内面的な変化が物語の核心を成しています。他の作品とはかなり違った作風であるため発表当初は理解されるのが難しかったのですが、ルイス自身はこの作品を自らの一番の傑作と考えていました。近年では、ルイスの最上の作品であるのみならず、きわめて優れた文学作品であると一般的にも認められるようになっています。最初の邦訳の題は『愛はあまりにも若くープシュケーとその姉』（みすず書房、一九七六年）でしたが後に、より原題に忠実な『顔を持つまで』の題で、平凡社ライブラリーから刊行されました。

『四つの愛』（*The Four Loves*, 1960）は、エロス（性愛）、フィリア（友情）、ストルゲ（愛情）、アガペー（無償の愛）という四つの異なる愛の形を分析したエッセイです。ルイスはこれらの愛を人間関係の文脈で説明しています。この書物は、愛の本質とその神学的意義を深く掘り下げています。

『悲しみを見つめて』（*A Grief Observed*, 1961）は、ジョイ・デイヴィッドマンの死後、ルイスが経験した深い悲しみと、それを通して得た洞察を記録した作品です。この作品では、ルイスの信仰と感情の葛藤が生々しく描かれており、苦しみの中での神の存在についての深い問いかけが含まれています。ルイスはここで、神への信頼が試される中でも信仰が持つ力について語っています。

ルイスの作品は、単にキリスト教信仰を説明するだけでなく、物語や比喩を通じて信仰の本質を直感的に伝える力を持っています。彼の作品は、時代や宗教の壁を越えて多くの読者に影響を与え、特に信仰生活や人生の意味についての考察を促してきました。また、彼の作品は神学や哲学の分野にとどまらず、文学としても高い評価を受けています。

C・S・ルイスは、その生涯と作品を通じて、キリスト教信仰の本質を追求し、多くの人々に希望と洞察を与えました。『ナルニア国物語』や『悪魔の手紙』のような物語性のある作品から、『キリスト教の精髄』や『四つの愛』のような神学的な著作まで、彼の作品は今日でも多くの読者に読み継がれています。そして、彼の人生における苦難と信仰の葛藤は、私たちが自身の信仰を深める際の指針ともなります。

ルイスの主要作品はほとんどすべて翻訳されています。批評も数多くありますが、神学の面からの近年の批評として、著名な神学者A・E・マクグラスによる『C．S．ルイスの読み方――物語で真実を伝える』（教文館、二〇一八年）は、簡潔かつ深くC・S・ルイスの思想全体を捉えた良書です。巻末の参考文献紹介も非常に充実しています。また、同じくマクグラスの『C・S・ルイスの生涯』（教文館、二〇一五年）は、大部のルイス伝でルイスの全体像が描かれています。

また、ウォルター・フーパーによる『C．S．ルイス文学案内事典』（彩流社、一九九八年）は、ルイスのほとんどの著作の解説、関係人物解説、重要概念、そして著作目録、関係文献などのすべてが網羅され、研究者には必須の文献となっています。

ルイスは、大学教授として、毎日多忙な生活を送っていましたが、それに加えて、戦友の母親である病身の老婦人を引き取り、そのお世話までしていました。そんな忙しさの中でも、読者からの手紙、特に数多くの子ども達からの手紙にも、必ず丁寧に返信をしていました。彼は子どもとの文通も、人と人との大切な機会としていたようです。そんな愛に満ちた生き方が『ナルニア国物語』を今まで不朽の傑作としている秘密なのかもしれません。以下の子どもへの手紙は、ルイスが亡くなる一ヶ月前に書かれたものです。

「ルースに

親切なお手紙をありがとう。わたしの書いた本が好きだといってくださって感謝しています。それにまだ小さいのに、たいへん上手に書けていましたね。

イエス・キリストを愛し続けるなら、あなたにとってそうわるいことが起こるわけはありません。どうか、これからもイエスに対して同じ気持ちを持ち続けてください。

あなたは『ナルニア国物語』のなかにもう一つお話が隠されていることに気づいたそうですね。それを聞いてとてもうれしく思っています。子どもはほとんどいつもそれに気づくのですが、大人はだいたい、誰も気がつきません。おかしなことです。

『ナルニア国物語』はあれでおしまいです。残念ですが、わたしがもう一冊書くというわけにはいかないと思うのです。

神さまの祝福がいつもあなたの上にありますように。

お大事に。

C・S・ルイス」

第三部

比較文学とキリスト教

A）太宰治研究

第一章 太宰治とキリスト教

太宰　治

太宰治《だざいおさむ》と言えば、現在まで、佐古《さこ》純一郎《じゅんいちろう》を初めとして、多くの研究者によってキリスト教の深い影響が論じられてきたにもかかわらず、未だに未知の部分も多く、「無頼《ぶらい》派」、「自己破滅《はめつ》型の私小説作家」のイメージを塗り替えるまでには至っていないように思われる。

確かに、人生と芸術を交差させるのが巧みであった「含羞《がんしゅう》の人」太宰においては、散見されるキリスト教への言及や聖書の引用をそのまま、信仰の素朴な告白と捉えることは、やや単純な見方と非難されても仕方ない。だが、太宰の絶筆であり、まさに命がけのプロテストと言える随筆『如是我聞《にょぜがもん》』の中で次のような文章に出会うと、この作家にとっての、イエス、そして聖書がどのような存在であったかを、問わずにはいられないのである。

私の苦悩の殆ど全部は、あのイエスという人の、「己れを愛するがごとく、汝の隣人を愛せ」という難題一つにかかっていると言ってもいいのである。[1]

〈略年譜〉

一九〇九年　太宰治（一九〇九・六・一九―一九四八・六・一三　本名：津島修治）は、青森県北津軽郡金木《かなき》村で大地主の六男として生まれた。父は貴族院議員でもあった。母が病弱であったため、乳母のたけに育てられるが、幼児期におけるたけの養育は太宰の宗教観に影響を残している。

一九二三年　青森中学の頃から作家になる志を抱き、弘前《ひろさき》高等学校時代には、芥川龍之介《あくたがわりゅうのすけ》の影響を受け、その自殺には強い衝撃を受けている。同じくこの高校時代にマルクスの『資本論』を読み、共産主義の非合法的活動に参加する。

一九三〇年　東京帝国大学の仏文科に入学、非合法的活動を続けるが、やがて退き、創作に専心する決断をする。高校時代すでに自殺未遂を経験したが、カフェの女給《じょきゅう》田部シメ子と心中をはかり、シメ子だけが死ぬ。

一九三二年　青森県検事局へ出頭し、非合法活動から離脱（転向《てんこう》）する。

一九三三年　同人雑誌『青い花』を創刊して「ロマネスク」を発表、新進作家としてデビューを遂げる。

一九三五年　今頃から内村鑑三の著作に親しむようになる。

一九三六年　鎮痛剤パビナールの中毒症状の根治のため、東京武蔵野病院に入院を余儀なくされる。

一九三八年　同棲《どうせい》していた小山初代と別れ、石原美知子と結婚、第二次世界大戦が終わるまでの間に書かれ太宰の中期と呼ばれるこの期間に執筆された作品には、聖書のモチーフや引用が多用されている。『駈

1　「如是我聞」（『もの思う葦』に収録）、新潮文庫、平成四年、二四六頁。

込み訴え』『満願』『走れメロス』『新郎』『正義と微笑』『待つ』などがこの中期の代表的な作品である。太宰が精神的にも、家庭的にも最も安定していたのがこの中期である。

一九四五年　敗戦とともに、精神状態は不安定となり、過労と過度の飲酒のため健康を害していった。『斜陽』『人間失格』などの名作を残したが、随筆『如是我聞』を絶筆として一九四八年山崎富栄と共に玉川上水に身を投げてこの世を去った。[2]

一　聖書と二人の師　塚本虎二《つかもととらじ》と内村鑑三《うちむらかんぞう》

太宰が、聖書を初めて読み始めたのは、一九三二年（昭和七年）に左翼の非合法活動から離れて以後のことと推定されている。聖書への傾倒が頂点に達するのは、当時太宰が陥っていたパビナール中毒を根治させようとした友人らの画策により彼が当時脳病院と呼ばれていた精神病院に強制的に入院させられていた一九三六年（昭和一一年）のことである。

その折りの魂の叫びを綴《つづ》った散文集『HUMAN LOST』には次のような一節がある。

聖書一巻によりて、日本の文学史は、かつてなき程の鮮明《せんめい》さをもて、はっきりと二分されてみる。マタイ伝28章、読み終えるのに、3年かかった。マルコ、ルカ、ヨハネ、ああ、ヨハネ伝の翼を得るはいつの日か。[3]

『HUMAN LOST』の末尾で、太宰はキリスト伝を執筆する意向を表明しており、この作品はマタイ5章44－48

の引用で終わっている。

『太宰治と聖書』（教文館、一九八三年）の中で、全集中の聖書引用箇所をすべて調べ上げるという綿密な調査の結果、斉藤末広は、聖書全体からは一三八カ所、その内福音書では、ルカ一一回、ヨハネ一〇回に比べてマタイは九七回と群を抜いて多いことを実証しているが、この調査結果は、『HUMAN LOST』の文章を裏付けるものと言える。

また、太宰が内村鑑三の直弟子《じきでし》である塚本虎二の創刊した月刊誌『聖書知識』の熱心な購読者であったことも重要な事実である。『駈込み訴え』『正義と微笑』『斜陽』などに散見する聖書の豊富な引用、援用はこのような知識と傾倒なしに説明することができない。

田中良彦の研究（『太宰治と「聖書知識」』朝文社、一九九四年）によると、太宰は、初め友人で無教会派のクリスチャンであった鰭崎潤《ひれさきじゅん》からこの雑誌を借りていたが、ついに自ら購読者となる。田中の綿密な照合研究によって明らかとなるのは、太宰がいかに聖書知識を読み込み、その知識を小説の各所に利用しているかということである。また、太宰の様々な証言からは、彼が塚本虎二にも傾倒し、塚本を「日本に於ける唯一の信ずべき神学者」（同書、一四六頁）と見なし、彼の講演を聴きに行くことを欲していたことがわかっている。

太宰の関心は、塚本の師であった内村鑑三その人に及び、鰭崎から『求安録』『基督信徒の慰』《きりすとしんとなぐさめ》など内村の著作を借りて読んでいる。文芸批評的随筆集『碧眼托鉢』《へきがんたくはつ》の「Confiteor」（このラテン語の題名の意味は、我告白する、である）という意味深長《いみしんちょう》な題を持つ一文は、太宰の内村への傾倒の深さをよく物語っている。

私は人のちからの佳《よ》い成果を見たくて、旅行以来一ヶ月間、私の持っている本を片っぱしから読み直した。

2　参照：「太宰治」『世界・日本　キリスト教文学事典』、教文館、一九九四年。
3　『二十世紀旗手』新潮文庫、平成四年、一八八頁。

（中略）内村鑑三の随筆集だけ、一週間くらい私の枕もとから消えずにいた。（中略）私はこの本に引きずり回されたことを告白する。ひとつには『トルストイの聖書』への反感も手伝って、いよいよこの内村鑑三の信仰の書にまいってしまった。今の私には、虫のような沈黙があるだけだ。私は信仰の世界に一歩、足を踏み入れているようだ。[4]

二　デカダンスの倫理

太宰の朋友《ほうゆう》亀井勝一郎は、次のように証言している。「太宰はその本質において倫理的な人である。古風なまでに倫理的な人である。それが無頼漢《ぶらいかん》という反倫理性と矛盾しつつ彼の胸底《むなそこ》にあった」[5]。また、佐古純一郎は、「デカダンスの倫理」という逆説的表現で太宰文学の本質を分析しようと試みている。その凝縮された表現は、中期の作品『姥捨《うばすて》』の中にあり、そこには反立法者としての役割という、いかにも太宰らしい逆説的使命感が吐露《とろ》されている。

私は、やっぱり歴史的使命ということを考える。自分ひとりの幸福だけでは、生きて行けない。私は歴史的に悪役を買おうとおもった。ユダの悪が強ければ強いほど、キリストのやさしさの光が増す。（中略）強力なアンチテエゼを試みた。滅亡するものの悪をエムファサイズしてみせればみせるほど、次に生まれる健康の光のばねも、それだけ強くはねかえって来る。それを信じていたのだ。私は、それを祈っていたのだ。私ひとりの身の上は、どうなってもかまわない。反立法としての私の役割が、次に生まれる明朗に少しでも役立てば、それで私は、死んでもいいと思っていた。[6]

第二章 美しい生き方——『駈込《かけこ》み訴え』と『女生徒』

ユダとキリストへの言及から、すぐに思い浮かぶのは、中期の傑作『駈込み訴え』である。

「申し上げます。申し上げます。旦那さま。あの人は、酷《ひど》い。酷《ひど》い。はい。厭《いや》な奴です。悪い人です。ああ。我慢ならない。生かして置けねえ。[7]」

息せき切った呼びかけに、リズミカルな一人称の告白が続き、最後にその人「イスカリオテのユダ」が種明かしされるという独特な一編は、一気呵成《かせい》に口述筆記された作品である。この作品を福音書に照らして詳細に検討すると、太宰の聖書の知識が確かに半端なものではなく、「マタイ福音書を読み終えるのに三年かかった」というのも誇張ではないことが読み取れる。このユダのドラマは、福音書に描かれているイエスのドラマの忠実な再現の上に描かれているからだ。

4 「碧眼托鉢」(『もの思う葦』に収録)、新潮文庫、平成四年、六三頁。
5 『ヴィヨンの妻』解説、新潮文庫、平成四年、一七一頁。
6 「姥捨」(『きりぎりす』に収録)、新潮文庫、一九七四年、二七頁。
7 「駈込み訴え」(『走れメロス』に収録)、新潮文庫、平成十七年改版、一四〇頁。

この裏切りのドラマをただ単に左翼運動からの転向を投影した物語として読み解く解釈も初めは多かったが、政治的にすべて還元する解釈は一面的であり、この短編の持つ真の主題を隠してしまうように思う。なぜなら、この短編を書いた太宰にとって当時イエスという人は、おそらく彼が最も心を奪われた人物となっていたからだ。この作品において、「美しい」という形容は、すべてキリストについて用いられ、イエス・キリストは、「美しい生き方」の理想像として描かれている。

「あなたは、いつでも優しかった。あなたは、いつでも正しかった。あなたは、いつでも貧しい者の味方だった。そうしてあなたは、いつでも光るばかりに美しかった。[8]」

確かに、一九三八年（昭和一三年）から一九四五年（昭和二〇年）頃にあたる時期、パビナール中毒から抜け出した太宰の再出発の気迫に満ちた作品群の中には、文学的表現のヴェールの下に、「美しい生き方」なるものへの熱烈な賛美と希求を読み取ることが可能である。太宰が「美しい」という形容詞で表現するのは、多くの場合、単なる表面的あるいは芸術的な美質《びしつ》でなく、むしろ、無我無欲、善良、良さ、といった精神的美質であるように思われる。『女生徒』の中では特に、「美しい」が多用されているがほとんど常に精神的な意味で使用されている。

「もっと自分が美しく生きなければと思わせるような目であれば、いいと思っている。[9]」

「私たちには、自身の行くべき最善の場所、行きたく思う美しい場所、自身を伸ばして行くべき場所、おぼろげながら判っている。よい生活を持ちたいと思っている。[10]」

「「みんなを愛したい」と涙が出そうなくらい思いました。（中略）美しく生きたいと思います。[11]」

「純粋の自己犠牲の美しさ」[12]

この「美しい生き方」の理想像をイエス・キリストという一人物に結晶させている作品が、イスカリオテのユダの裏切りのドラマを描いた『駈込み訴え』である。太宰がしばしばユダに自分の姿を重ね合わせていた事実を考慮に入れると、この小品は無視し得ぬ重みを持っている。作品中の「美しい」という形容は、実にすべてキリストについて用いられている。

「私はあの人を、美しい人だと思っている。私から見れば、子供のように慾が無く、私が日々のパンを得るために、お金をせっせと貯《た》めたっても、すぐにそれを一厘《りん》残さず、むだな事に使わせてしまって。けれども私は、それを恨みに思いません。あの人は美しい人なのだ。[13]」

「けれども私は、あの人の美しさだけは信じている。あんな美しい人はこの世に無い。[14]」

「あなたは、いつでも優しかった。あなたは、いつでも正しかった。あなたは、いつでも貧しい者の味方だった。そうしてあなたは、いつでも光るばかりに美しかった。[15]」

8 「駈込み訴え」前掲書、一五六頁。
9 「女生徒」（『走れメロス』に収録）、前掲書、八六頁。
10 同書、九八頁。
11 同書、九七頁。
12 同書、一三二頁。
13 「駈込み訴え」前掲書、一四二頁。
14 同書、一四五頁。
15 同書、一五六頁。傍線筆者。

イエスの生き方への感嘆に満ちた共感は、単なる付随《ふずい》的エピソードとしては片付けられぬ重要性を秘めている。この「美しい人」精神家のイエスに、美しくなれない現実家のユダが抱く心情は、嫉妬に至るまでの執着からその裏返しの憎悪《ぞうお》までのあらゆるバリエーションで表現されている。そして、そのどこに真実があるのかは、最後まで「道化」的手法により実は隠されている。このゆらぎをどのように解釈するかがポイントとなるわけだが、この心のゆらぎをゆらぎのまま人間太宰の「美しい人」イエスへの想いの投影《とうえい》と捉えることもできるのではないだろうか。そして饒舌《じょうぜつ》に隠され、実は語られることのなかった心の真実は最後の自殺という行為によってあらわになったとも言えようか。

一 「ユダ」の悲劇

太宰が生涯様々な罪意識に苛《さいな》まれた人間であることは否めない事実である。左翼運動への裏切り、幾度も心中して自分だけ生き残ったことへの良心の呵責《かしゃく》など、その理由となりうる事実には枚挙に暇《いとま》がない。『人間失格』の中には葉蔵の次のような独白がある。

自分は神にさえ、おびえていました。神の愛は信ぜられず、神の罰だけを信じているのでした。信仰。それは、ただ神の笞《むち》を受けるために、うなだれて審判の台に向かう事のような気がしているのでした。[16]

福田恆存《つねあり》は、この太宰の悲劇の本質を鋭く見抜き、以下のように述べている。

太宰は自己を責める神は発見したが、自己をゆるす神は発見しなかったのだ。そしてそのことは、現代日本の知識階級にとって、いまなお解決しえぬもっとも根本的な課題なのである。おそらくわれわれはこの太宰治の躓《つまず》きから今出発しなければならないだろう。[17]

イエスが「ゆるす神」であることを発見できなかったこと。これがユダの悲劇の核心である。そしてその最期はわたしたちにも人間の持つ自由の重さを突きつける。なぜならその悲劇は自由の悲劇でもあるからだ。神の愛に「はい」とも「いいえ」とも言いうる自由の決定的な重み。だが、教会はユダを地獄に堕《お》ちたと宣言したことはない。その生涯の真実はわたしたちが自分の裏切りとゆるしの人生を終わって、神のみ顔を仰ぎ見るまで、わたしたちの目には隠されている。

十字架上でイエスは言われた。「父よ、彼らをおゆるしください。自分が何をしているのか知らないのです。[18]」この言葉はユダに対しても語られたものにちがいない。「生まれなかった方が、その者のためによかった[19]」というイエスの言葉は呪《のろ》いではない。むしろそれは、ユダの「不幸」、その孤独と絶望の深さを見抜いていたイエスの断腸の思いからの言葉ではないだろうか。裏切ったペトロを見つめたのと同じまなざしは、首になわをかける一瞬前のユダの上にも注がれたはずである。そして入水を決めた『駈込み訴え』の作家の上にも。「『二十世紀旗手』の

16 『人間失格』新潮文庫、平成一九年、九七頁。
17 小山清編『太宰治研究』筑摩書房、昭和三一年、二二七頁。
18 ルカによる福音書23章34。
19 マルコによる福音書14章21。

冒頭に「生れて、すみません。」と書いた太宰が、救うために人となった神のいつくしみの深さを知っていたなら、と夢想《むそう》せずにはいられない。文学においてもユダの神秘はゴルゴタの丘を包んだ闇の中に包まれ、復活の曙《あけぼの》を待っている。

二　フランス・モラリスト文学の影響

太宰文学において、このようなキリスト教の無視できぬ影響を考慮するとき、『人間失格』を、新しい角度からの光を当てて読むことが可能となる。ここでは、『人間失格』をパスカルの『パンセ』と比較しつつ読み解き、そのモラリスト文学としての側面を浮き彫りにしてみたい。

東大では、ほとんど授業に出席しない学生であったが本はよく読んでいた太宰が、フランス・モラリスト文学に親しみ、『パンセ』[20]をも読んでいたことは、随筆の中に散見する描写によって明らかである。

彼が自らの思想遍歴《へんれき》を語った随筆『苦悩の年鑑』は、次のような印象的な文章によって結ばれている。

まったく新しい思潮の擡頭《たいとう》を待望する。それを言い出すには、何よりもまず、「勇気」を要する。私のいま夢想する境涯は、フランスのモラリストたちの感覚を基調とし、その倫理の儀表《ぎひょう》を天皇に置き、我等の生活は自給自足のアナキズム風の桃源《とうげん》である。[21]

また、『答案落第』という小品の中では、虚栄（ヴァニティ）について語り、パスカルに言及した文章からは、『パンセ』の中の「人間の悲惨」について語る部分を読了したことがうかがえる。

重ねて言う。私は、ヴァニティを悪いものだとは言っていない。それは或る場合、生活意欲と結びつく。高いリアリティとも結びつく。愛情とさえ結びつく。私は、多くの思想家たちが、信仰や宗教を説いても、その一歩手前の現世のヴァニティに莫迦《ばか》正直に触れていないことを不思議がっているだけである。パスカルは、少々。[22]

また、一つの随筆集を『もの思う葦』と名付けたことを取っても、このフランス・モラリスト文学の傑作である、パスカルの古典的著作への関心がうかがえる。そして、この比較は、ほぼ同時期に執筆され、絶筆となった随筆『如是我聞《にょぜがもん》』と『人間失格』を、相互に響かせて読むことにより、太宰の文学世界の新しい理解へと導いてくれる。

20 『パンセ』については、本書二四七頁のコラムを参照のこと。
21 『苦悩の年鑑』古典名作文庫、Kindle版、一五頁。「儀表」とは手本、模範の意味。「桃源」は理想郷の意味。
22 「答案落第」(『もの思う葦』に収録)、前掲書、一〇四頁。

第三章 『如是我聞《にょぜがもん》』と『人間失格』

　周知のように、『人間失格』は未完のまま終わった『グッド・バイ』を除けば、入水自殺の直前に書かれた最後の小説である。太宰の作品としては最も有名であり、ある程度までは、この作品が太宰の人物像を決めてしまったと言っても過言ではない。一読すれば明らかなように、作品には、自伝的要素（主人公葉蔵の生い立ち、学生時代、非合法運動への参加、女性との自殺未遂、脳病院への強制入院、薬物中毒の経歴等）がふんだんに盛り込まれており、この小説は、発表当初から太宰の最後の告白的私小説と見なされてきた。

　近年、様々なアプローチからのテクスト研究が進むにつれ、太宰と葉蔵を単純に同一視する作品研究は過去のものとなっていったにせよ、『如是我聞』との比較において、『人間失格』を論じる視点はまだ、一般的ではない。いやそれ以前に、『如是我聞』というテクストの価値自体がまだしかるべき位置づけを得ていないように思える。なぜなら、『如是我聞』は、中の志賀直哉《しがなおや》批判があまりに強烈であるため、個人攻撃の側面のみが取り上げられ、その真の主題が隠されてしまった感があるからである。

　これは、この命がけのプロテストを世に問うた太宰自身、一番心得ていたことで、ゆえに『如是我聞』を、

　他人を攻撃したって、つまらない。攻撃すべきは、あの者たちの神だ。敵の神をこそ撃つべきだ。でも、撃

つには先ず、敵の神を発見しなければならぬ。ひとは、自分の真の神をよく隠す。[23]

というフランスの詩人ヴァレリーの言葉から始めたのであろう。この前文を受け止める形で、太宰の「叫び」のような形で呈示された『如是我聞』の主題は、以下の通りである。

「全部、種明《たねあか》しをして書いているつもりであるが、私がこの如是我聞という世間的に言って、明らかに愚挙《ぐきょ》らしい事を書いて発表しているのは、何も「個人」を攻撃するためではなくて、反キリスト的なものへの戦いなのである。

彼らは、キリストと言えば、すぐに軽蔑《けいべつ》の笑いに似た苦笑をもらし、なんだ、ヤソか、というような、安堵《あんど》に似たものを感ずるらしいが、私の苦悩の殆ど全部は、あのイエスという人の、「己れを愛するがごとく、汝の隣人を愛せ」という難題一つにかかっているといってもいいのである。

一言で言おう、おまえたちには、苦悩の能力が無いのと同じ程度に、愛する能力に於ても、全く欠如している。おまえたちは、愛撫《あいぶ》するかも知れぬが、愛さない。

おまえたちの持っている道徳は、すべておまえたち自身の、或いはおまえたちの家族の保全、以外に一歩も出ない。

重ねて問う。世の中から、追い出されてもよし、いのちがけで事を行うは罪なりや。私は、自分の利益のために書いているのではないのである。信ぜられないだろうな。

23 「如是我聞」前掲書、二二四頁。

最後に問う。弱さ、苦悩は罪なりや。」[24]

一　「愛する能力」と「偽善」

この随筆において、太宰の「攻撃」の矛先《ほこさき》は、「敵」の「苦悩する能力」、「愛する能力」の無さに向けられている。また、中でも、最も痛烈な批判は、「シンガポール陥落」という戦争協力の文章を書きながら、戦後は、内村鑑三の弟子と自称する志賀直哉という大作家の「偽善」に対してである。

私はいまもって滑稽《こっけい》でたまらぬのは、あの「シンガポール陥落」の筆者が、(遠慮はよそうね。おまえは一億一心は期せずして実現した。今の日本には親英米などという思想はあり得ない。吾々の気持は明るく、非常に落ちついて来た。などと言っていたね。) 戦後には、まことに突如として、内村鑑三先生などという名前が飛び出し、ある雑誌のインターヴューに、自分が今日まで軍国主義にもならず、節操《せっそう》を保ち得たのは、ひとえに、恩師内村鑑三の教訓によるなどと言っているようで、インターヴューは、当てにならないものだけれど、話半分としても、そのおっちょこちょいは笑うに堪える。[25]

そして、結語は以下の通りである。

君について、うんざりしていることは、もう一つある。それは芥川の苦悩がまるで解っていないことである。

日蔭者《ひかげもの》の苦悶《くもん》。

弱さ。

聖書。

生活の恐怖。

敗者の祈り。

君たちには何も解らず、それの解らぬ自分を、自慢にさえしているようだ。そんな芸術家があるだろうか。知っているものは世知《せち》だけで、思想もなにもチンプンカンプン。開いた口がふさがらぬとはこのことである。[26]

この文章を、前述の『苦悩の年鑑』の述懐《じゅっかい》と並べるならば、太宰が何を「敵」とし、何に向かって無謀《むぼう》なる戦いを挑もうとしたのかが、明らかになる。


私は、純粋というものにあこがれた。無報酬《むほうしゅう》の行為。まったく利己の心の無い生活。けれども、それは、至難の業であった。私はただ、やけ酒を飲むばかりであった。

私の最も憎悪《ぞうお》したものは、偽善であった。

キリスト。私はそのひとの苦悩だけを思った。[27]

24 「如是我聞」前掲書、二四六－二四七頁。傍線筆者。
25 同書、二五一－二五二頁。
26 同書、二五七－二五八頁。
27 『苦悩の年鑑』前掲書、一二頁。

二　プロテスト（抗議《こうぎ》）としての『人間失格』

はからずも、「苦悩する能力」「愛する能力」は、『人間失格』を読み解く鍵の一つである。なぜなら、葉蔵の「苦悩」はこの能力をめぐっての苦悩と言っても過言ではないからである。

自分は（…）人に好かれる事は知っていても、人を愛する能力に於いては欠けているところがあるようでした。（もっとも、自分は世の中の人間にだって、果して、「愛」の能力があるのかどうか、たいへん疑問に思っています。[28]）

また、最後に、父が死んだことを知った葉蔵は、「苦悩する能力」まで失い、ついに廃人として描写される。だが、物語の終盤に頻出する、神への問いは、次第に一種のプロテストの様相を呈してくる。すなわち、世間的に言うなれば、狂人、廃人として「人間、失格」の烙印《らくいん》を押された葉蔵が、あたかも旧約聖書のヨブのごとく、自らの潔白《けっぱく》を直接神に問い始めるのである。

神に問う。信頼は罪なりや。[29]

神に問う。無抵抗は罪なりや。[30]

この問いかけは、『如是我聞』の中で、自分の苦悩は、「あのイエスという人の、『己れを愛するがごとく、汝の隣人を愛せ』という難題一つにかかっている」と言い、「最後に問う。弱さ、苦悩は罪なりや。[31]」と投げつけた太宰の「愛する能力」をめぐる鋭い問題意識を直接反映しているかのようである。

そこに、太宰からの一つのしたたかな問いかけを読むことはできないだろうか？

私は、人間、失格かもしれない。だが、あなたは人間、合格か？　何によって、合格なのか？

私には、愛する能力も、苦しむ能力もない。だが、その能力がないことだけは知っている。なのに、皆さんは、お互いあざ向き合い、人を押しのけるエゴイストのくせに、ほがらかに生きているではないか？

それで、人間合格なのか？

『如是我聞』のプロテストを単なる個人攻撃のレベルに落とさず、普遍の人間性へのそれと捉え直したとき、『人間失格』の持つプロテストの深さを垣間見ることができるのではないだろうか。『如是我聞』の太宰文学における位置づけについては、まだ研究の余地が多分に残されているが、この文章自体が、太宰の遺書と言って過言でないことは、執筆をめぐる編集者の証言、あるいは、太宰の弟子とも言うべき作家小山清の証言を真摯《しんし》に受け止めて考察する必要があろう。

週刊『新潮』の編集長であった野平健一は、心中死を遂げた太宰の遺稿として『如是我聞』の第三部が掲載された同誌において「如是我聞と太宰治」（野平健一『矢来町、半世紀』にも所収）というエッセイを書き、この文章が、泥酔や自暴自棄の産物ではなく、職業人としての明らかな意識のもとに、初めはある種のためらいすら持って書かれた用意周到《よういしゅうとう》な作品であることを証言している。

28　『人間失格』前掲書、八八頁。
29　同書、一三〇頁。
30　同書、一四七頁。
31　「如是我聞」前掲書、二四六―二四七頁。

一方、無教会主義のクリスチャンであり、長年太宰に師事していた小山清は、「死ぬ間際《まぎわ》まで聖書が太宰の座右の書であった」ことを証言しつつ、芥川と太宰を比較しつつ、「日本の作家の中で、太宰ほど、本質的に聖書を読んだ人はいない。」とまで断言しているからである。

第四章 太宰の罪意識

ここで必然的に一つの大きな疑問が生じる。太宰の「美しい生き方」への希求、イエス・キリストへの憧憬《どうけい》がそれほど真摯なものであったなら、なぜそれが信仰へと結びつかなかったのであろうか。それどころか、デカダンスの坂を転がり落ちた末の心中死という破局へと行き着かざるを得なかったのだろうか。

一 「罪誕生の時刻にあり」

以上の疑問に答えるためにまず太宰の罪意識について考察してみたい。『二十世紀旗手』という散文集のエピグラフには、「生れて、すみません」という太宰の有名な文章が掲げられている。「罪誕生の時刻にあり」というような深い罪意識は太宰の魂の奥底に焼き印のごとく刻み込まれていた。この罪意識はおそらく、小作を搾取《さくしゅ》してきた大地主の息子であるという出自《しゅつじ》からくる罪意識、さらに左翼《さよく》非合法活動に参加しながらも転向したという後ろめたさ、次々に付き合った女性たちのほとんどを不幸にしたような自分の在り方などが相まって形成されていったように思われる。『人間失格』にも「自分は神にさえ、おびえていました。神の愛は信ぜられず、神の罰だけを信じているのでした。[32]」という象徴的な一文が存在する。

彼は度々、マタイ福音書19章19節の「汝、己を愛するが如く隣人を愛せよ」という律法の掟を引用し、その掟を守るに程遠い自らの姿を省みて嘆いている。が、エゴイズムに満ちた弱い人間が一人でこの掟を守ることは不可能であり、むしろ誠実であろうとすればするほど自らの偽善、二重性が浮き彫りにされるのみであるのは当然のことと言えよう。十字架にかけられたキリストの、愛ゆえの贖罪《しょくざい》の意味を太宰は学ぶことができなかったのである。この点で太宰がキリストの掟として引用するのが常にマタイ福音書からであってヨハネ福音書の「わたしがあなたがたを愛したように、互いに愛し合いなさい」(15章12節)でないことは象徴的である。

前述した『如是我聞』の中には次のようなマタイ福音書の引用の例が見られる。

私の苦悩の殆ど全部は、あのイエスという人の、「己れを愛するがごとく、汝の隣人を愛せ」という難題一つにかかっていると言ってもいいのである。

一言で言おう、おまえたちには、苦悩の能力が無いのと同じ程度に、愛する能力に於ても、全く欠如している。おまえたちは、愛撫《あいぶ》するかも知れぬが、愛さない。(中略)私は、自分の利益のために書いているのではないのである。信ぜられないだろうな。

最後に問う。弱さ、苦悩は罪なりや。[33]

キリストの教えの「苛烈《かれつ》」を強調した内村鑑三のキリスト教観が、太宰を絶望の淵《ふち》に追いやるかのような厳しい神のイメージに、深い影響を与えていることは、様々な資料が如実に論証している。だが太宰のようなタイプの人間に内村の武士道的キリスト教が受け入れられるはずもない。苛烈な教えを妥協することなく受け入れようと欲した太宰は、やがて力尽きそれを実行し得ぬ自分の限界と自分の罪に絶望していったのではないだろうか。

北森嘉蔵《きたもりかぞう》が『愁いなき神』の中で正宗白鳥《まさむねはくちょう》と内村鑑三の関係について述べていることは、動機・感受性の違いこそあれ、ある意味で太宰の内村とのかかわりを明らかにするための示唆に富んでいる。

白鳥は、植村正久《うえむらまさひさ》および内村鑑三からキリスト教を学んだ。白鳥をキリスト教へと駆り立てたのは、死の恐怖であった。ところが内村鑑三からたたきこまれたのは、キリストに従う者は自分も十字架を負わなければならないということであった。[34]

一方厳しい神、裁きの神、というイメージが太宰の中で不動なものに成って行く過程で、次の文章に見られるように、太宰の幼児期に女中たけによって施された、地獄についての道徳教育が、潜在意識に刻印した影響もまた見逃してはならないであろう。

たけは又、私に道徳を教えた。お寺へしばしば連れて行って地獄極楽の御絵掛地《ごえかけじ》を見せて説明した。（中略）血の池や、針の山や、無間奈落《むげんならく》という白い煙のたちこめた底知れぬ深い穴や、到るところで、蒼白く痩《や》せたひとたちが口を小さくあけて泣き叫んでいた。嘘《うそ》を吐けば地獄へ行ってこのように鬼のために舌を抜かれるのだ、と聞かされたときには恐ろしくて泣き出した。[35]

32 『人間失格』前掲書、九七頁。
33 「如是我聞」前掲書、二四六－二四七頁。
34 北森嘉蔵『愁いなき神』講談社学術文庫、一九九一年、一六四頁。
35 『津軽』新潮文庫、平成三年、一五七－一五八頁。

二　裁きの神

この「裁きの神」について、『太宰治と聖書』の中で、小山清が太宰と交わした実際の問答の記述は、特に注目に値する。

かつて、太宰はわたしの「神は在るか」といふ問いに答えて、「若《も》し神がゐなかったなら、僕達が人知れずした悪事は一体誰が見てゐるのだ」と云ひ、「神は帳面を持ってゐて、その神の帳面には、人間の隠れた行為の全部が記録してあるのだ」と云った。太宰の神観《かみかん》はこのやうに直裁《ちょくさい》であって、曖昧《あいまい》なものがはいり込む隙《すき》がなかった。[36]

これを『人間失格』の一節と対比させて考察するとき、このさりげない追想は、太宰の神についてのイメージを知る上での、重要な証言と理解される。以下は、男めかけとなった葉蔵が、シヅ子の娘で自分を父と慕ってくれるシゲ子と交わす会話の場面である。

「お父ちゃん。お祈りをすると、神様が、何でも下さるって、ほんとう？」

自分こそ、そのお祈りをしたいと思いました。

ああ、われに冷き意志を与え給え。われに、「人間」の本質を知らしめ給え。人が人を押しのけても、罪ならずや。われに、怒りのマスクを与え給え。

「うん、そう。シゲちゃんには何でも下さるだろうけれども、お父ちゃんには、駄目《だめ》かも知れない」

自分は神にさえ、おびえていました。神の愛は信ぜられず、神の罰だけを信じているのでした。信仰。それは、ただ神の笞《むち》を受けるために、うなだれて審判の台に向う事のような気がしているのでした。地獄は信ぜられても、天国の存在は、どうしても信ぜられなかったのです。[37]

このような文章からうかがえるのは、「裁きの神」の厳しい顔である。確かにマタイ福音書25章で、壮大に描かれている審判の図において、裁きの対象となっているのは、それぞれが生涯において果たした行いであり、それを通して、「お前は、その生涯において、隣人を愛したのか」が問われている。

太宰のように「己れを愛するがごとく、汝の隣人を愛せ」という難題をまともに受け止めたなら、人は自己に誠実であろうとすればするほど、乗り越えられぬ壁際《かべぎわ》に追い詰められてゆくこととなる。「私は変人にあらず」という意味深長な題の随筆は、この点で太宰の告白的側面を暗示しているかのようである。

「私は前にも云ったように、弱い性格なのでその弱さというものだけは認めなければならないと思っているのです。また人と議論することも私にはできない、これも自分の弱さといってもいいけれども、何か自分のキリスト主義みたいなものも多少含まれているような気がするのです。

キリスト主義といえば、私はいまそれこそ文字通りのあばら家に住んでいます。私だってそれは人並の家に住みたいとは思っています。子供も可哀そうだと思うこともあります。けれども私にはどうしてもいい家に住

36 小山清『風貌—太宰治のこと』津軽書房、一九九七年、九八頁。
37 『人間失格』前掲書、九七頁。

めないのです。それはプロレタリア意識とか、プロレタリアアイデオロギーとか、そんなものから教えられたものでなく、キリストの汝等《なんじら》己《おのれ》を愛する如く隣人を愛せよという言葉をへんに頑固《がんこ》に思いこんでしまっているらしい。しかし己を愛する如く隣人を愛するということは、とてもやり切れるものではないと、この頃つくづく考えてきました。人間はみな同じものだ。そういう思想はただ人を自殺にかり立てるだけのものではないでしょうか。」[38]

確かに、キリストの愛の掟をそのままの形で受け止めたものの、その実行がいかに不可能なものであるかは、太宰自身が一番よく知ることであり、『如是我聞』のプロテストは、志賀直哉をシンボルとする大作家や文学者に向けられる前に、すでに自らに向けて放たれ、心臓をえぐった矢であったことであろう。同じ東北人として、太宰をその内側から理解することのできた友人の一人である亀井勝一郎は、「この自虐家《じぎゃくか》のプロテストは、非常に執念深い計算的なものである。何よりも自分自身に向かって、苛烈《かれつ》であったことは云ふまでもない。『晩年』から『人間失格』までの系列は、巧みに企てられた緩慢《かんまん》な自殺の系列である。[39]」と述べている。

一方、評論家福田恆存は、前述したようにこの太宰の悲劇の本質を鋭く見抜き、以下のように結論している。

太宰は自己を責める神は発見したが、自己をゆるす神は発見しなかったのだ。そしてそのことは、現代日本の知識階級にとって、いまなお解決しえぬもっとも根本的な課題なのである。おそらくわれわれはこの太宰治の躓《つまず》きから今出発しなければならないだろう。[40]

第五章 「愛」の探究

一 「愛」の体験

このようにほの暗い太宰の文学世界を内側から照らす光も存在する。それは「愛」の探求である。実に太宰は、この言葉に初めて聖書的背景からくるアガペの意味を与えた、当時では数少ない日本の文学者の一人であると言えよう。

『満願』という作品の中の「私は愛という単一神《たんいつしん》を信じたく内心つとめていたのであるが」という何気ない一節は、『一問一答』という小品と呼応させると無視しがたい重みを持っている。

「何か、主義、とでもいったようなものを、持っていますか。」

38 「わが半生を語る」(『もの思う葦』に収録)、前掲書、一八八頁。傍線筆者。
39 「太宰治の思い出」『新潮』昭和二三年、第六号に所収。
40 小山清編『太宰治研究』前掲書、二二七頁。

「生活に於いては、いつも、愛という事を考えていますが、これは私には限らず、誰でも考えている事でしょう。ところが、これは、むずかしいものです。愛などと言うと、甘ったるいもののようにお考えかも知れませんが、むずかしいものですよ。愛するという事は、どんな事だか、私にはまだ、わからない。めったに使えない言葉のような気がする。自分では、たいへん愛情の深い人のような気がしていても、まるで、その逆だったという場合もあるのですからね。とにかく、むずかしい。さっきの正直という事と、少しつながりがあるような気もする。愛と正直。(中略)正直は現実の問題、愛は理想、まあ、そんなところに私の主義、とでもいったようなものがひそんでいるのかも知れませんが、私には、まだ、はっきりわからないのです。」

「あなたは、クリスチャンですか。」

「教会には行きませんが、聖書は読みます。(中略)[41]」

また、中期の傑作『津軽』序編末尾にも一種の主題告白とも言える一文がある。

「私には、また別の専門科目があるのだ。世人は仮りにその科目を愛と呼んでいる。人の心と人の心の触れ合いを研究する科目である。[42]」

郷土への想いが行間から滲みでるようなこの風土記の中で、太宰が愛の体験の頂点として位置づけるのは、昔の女中たけとの三〇年ぶりの再会を描いた有名な場面である。

年老いたたけの横で子どもに返った太宰は、真の「心の触れ合い」を体験する。

私には何の不満もない。まるで、もう、安心してしまっている。足を投げ出して、ぼんやり運動会を見て、胸中に、一つも思う事が無かった。もう、何がどうなってもいいんだ、というような全く無憂無風の情態である。平和とは、こんな気持の事を言うのであろうか。もし、そうなら、私はこの時、生れてはじめて心の平和を体験したと言ってもよい。[43]

津軽の大家族制度ゆえに乳母《うば》に育てられ、小学校二、三年のときまで母を知らなかった太宰にとって、たけは無条件で彼を受け入れてくれる唯一の母性的存在であった。それゆえ太宰が、愛について思い巡《めぐ》らす際に、たけはその原点にあたる存在であったとも言えよう。このような体験があればこそ太宰は、「愛はこの世に存在する。きっと在る。見つからぬは、愛の表現である。その作法である。[44]」と希望することができたのではないだろうか。

二　人間の悲惨と偉大

一七世紀フランスにおいて、パスカルはすでにその人間探求の結果、厳しい神理解のもたらす悲劇の存在を信仰のまなざしでもって見通していた。それを、モラリスト文学の傑作でもある『パンセ』のいくつかの断章に結晶させたのである。『パンセ』の初期の研究者ブランシュヴィックにより「キリスト教の基礎」と名付けられた重要な

41　「一問一答」(『もの思う葦』に収録) 前掲書、一二七頁。
42　『津軽』前掲書、二六頁。
43　同書、一七二－一七三頁。
44　「思案の敗北」(『もの思う葦』に収録) 前掲書、八二頁。

章には、太宰と聖書とのかかわりを明確に叙述するかのような文章が見られる。

ゆえに、キリスト教は、次の二つの真理を同時に人間に教える。一人の神が存在し、人間はその神を知ることができる。また人間の本性《ほんせい》には、腐敗《ふはい》があり、それが人間に神を知らせないようにしている。これらの点を二つとも知ることは、人間にとって等しく重要である。そして自分の悲惨《ひさん》を知らずに神を知ることと、それを癒しうる贖《あがな》い主を知らずに自分の悲惨を知ることとは、人間にとって等しく危険である。これらの認識の一方にとどまるところから、神を知って自分の悲惨を知らない哲学者の尊大と、贖い主を知らないで自分の悲惨を知る無神論者の絶望とが、生じるのである。[45]

聖書を真摯《しんし》に研究し、そこに魂の糧すら見いだそうと努めた作家太宰に欠けていたものは、パスカルが到達し得た神の慈しみとゆるしの体験であると言えよう。パスカルは、死後発見された「覚書《おぼえがき》（メモリアル）[46]」にも明らかなように、ある夜、生ける神の体験を授けられ、その「愛と慰めの神」の確信は『パンセ』の執筆時には、揺るぎないものとなっていたからである。

「キリスト教の神は、たんに幾何学《きかがく》的真理や諸元素の秩序の創造者にすぎないような神ではない。（中略）それに反して、アブラハムの神、イサクの神、ヤコブの神、キリスト者の神は、愛と慰《なぐさ》めの神である。みずからとらえた人々の魂と心情とを満たす神である。彼らに自分の惨めさと神の無限のあわれみとを内的に感知させる神である。彼らの魂の奥底で彼らと結びつき、彼らに謙虚と喜びと信頼と愛とを満たし、彼らをして神以外の目的を持つことができないようにさせる神である。[47]」

このような文章からは、いわゆる「ジャンセニズム」の厳しい裁きの神の姿は払拭《ふっしょく》され、放蕩息子を両手を広げてかき抱く、まるで母の心を持った父である神の姿が浮き彫りにされるのである。太宰治の悲劇とは、この「愛と慰めの神」をついに知ることなく、その生涯を終えざるを得なかったことにあるのではないだろうか。

45 パスカル『パンセ』ブランシュヴィック版、前田陽一・由木康（訳）、中公文庫、二〇一六年改版、三九二－三九四頁。傍線筆者。
46 「覚書」については本書のコラム二四八頁を参照。
47 『パンセ』前掲書、断章556、三九五頁。

B）遠藤周作研究

芥川龍之介が聖書を枕元において自殺した事実はよく知られており、太宰治は時に、芥川の枕元の聖書を取り上げて歩き出し、それと格闘してついに破れた作家というイメージで語られることがある。日本におけるそのような作家の系譜の中で、遠藤周作は初めてその聖書を自らの信仰において読み、独自の文学世界を創り上げた初めてのカトリック作家であったと言えるように思える。

第一章　遠藤周作とキリスト教

遠藤　周作

〈略年譜〉48

一九二三年　遠藤周作（一九二三・三・二七－一九九六・九・二九）は、東京で銀行員の父と音楽家の母の間に生まれた。父の転勤のため家族で満州に移り住むが、両親の不和による離婚が原因で母と共に帰国し神戸に住む。

一九三五年　一二歳のときに、受洗して熱心なカトリック信者となった母の影響で洗礼を受ける。一時期は司祭になろうとまで思ったこともあったが、次第にキリスト教が日本人の自分の身丈に合わぬ洋服のように感じられ、これをどのように和服に仕立て直すかが、後の遠藤文学の中心的テーマとなってゆく。

一九四一〜四二年　上智大学予科に在籍するが、一九四三年には慶應義塾大学の予科に入学し、四五年には仏文科に進学する。上智大学では、校友会雑誌『上智』に処女論文「形而上的神、宗教的神」を発表した。しかし父が望んだ医学部を受験しなかったため勘当され、信濃町のカトリック学生寮で生活する。そのとき寮の舎監であったカトリック哲学者吉満義彦《よしみつよしひこ》から強い影響を受ける。

仏文科では、モーリヤック、ベルナノスなどのフランス現代カトリック文学を読み始める。大学三年のとき、「一神論と汎神論の問題」を論じた『神々と神と』が神西清《じんざいきよし》に認められ『四季』（47・12）に掲載される。続いて『カトリック作家の問題』『堀辰雄論覚書』などを発表して評論活動を開始する。

一九五〇年　フランス現代カトリック文学研究のため、留学生として渡仏し、リヨン大学に入学する。留学中に当初の志望であった評論の道から作家としての道を歩むことを決意するが途中肺結核のため帰国の途につく。『作家の日記』には、留学生活と文学修行の日々が克明に綴《つづ》られている。

一九五四年　処女小説『アデンまで』を『三田文学』に発表し、翌年『白い人』で芥川賞を受賞する。以後『黄色い人』、『海と毒薬』などを発表する。

『海と毒薬』は、第二次世界大戦末期に九州大学医学部で実際に行われた米人捕虜の生体解剖事

48　参照：「遠藤周作」『世界・日本　キリスト教文学事典』前掲書。

件を素材にした問題作である。罪をめぐるキリスト教と日本的風土の差を、鋭い心理分析で浮き彫りにした傑作である。

一九五八年　エッセイ『聖書のなかの女性たち』は、遠藤の素直な聖書の読みが語られており、作家の核となるキリスト教観を知る上では貴重な作品である。また一九五九年に発表された軽小説と称される『おバカさん』は、遠藤が探し求めるイエス像をユーモアを交えて描きだした作品であり、主人公のガストンは後に『深い河』の中で再登場することになる。なお、『おバカさん』は、ドストエフスキーの『白痴』をそのモデルとしている。

一九六三年　『わたしが・棄てた・女』は、お人好しのミツの人生のドラマ、その聖化を描きつつ、悪、人間の苦しみと生きる意味などの問題が溶かし込まれた傑作で、映画化もされ、ミュージカル『泣かないで』として定期的に上演されるなど、読者に愛されている作品である。ハンセン病の宣告を受け、その後誤診であったことがわかってもなお、苦しむ患者たちと共に留まることを決意するミツは、後に看護婦となってフローレンス・ナイチンゲール記章を受章した井深八重《いぶかやえ》がそのモデルである。

一九六六年　後に遠藤文学の最高傑作と評せられる『沈黙』が刊行される。この刊行時期が、一九六二年に始まり一九六五年に閉会した第二バチカン公会議のすぐ後であったことから、刊行当時は大変な批判の対象となり、舞台となった長崎ではほぼ禁書扱いされて問題作となる。その理由は、後述するように第二バチカン公会議において、どのようにキリスト教を文化に根付かせるかというテーマ「文化内開花（inculturation）」が大きなテーマとして取り上げられたからである。『沈黙』の中には、転びバテレンであるフェレイラが捕縛《ほばく》された潜伏司祭ロドリゴを尋問《じんもん》する有名な場面があるが、そこでフェレイラが展開した日本沼地論が、あたかも遠藤周作の持論であるかのように理解されたことが、当時のカトリック界に大きな反発を生んだのである。
今では、そのような単純な読みは払拭《ふっしょく》され、長崎の外海には遠藤周作記念館が建てられるなど、むしろ遠藤の文学的功績が認められている。二〇一六年には、マーティン・スコセッシ監督が『沈黙』の新しい映画化を実現し、話題となった。
この『沈黙』を皮切りに、遠藤は聖書研究に没入するようになり、その成果が一九七三年の『死海のほとり』、『イエスの生涯』、一九七八年の『キリストの誕生』などの作品として結実する。また、同時にキリシタン史研究の成果をもとに一九七七年には『鉄の首枷《くびかせ》─小西行長《こにしゆきなが》伝』、一九七九年『銃と十字架』などの評伝を執筆する。

一九八〇年　今までのキリシタン小説の集大成的な大作『侍《さむらい》』を執筆し、野間文芸賞を受賞する。この小説の主人公の侍は、伊達政宗の遺欧使節支倉常長《はせくらつねなが》をモデルとしているが、その人物像には遠藤の私小説的側面が盛り込まれるなど、独自の小説世界を創りあげている。『沈黙』で描かれた「転び」の物語の対局ともなる「殉教」の物語である。

一九八六年　遠藤は『スキャンダル』で悪の問題に取り組むが、中途半端な感が否めない作品となった。

一九九〇年　『深い河』の取材のため、インドに旅行している。体力の衰えを感じつつも執筆を続け一九九三年に最後の純文学書き下ろし小説となった『深い河』が刊行される。

一九九五年　『深い河』が熊井啓《くまいけい》監督によって映画化され、試写を見た遠藤は原作を超えた場面があると言って絶賛する。九月に脳内出血で緊急入院する。

一九九六年九月　肺炎による呼吸不全のため七三歳で死去。聖イグナチオ教会で行われた葬儀には、四千人に及ぶ人が献花のために参列した。

第二章 『沈黙』

一 『沈黙』解題

遠藤周作の葬儀のとき、棺の中には遺言により『沈黙』と『深い河』が納められた。この二つの作品が作家にとって特別な作品であったことは生前の様々なエッセイ、インタビューなどからも明らかである。以下、この二つの代表作を比較文学的に分析することで、遠藤周作独特のキリスト教文学の世界を探求してみたい。

遠藤周作の名を世界中に知らしめた作品『沈黙』は、大ベストセラーであり、今までに二回映画化され、オペラや演劇の題材ともなり、高校の教科書にも一時採用されていた作品である。日本以外でも三〇数か国語に翻訳されるなど、戦後の日本文学を代表する小説の一つであり、現在も世界中で、多くの文学研究の対象となっている。

〈あらすじ〉

キリシタン禁制の江戸時代、迫害の嵐が吹き荒れる中、日本に到着したポルトガル人司祭ガルペとロドリゴは潜伏しながら、日本人信徒の司牧を行う。だが、卑怯《ひきょう》な信徒キチジローに裏切られ、ガルペは一種の殉教を遂げ、ロドリゴは牢獄に入れられる。そこで、以前彼らの尊敬の的であった宣教師フェレイラの変わり果てた姿と対面する。フェレイラは穴吊り《あなづ》という拷問を受け、棄教したばかりか幕府の手先となり宣教師たちを転ばせることを仕事としていたのである。棄教を勧めるフェレイラの招きは退けたロドリゴであったが、彼が転ばぬゆえに穴吊りの拷問《ごうもん》を受けている信徒たちの苦悶を知り、ついに踏み絵を踏む。

ロドリゴは、その後日本名と妻をあてがわれたが、切支丹屋敷日記をつぶさに読むと彼がまだ信仰を棄ててはおらず、彼の従者となったキチジローでさえも信仰を密かに守っていたことが描かれている。

このタイトル『沈黙』が、実は遠藤が望んだものではなく、編集者からの勧めを受け入れて決定されたという経緯はあまり知られていない事実である。作品を脱稿したときに遠藤が付けていた原題は『日向《ひなた》の匂い』であったが、「これでは迫力がない、やはりこの内容なら『沈黙』ではないか」との編集者の提案を受けて変更したのである。[49]「この原題について、遠藤は『屈辱的な日々を送っている男が、あるとき自分の家のひなたのなかで腕組みしながら、過ぎ去った自分の人生を考える』時の「〈ひなたの匂い〉があるはず」と考え、「そのイメージをタイトルにしたかった」と述べている。[50]」また、編集者として遠藤の草稿を読んだ広石廉二《ひろいしれんじ》は、遠藤自身にこの題名の意味を尋ねると「ロドリゴが光線のささぬ牢獄のなかに長い間閉じ込められていて、突然、外に引きずり出された時の感情に擬《ぎ》したもの」という回答を得ている。この箇所を小説の中で探すと、以下のような描写がそれにあてはまる。

九日目になって、急に外に引き出された。長い間、光線のさしこまぬ牢獄の中にいたため陽の光がくぼんだ

49 山根道公「沈黙」『遠藤周作事典』遠藤周作学会編、鼎書房、二〇二一年、一一八―一一九頁。
50 同書、一一九頁。

眼に、鋭い刃のように突き刺さる。雑木林《ぞうきばやし》から滝のように蟬《せみ》の声が聞こえて番小屋のうしろに咲いている赤い花が眼にしみた。[51]

『沈黙』の中で、日の光は情景描写の中でも効果的に用いられている。例えば、棄教者《ききょうしゃ》フェレイラがロドリゴに初めて会う場面で、この老僧のうすい背中には夕陽がいっぱいにあたっている。[52]またロドリゴが踏み絵を踏む場面には、「黎明《しののめ》のほのかな光」が彼を包んでいる。「日なたの匂い」は、過酷な時代に生きた信徒や宣教師たちの人生において、闇からも垣間見ることのできた神、そのかすかな光と恵みを暗示する象徴的タイトルと解釈することも可能である。

『沈黙』は、よくごく簡単に「神の沈黙」をテーマとした小説であると紹介される。確かに小説中には、神の沈黙への問いかけが含まれているが、それが中心的テーマではないことは、この原題からも明らかであるように思われる。遠藤が『沈黙』というタイトルを受け入れた理由の一つは、歴史が「沈黙の灰の中に埋《うず》めて」きた棄教者たちの声に耳を傾け「彼らをふたたび灰の中から生き返らせ、歩かせ、その声をきくことは——それは文学者だけができること」[53]であるという信条を持っていたことである。

確かに、『沈黙』の最後の場面で、踏み絵のキリストは雄弁に語っている。宣教師ロドリゴに「踏むがいい」と呼びかけた後、「主よ、あなたがいつも沈黙していられるのを恨んでいました」と言う司祭に、キリストは「私は沈黙していたのではない。一緒に苦しんでいたのに」と答えるのである。そして、ロドリゴの人生を通して神は語り、その存在を示している、というのが実は遠藤自身の『沈黙』の解題なのではないだろうか。

二　キリストの受難物語との重なり――キリストの顔の変遷

『沈黙』を読み進む際に、特に注意を払いたいのは、キリストの顔の描写である。小説全体を通して、キリストの顔が描かれてゆくが、その顔は状況に応じて少しずつ変遷《へんせん》してゆく。

初めにロドリゴが思い浮かべるのは、神学生の頃見た中世絵画の「雄々しく力強い」キリストの顔である。彼はその顔に引きつけられ、愛を感じていた。[54] 日本に来て司牧活動を始めたばかりの彼は、キリストの「うつくしい顔」[55]を思い浮かべていた。

しかし、日に日に厳しくなる詮索《せんさく》を逃れるため、山中を放浪《ほうろう》する中、彼は道の水たまりの中に「疲れ凹《へこ》んだ」自分の顔を見いだす。その顔は同時に別の男の顔、すなわちキリストの清らかで気高い顔を思わせたのだが、結局雨水にうつるのは「不安と疲労とですっかり歪《ゆが》んでいる追いつめられた男の顔」だった。

牢屋に捕らえられ、彷徨《ほうこう》の不安や焦燥《しょうそう》から解放されたロドリゴはしばし平和な日々を体験する。そこで彼はキリストの生涯の一場面、一場面を思い描く。

基督《キリスト》の顔は彼にとって、子どもの時から自分のすべての夢や理想を託した顔である。山上で説教する基督《キリスト》の

51　遠藤周作『沈黙』新潮文庫、平成一五年改版、一六二頁。
52　同書、二三〇頁。
53　遠藤周作「一枚の踏み絵から」『遠藤周作文学全集13』新潮社、二〇〇〇年、一一六頁。
54　『沈黙』前掲書、三一頁。
55　同書、六五頁。

顔、ガリラヤの湖を黄昏、渡る基督《キリスト》の顔、その顔は拷問《ごうもん》にあった時さえ決して美しさをうしなってはいない。やわらかな、人の心の内側を見抜く澄んだ眼がこちらをじっと見つめている。何ものも犯すことができず、何ものも侮辱することのできぬ顔。[56]

初めは一方的に眺めるだけの顔は、次第にロドリゴに対して働きかけてくるようになる。自分を裏切ったキチジローが「信心戻し」を行って、再度ロドリゴにゆるしの秘跡を乞いに来たとき、彼が初めに感じたのは、薄汚い男への疑いと軽蔑《けいべつ》だけだった。だが、キリストもまた、薄汚い人間と付き合い彼らをゆるして生きたことを思い、こう考えるようになる。

魅力のあるもの、美しいものに心ひかれるなら、それは誰だってできることだった。そんなものは愛ではなかった。色あせて、襤褸《ぼろ》のようになった人間と人生を棄てぬことが愛だった。司祭はそれを理屈では知っていたが、うるんだ、やさしい眼でじっとこちらを見つめた時、司祭は今日の自分を恥じた。[57]

ここでは、イエスの眼差《まなざ》しが描かれ、次第にその顔は能動的な語りかけをするようになってゆく。牢での拘留《こうりゅう》が長引く中、司祭は今までとは別のキリストの顔を思い浮かべるようになってゆく。受難の前に、ゲッセマネの園で苦しみ悶《もだ》えたキリストの顔である。

真昼の熱気を吸いこんだゲッセマネの灰色の地面にうずくまり、眠りこけている弟子たちから一人離れて、「死ぬばかり苦しみ、汗、血の雫《しずく》の滴《したた》った」あの人の顔を司祭は今噛《か》みしめる。かつて彼は幾百回となくあの人の顔を想いうかべ考えたが、このように汗を流して苦しんでいる顔だけは、なぜか遠いもののように思われた。しかし、今夜はじめて、その頬肉《ほおにく》のそげた表情がまぶたの裏で焦点を結んでいる。[58]

このゲッセマネの園への言及以降、宣教師ロドリゴのドラマは、イエス・キリストの受難の物語と重なり合いながら進行する。外に引きずり出され、ろばに似たみすぼらしい馬に乗せられて街を引き回される場面で、司祭が思うのは、同じようにろばに乗ってエルサレムの街に入ったキリストのことである。その屈辱と苦しみの中で彼は、十字架のキリストとの一体感を感じている。

自分がガルペや彼らとつながり、更に十字架上のあの人とむすびあっているという悦《よろこ》びが突然、司祭の胸を烈《はげ》しく疼《うず》かせた。あの人の顔はこの時、かつてないほどいきいきとしたイメージを伴って彼に迫ってきた。苦しんでいる基督、耐えている基督。その顔に自分の顔はまさに近づいていくことを彼は心から祈った。[59]

奉行所に連れられ、そこで真っ暗な囲いに入れられて最期の時を待つロドリゴは、再びキリストの顔を思い浮かべる。

その顔は今もこの闇のなかですぐ彼の間近にあり、黙ってはいるが、優しみをこめた眼差しで自分を見つめて

---

56 『沈黙』前掲書、一六一－一六二頁。
57 同書、一八二頁。
58 同書、二一五頁。
59 同書、二四九頁。

いる。（お前が苦しんでいる時）まるでその顔はそう言っているようだった。（私もそばで苦しんでいる。最後までお前のそばに私はいる）。（…）闇が木立をかすめる風のように、死の怖ろしさを突然、司祭の心に運んできた。（…）懸命に主に祈ろうとしたが、心を途切れ途切れにかすめたのは、「血の汗を流した」あの人の歪《ゆが》んだ顔だった。今はあの人が自分と同じように死の恐怖を味わったという事実も、慰めとはならなかった。[60]

このクライマックスの意表をつく場面は、穴吊りにかけられて呻く信徒たちの声を、ロドリゴが番人のいびきと取り違えていたことである。だが同じ拷問《ごうもん》にあってその壮絶な苦しみを知るフェレイラが事実を告げたことで、ロドリゴの平穏な心は一気に嵐の中へと放り込まれる。そして、信徒たちを救うために「最も大きな愛の行為」をするようにと説得され、ついに彼は踏み絵を踏むのである。そして彼が直面するのは、踏み絵のキリストの顔である。その顔に向かって彼は言う。

主よ。長い長い間、私は数えきれぬほど、あなたの顔を考えました。特にこの日本に来てから幾十回、私はそうしたことでしょう。（…）そしてそのお顔は我が魂にふかく刻み込まれ、この世で最も美しいもの、最も高貴なものとなって私の心に生きてきました。それを、今私はこの足で踏もうとする。[61]

そのとき、銅板の踏み絵に刻まれたキリストは、初めて司祭に語りかける。

踏むがいい。お前の足の痛さをこの私が一番よく知っている。踏むがいい。私はお前達に踏まれるため、この世に生まれ、お前たちの痛さを分つため、十字架を背負ったのだ。[62]

このキリストの言葉「踏むがいい」は、後に数多くの議論を呼ぶことになった言葉である。この小説が発表された直後は、殉教者を冒瀆《ぼうとく》する言葉として読まれ、長崎では禁書扱いになったほどである。つまり、「踏むがいい」という棄教《ききょう》へのうながしをキリスト自身が与えているという点が問題視されたのである。この問題については、『遠藤周作事典』の「沈黙」の項で山根道公《みちひろ》が様々な解釈の総合的評価を行っている。[63]そのまとめによれば、「亀井勝一郎や粕谷甲一《かすやこういち》は、神に沈黙を守らせ、ロドリゴが神の裁きに身を「委ねる」ように描くべきであったと厳しく批判」しており、また椎名麟三《しいなりんぞう》や佐古純一郎《さこじゅんいちろう》は、キリストの声はロドリゴが踏み絵に足をかけた後の痛みにむけられるべきだと批判[64]」している。一方、遠藤の盟友、井上洋治は、この言葉を「弟子達が自分を裏切るであろうことを知りながら、弟子達に愛の眼差しを注いだ最後の晩餐《ばんさん》におけるイエスの姿に根ざしている[65]」と指摘し、遠藤を擁護している。

■「切支丹屋敷日記」

山根も指摘するように、遠藤の真意の理解を難しくしているのは、巻末の「切支丹屋敷日記」が単なる歴史資料のように付記され、漢文書き下しの読みにくい文章であるため、ほとんどの読者がこれを無視して読み終わってい

60 『沈黙』前掲書、二五一－二五三頁。
61 同書、二六七頁。
62 同書、二六八頁。
63 山根道公「沈黙」『遠藤周作事典』鼎書房、二〇二一年、一一八－一二二頁。
64 同書、一二一頁。
65 同書、一二一頁。

る点である。この点については、前述した編集者の広石廉二《ひろいしれんじ》が『遠藤周作のすべて』の中で詳しく言及している。[66]広石は、遠藤が『キリシタン時代の知識人』という本の中で、ロドリゴのモデルとなった宣教師ジュゼッペ・キアラが、絵踏《えふみ》をした後、歳月を経て後に「宗門の書」をしたためたという記録を見つけた点に注目する。この「宗門の書」とは一種の棄教の誓約である。それをなぜもう一度書かせられたかと言えば、それはキアラがいわゆる「信心戻し」すなわち、自分が絵踏をしたが信仰を棄ててはいないと申し立て、おそらく再度役人たちから拷問を受けて、再び棄教の誓約をさせられたということを意味するのである。

「切支丹屋敷日記」を丹念に読むならば、そこから浮かび上がってくるのは、岡田三右衛門となったロドリゴの召使いとなったキチジローさえも信仰を棄ててはおらず、キチジローは自分が詮索《せんさく》されたときには、ロドリゴをかばってさえいるという事実である。これは、すなわち絵踏をすること、イコール棄教ではないという事実を雄弁に物語っている。

■信仰のドラマ

キリストの顔の変遷に注目し、キチジローとロドリゴの関係を追っていく中で浮かび上がってくるのは、この小説のテーマが、殉教のドラマというよりも、信仰のドラマであるという点である。

キリストの顔は、ほとんどそのままそのときのロドリゴの信仰理解を表現している。初めに描かれていた雄々しく美しいキリスト像は、宣教師であるロドリゴが理想と自信を抱き、汚れた人間としてキチジローを軽蔑していた時期を示している。その顔が逃避行《とうひこう》、そして捕縛《ほばく》を経て、段々とリアルな苦しむ男の顔に変化してゆく。それは、理想がすべて踏みにじられ、素《す》の弱い自分と向き合わざるを得なくなったロドリゴの心情の変化を表している。

そして、転んだ後、彼は、こう語る。

もう、自分のすべての弱さをかくしはせぬ。あのキチジローと私とにどれだけの違いがあるというのでしょう。[67]

そしてそのとき、彼が思い浮かべたキリストの顔は、ただ「痩《や》せこけ疲れ果てた」顔であり、辛そうに司祭を見上げてこう訴えるのである。

（踏むがいい、踏むがいい、お前たちに踏まれるために、私は存在しているのだ[68]）

これは、解題の所で述べた「沈黙の灰」に埋められた棄教者、すなわち「弱者」の復権であるとも言える。キチジローとロドリゴの差異を初めに強調し、そのシーソーの振り子が段々と平面になり、同じ土俵の人間として描かれることにより、今までの殉教者の武勇伝にはない、より人間的な信仰理解が示されているとも言えよう。このシーソーは、前述の「切支丹屋敷日記」を読めば、あの卑怯者のキチジローが主人であるロドリゴを危険を冒してでも守るといった行為により、ついに逆転するところまで描かれているのである。

また、ロドリゴのキリスト理解が単なる尊敬やあこがれから始まり、苦しみの中で内面化され、自らの弱さと限界を知ることで謙遜になり、次第に受難のキリストへの内的一致へと信仰が深まってゆく道のりも巧みに描き出さ

66 広石廉二『遠藤周作のすべて』朝文社、一九九一年、二七一―二七四頁。
67 『沈黙』前掲書、二七三頁。
68 同書、二七四頁。

れている。

ただ、この小説における遠藤の殉教の理解には、ややカテゴリックな一面性が見られることも指摘しておかねばならない。『沈黙』の中には、何度か、人間には強い者と弱い者、すなわち聖者や英雄と平凡な人間がいるとの分類が書かれている。[69] そして殉教者とは強者であり、棄教者は弱者である。だが、この弱者にも同伴者である神のいつくしみとゆるしは注がれていた、というのが『沈黙』における神理解であるように思われる。

だが、殉教とは、強い者がその強さによってなすことのできる行為なのであろうか。ここで歴史を紐解《ひもと》いてみれば、累々《るいるい》たる殉教史の中には、子どもや体の弱い老人、女性などが多数存在している。殉教者とは、単なる力くらべの英雄たちではないはずである。自らも殉教を遂げた聖パウロは、コリントの信徒への手紙の中で以下のように書き送っている。


ところで、わたしたちは、このような宝を土の器に収めています。この並外れて偉大な力が神のものであって、わたしたちから出たものでないことが明らかになるために。わたしたちは、四方から苦しめられても行き詰まらず、途方に暮れても失望せず、虐げられても見捨てられず、打ち倒されても滅ぼされない。（…）

それゆえ、わたしは弱さ、侮辱《ぶじょく》、窮乏《きゅうぼう》、迫害、そして行き詰まりの状態にあっても、キリストのために満足しています。なぜなら、わたしは弱いときにこそ強いからです。[70]

弱い者が神の力を得て、自らの力では到底及ばぬ、命を賭《か》けた証《あか》しをすること、それが真の殉教なのではないだろうか。この点で、『沈黙』の中で殉教者となるモキチやイチゾウの信仰のドラマが描かれていないことも、残念な点である。

ただ、この『沈黙』を執筆する前に遠藤は、ル・フォールの『断頭台下の最後の女』にインスピレーションを受け、『最後の殉教者』という小品で、臆病者《おくびょうもの》の喜助《きすけ》が棄教した後で、イエスの声に励まされ、もう一度仲間のところに戻り、おそらくは殉教を遂げる、という作品を書いている。神の働きかけが弱き者を強くするという物語からは、遠藤が殉教の問題についていくつかの解釈を持っていたことも垣間見られる作品である。

このル・フォールの作品について、及び「弱さ」と「強さ」のかかわりと変容については、ベルナノスの『カルメル会修道女の対話』を扱った第四部第六章で詳しく取り上げる。

三　「日本沼地論」の歴史的検証

一九六九年に発表された小品『母なるもの』で、遠藤周作は「かくれキリシタン」の村への作家の訪問に題材を取り、「かくれ」の心性に、作家の母への思慕《しぼ》と悔恨《かいこん》の念を重ねて描き出している。そして最後に以下のように結論づける。

昔、宣教師たちは父なる神の教えを持って波濤万里《はとうばんり》、この国にやって来たが、その父なる神の教えも、宣教師たちが追い払われ、教会が毀《こわ》されたあと、長い歳月の間に日本のかくれたちの中でいつか身につかぬすべてのものを棄てさりもっとも日本の宗教の本質的なものである、母への思慕に変わってしまったのだ。[71]

69　『沈黙』前掲書、一二一頁。
70　コリントの信徒への手紙2．4章7－10、12章10。

日本の風土におけるキリスト教の変質というテーマは、『沈黙』の一連のテーマに通底する。このテクストの表層においては、「母なるもの」とは本質的に日本固有のものであり、キリスト教の本質とはむしろ対立関係にあるように位置づけられている。だが遠藤の他の作品を概観し、より全体的な視点からの検証が必要とされる。ここでは、『沈黙』を再検証することから始めて、遠藤における「母なるもの」の本質についてより深い次元から考察してみたい。

一九六四年から執筆が始まった『沈黙』は、一九六六年三月に刊行された。切支丹殉教史の黙して語らなかった転びのドラマに全く新しい解釈を与えた大胆な内容は、同時に多くの波紋を引き起こし、一部の教会では、ほぼ禁書扱いとなったり、四谷で開催された公開討論会では、多数の論者からの批判を受けることになった。このような問題視の根拠とされたのが、俗に「日本沼地論」と言われる転びバテレン・フェレイラと宣教師ロドリゴとの間にかわされる一連の会話の部分である。

二十年、私は布教してきた。（中略）知ったことはただこの国にはお前や私たちの宗教は所詮《しょせん》、根をおろさぬということだけだ。」（中略）「この国は沼地だ。やがてお前にもわかるだろうな。この国は、考えていたより、もっと怖ろしい沼地だった。どんな苗もその沼地に植えられれば、根が腐り始める。葉が黄ばみ枯れていく。我々はこの沼地に基督教という苗を植えてしまった。[72]

ここで、問題となる二点は、日本にはキリスト教が根付かないという結論、しかもそのキリスト教は、日本人により「屈折され、変化」させられてしまったという言明である。[73]

フェレイラが実在の人物であり、その会話の中には、いくつかの歴史的事実が盛り込まれているだけに、この部分はかなりのリアリティをもって読者に迫ってくる。また、ロドリゴがこの後、「踏むがいい」というキリストの声にうながされて踏み絵を踏んで棄教するという事実も、フェレイラの言葉の信憑性《しんぴょうせい》をある意味裏付けていると解釈することが可能になる。

多くのキリスト教徒が、発表当時、この二人の転び宣教師の会話を単なる小説的エピソードとして看過《かんか》し得なかったのは、内容の重さに加えて、小説発表当時の時代的背景が大きな要因となっている。最も大きな歴史的事件は、一九六二年に教皇ヨハネス二三世によって招集され、一九六五年に閉会した第二バチカン公会議である。この公会議では、本質的な議論の末、その結果として多くの刷新が行われたが、中でも「文化受肉（inculturation）」の言葉で代表されるように、各地域の教会と文化の独自性の尊重が推奨《すいしょう》された。教会生活の核心である典礼に、各国語の使用が認められたことなどがその典型的な例である。

当時の日本のカトリック教会においては、このような第二バチカン公会議の方向性を受けて、これから日本の文化・風土にいかにキリスト教を根付かせることができるかが真剣に問われ始めたのが、一九六五年から一九六六年という時代であった。その矢先に発表された『沈黙』という小説の内容がまさに、「文化受肉」の問題を正面から扱い、しかもそれに対して一見、否定的な見解が見られるという点が槍玉《やりだま》にあがったのである。

フェレイラの述懐の中には、「二〇年」という数字がリフレーンのように登場する。この数字を一つの手がかりとして、まずフェレイラの証言が日本キリスト教史において真実であるかを次表【キリシタン史の時代区分】を参

71 遠藤周作『母なるもの』新潮文庫、昭和六一年、四八－四九頁。
72 『沈黙』前掲書、二三〇－二三一頁。
73 同書、二三二－二三六頁参照。

【キリシタン史の時代区分】

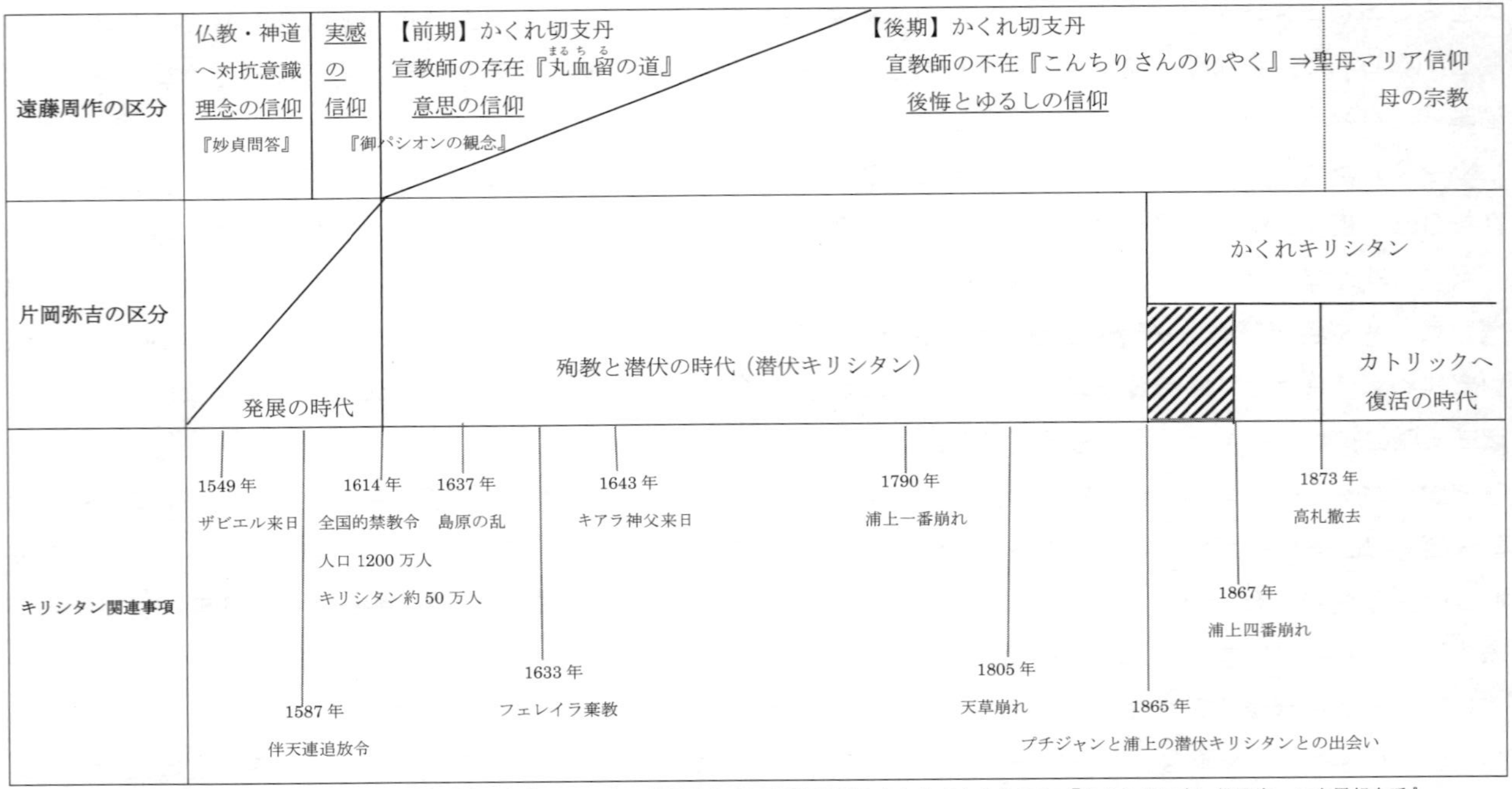

〈参考文献〉片岡弥吉『日本キリシタン殉教史』時事通信社、1984年。片岡弥吉「収載書目解題こんちりさんのりやく」『キリシタン書・排耶書　日本思想大系』岩波書店、1970年10月。遠藤周作「日本の沼の中で―かくれ切支丹考」『野生時代』1－6月号、角川書店、1979年。

［作成］香川雅子（上智大学キリスト教文化研究所 所員）

照しながら検証することから始めてみたい。[74]

片岡弥吉《かたおかやきち》の『日本キリシタン殉教史』によると、実在の人物であり、還俗後沢野忠庵《さわのちゅうあん》となったクリストファン・フェレイラ神父の棄教は一六三三年のことであり、ロドリゴのモデルとなったジュゼッペ・キアラ神父の来日と棄教が一六四三年のことである。フェレイラの「二〇年間の宣教」を文字通りにとるならば、一六一〇[75]－二〇年代あたりから三〇－四〇年代のことと限定することができる。

　これをキリシタン史の史実に照らしてみると、まず一六一四年が全国的禁教令の年であり、この年まではキリシタンは一五九七年の二六聖人の殉教の蔭《かげ》りがあるにせよ、ほぼ発展の一途だったことは明らかである。当時の人口がおよそ一二〇〇万程度の中で四〇万前後のキリシタンがいたという統計もあり、その飛躍的増加はめざましいものであった。また、「崩《くず》れ」と呼ばれる大捕縛《ほばく》・殉教の事件が一六五七年の「大村郡崩れ」、一六六〇年の「豊後崩れ」、一六六一年の「濃尾崩れ」と五〇年代以降であること、それ以降も一七九〇年の「浦上一番崩れ」、一八〇五年の「天草崩れ」そして、一八六七年の「浦上四番崩れ」に至るまで連綿と続く歴史を見ると、一六一四年以降すべて「潜伏」せざるを得なかったキリシタンたちの信仰が、殉教をも辞さぬほどの堅いものであったことがうかがえる。

　ならば、『沈黙』の中でフェレイラの指摘する「二〇年」とは、キリシタン史上では、まだ迫害も序の口であり、信仰は変質するどころか、むしろその最も熱心な時代であり、「泥沼」の中で「根が腐り、枯れてゆく」という表現は、歴史的に言えば、全く的《まと》を射《い》ていないことが明らかとなる。

　日本キリシタン史研究で知られる尾原悟は、『日本の歴史的風土とキリスト教』の中で、初期キリスト教受容に

74　『沈黙』前掲書、二三〇－二三六頁。「二〇年」という言葉は六回使用されている。

75　片岡弥吉『日本キリシタン殉教史』時事通信社、昭和五九年、四四〇頁。「フェレイラは、当時イエズス会日本管区の代理管区長であり、日本で活動すること二三年の立派な働き手であった。」が「穴吊り」の拷問にあって五時間後に棄教する。後にキリシタン目明かしとしてキリシタン取り締まりに協力する。同書、四四〇－四四六頁。

おける特質を以下のように結論する。

司祭もなく、秘跡も受けられないという特殊な状況のもとで、しかもあの二五〇年間続いた徹底した切支丹迫害のなかで、キリストの信仰が維持されたことは、世界の宗教史上、他に例をみぬ驚くべき事実である。これこそ、私たちが現代にも持続せねばならないことであるし、また、福音宣教のもっとも本質的なものと思われるものである。[76]

一方、和辻哲郎《わつじてつろう》は、キリシタン渡来時代前後における日本の思想的状況に注目し、思想史的観点から、当時の日本人にとってキリスト教の受容が現在のわれわれが考える以上に容易であったことについて興味深い考察を行っている。

苦しむ神、死んで蘇《よみがえ》る神は、室町時代末期の日本の民衆にとって、非常に親しいものであった。もちろん、日本人のすべてがそれを信じていたというのではない。当時の宗教としては、禅宗や浄土真宗や日蓮宗が最も有力であった。しかし日本の民衆のなかに、苦しむ神、死んで蘇る神というごとき観念を理解し得る能力のあったことは、疑うべくもない。そういう民衆にとっては、キリストの十字架の物語は、決して理解し難いものではなかったであろう。[77]

また大佛次郎《おさらぎ》は、代表作『天皇の世紀』の中の「旅」と題した章において、一村総流罪《そうるざい》という過酷な運命を背負い、信仰を貫き通した浦上の切支丹たちに触れている。

浦上《うらかみ》切支丹の「旅」の話は、この辺で打ち切る。私がこの事件に長く拘《かか》わりすぎるかに見えたのは、進歩的維新《いしん》史家も意外にこの問題を取り上げないし、然し、実に三世紀の武家支配で、日本人が一般的に歪《ゆが》められて卑屈《ひくつ》な性格になっていた中に浦上の農民がひとり「人間」の権威を自覚し、迫害に対しても決して妥協も譲歩も示さない、日本人としては全く珍しく抵抗を貫いた点であった。当時武士にも町人にもこれまで強く自己を守って生き抜いた人間を発見するのは、困難である。権利という理念は、まだ人々にない。しかし、彼らの考え方は、明らかにその前身に当たるものであった。[78]

日本切支丹研究に先鞭《せんべん》をつけた片岡弥吉は、厳密な意味で「かくれキリシタン」と「潜伏キリシタン」を区別することの必要性を強調する。すなわち、一六一四年の全国的禁教令以降、すべてのキリシタンは「潜伏キリシタン」とならざるを得なかった。が、彼等は、前述の尾原が指摘するように、世界史上例を見ぬ忠実さで信仰の遺産を受け継ぎ守っていった。そして、大半の「潜伏キリシタン」は、一八七三年の弾圧停止以後、カトリック教徒に復帰する。平戸・生月系統の一部の「潜伏キリシタン」がそのまま「かくれキリシタン」としてとどまり、従来の信仰形態をかたくなに守って今に至るのである。それゆえ、遠藤のよく描写する変質した信仰を守り続ける「かくれキリシタン」とは、厳密な意味では、一八七三年以降のみに見られる現象ということになる。[79]

ここで、ひとつの疑問が生ずる。一連の殉教をテーマとした小説をあれほど多く書き続けた遠藤周作が、このよ

76 尾原悟『日本の歴史的風土とキリスト教』上智大学キリシタン文庫（パンフレット）、三二頁。
77 和辻哲郎『埋もれた日本』新潮文庫、昭和六〇年、一〇七頁。
78 大佛次郎『天皇の世紀』第九巻、朝日新聞社（一七〇頁余が「旅」のテーマにあてられている）。

うなキリシタン史の初歩的事実を知らなかったのであろうか？　また知っていたならば、なぜ歴史的事実をある意味変質させる危険を冒してまでも、このようなプロットを構成する必要があったのだろうか？

まず初めの疑問については、「切支丹時代」という評論にその明白な解答がある。

その中で、遠藤は浦川和三郎《うらかわわさぶろう》の『浦上切支丹史』や片岡弥吉の『浦上四番崩れ』を読んだことに触れ、次のように述べている。

切支丹史をひもとくたびに、私にはいつも、まず、次の素朴な二つの疑問が起きる。第一はなぜ、この現在にも我々にも縁遠い基督教が日本の各階級の人々に急速に広がり、その心を捉えたのかという疑問であり、第二はなぜ、迫害下にあってもあれだけ多くの殉教者をだすほどこの宗教が根をおろしたかという疑問である。（中略）妙貞問答《みょうていもんどう》[80]などを読むと、キリスト教神学はここまで当時の人々に知られたのかと驚くぐらいである。西欧基督教神学のうちで最も中核をなすトミズム[81]がここでは決して翻訳でなく、よく咀嚼《そしゃく》された日本語で語られているからである。（中略）どう克服したのか、どうすりぬけたのか、わからぬけれども、切支丹たちは農民にいたるまで、殉教をするだけの信仰を何かによって自分の中に育てあげたのである。この何かが一体、何なのか、私はどうしても知りたい。[82]

この評論「切支丹時代」は、『沈黙』刊行直後の一九六五年四月に発表されている。『沈黙』の執筆準備のために、遠藤の行った資料収集・研究の豊富さを知り、前記の文章を考慮に入れるならば、遠藤が歴史的事実に精通していること、『沈黙』中のフェレイラの発言とは裏腹に、切支丹時代のキリスト教の根付きに感嘆し、その秘密をさぐろうとしている節のあることがよくうかがえる。

四　遠藤周作のイマジネール（imaginaire）[83]における「沼地」

以上の前提を踏まえつつ改めて、フェレイラの言う「二〇年」と「沼地」の意味するものを再考する必要があるように思われる。

「二〇年」の意味するものについて、初めに言及したのは武田友寿《たけだともひさ》で、『遠藤周作の世界』においてすでにこの「二〇年」が歴史的な年月ではなく、遠藤の私的な年月に対応することに注意を喚起している。武田はそこで、処女評論『神々と神と』（一九四七年発表）において日本的汎神性とキリスト教の一神論を比較し論じた遠藤が、この根本問題[84]を二〇年間追い続けたあげく、『沈黙』の中でその思いをフェレイラの口を借りて吐露したのだと結論する。

あらゆる作家は、処女作に向かって成熟する。『神々と神と』と『沈黙』をくらべてみると、この間ほぼ二〇年の年月後、うずたかく書き積まれた作品群は、歴然とそこに作者の精神の軌跡《きせき》、つまり成熟に向かって展

79 片岡弥吉『日本キリシタン殉教史』前掲書、四頁。「信徒発見後（一八六五年）も宣教師の指導下に入らず、潜伏時代の信仰形態を固守しようとしながら、かえって仏教、神道、土俗信仰との混成化を来たし、キリシタン信仰の本質から遠ざかった人たち―「かくれキリシタン」と汎称される宗教集団が成立した。」

80 江戸時代初期のキリシタンの教理書。日本人のイエズス会修道士ハビアンによって書かれた。妙秀・幽貞という二人の尼僧の対話形式で、神道・儒教・仏教を批判しつつキリスト教の教えを説いている。

81 トマス・アクィナスの神学。

82 遠藤周作「切支丹時代」『異邦人の立場から』所収、講談社文芸文庫、一九九〇年、二三七－二四一頁（『新潮』一九六五年四月号掲載）、傍線筆者。

83 「想像的領域、想像的なもの」の意味。ガストン・バシュラールの想像力論より。

84 『四季』第五号に掲載。

開した遠藤の精神の軌跡《きせき》をぼくらはとらえうるのである。[85]

また、武田は『遠藤周作の世界』の続編とも言うべき労作『「沈黙」以後』において、このような読みをさらに深め、「神々と神と」において論じられている「日本的感性」論が『沈黙』の中でフェレイラや井上筑後守の口にする「沼地」に通底することを指摘している。[86]

だが、第一回フランス留学時代（一九五〇年六月～一九五二年八月）の作家の日記をたんねんに検討してみると、「沼地」のイマージュ（image）[87]が遠藤において根源的なものであり、それとの葛藤が留学時代から、単なる文学的領域を超えた本質的なものとして捉えられていたことが明確となる。

一九五一年一月二四日付けには「沼」を人間存在の本質と同一視するかのような、以下の記述が見られる。

ぼくは人間を思う時、あるほの暗い湿地帯《しっちたい》、沼のように光のはいらぬものに身をかがめようとする。その中にぼくが段々ひきずりこまれていく時、ぼくは一枚の古い枯葉のように暗淵の中でねむるか—あるいは一条の荘厳な恩寵《おんちょう》の光を発見するかにかかっている。今考えてみると、このぼくの〈人間〉の彫像《ちょうぞう》を沼にむすびつけるものは、仁川の家の裏山にあった、古い小沼からきているのかもしれぬ。[88]

この日記においても、日本的感性の特徴としての汎神的傾向は「沼地」と結びつけられている。

現在の僕の諸兆候

二、汎神的傾向　この汎神的傾向はぼくの中にあっては、けっしてギリシャ的なものではない。それは寧ろ、光を嫌う。隠微《いんび》、湿潤《しつじゅん》の沼地の中で腐った葉をはむ、乳白色《にゅうはくしょく》のすいた虫の立場が僕に愛される。[89]

自分の世界観を描写する際にも「沼」のイマージュ（image）が用いられている。

ぼくの世界観

地上にはいろいろな原素がある。各人間は各元素から生きている。ぼくの原素は、ある一つの植物や、冬眠する動物、それから湿った土に通ずる。しかし、それは、たとえば行動的な人間とは本質的に通じない。そして各人はその異なった原素の宿命から逃れることはできない。……それは世界原初の暗い沼に似ている。[90]

しかしこの沼は決して救いなき底なし沼ではなく、いつの日にか変容されるべき可塑性《かそせい》をも有している。

昨夜死の恐怖のくるしみの中で、ぼくは恩寵《おんちょう》なき世界を浄化する聖母の光をみたのである。それは、自然的

85 武田友寿『遠藤周作の世界』講談社、昭和四六年、二八九頁。
86 武田友寿『「沈黙」以後』女子パウロ会、一九八五年、四一八頁。
87 この根源的なイマージュは、遠藤においてその後フロムの「ネクロフィラス的人間」という概念を知ったことにより、統合され、小説制作の原動力として位置づけられるまでになる。「上昇のかわりに下降しようとする欲望。暗闇をのぞくだけでなく、そのなかにもぐりこもうとする本能的なもの、子宮の薄暗さ、あたたかさ、湿りけのなかにかがみこもうとする願いが強くあることも否定しない。実際、それらが私になかったなら、初期から今日に至るまでの私の小説の大半は成立しえなかったとも思っている。」（遠藤周作『私の愛した小説』新潮文庫、昭和六三年、一八六頁）
88 遠藤周作『作家の日記』福武文庫、ベネッセコーポレーション、一九九六年、一二七頁。
89 同書、一九五一年一月三一日付け、一三二頁。
90 同書、一九五一年二月三日付け、一三七頁。

世界の、ぶよぶよした湿地帯《しっちたい》を透明にうつくしく、変容してしまうものであるに違いない。病の中で、ぼくは死の恐怖が、ぼくの汎神傾向より、もっと強いものである事を発見した。人は、その宿命から逃れることはできない。ぼくはぼく自身だけでは、ぼくのぶよぶよした、湿地帯への傾き、ほの暗い姿勢から起きあがることはできない。しかし恩寵はそれを浄化する事ができるという事である。[91]

この文章において、特に注目に値する点は、聖母マリアという、遠藤の信仰において「母なるもの」の原点が、「沼地」をもその恩寵により変容することができるという指摘である。

『沈黙』の私小説的側面を読み解く作業は、山根道公《みちひろ》の著書『遠藤周作―その人生と『沈黙』の真実』の中に集大成されている。山根は多くの資料にあたり、原題「日向の匂い」であった小説が『沈黙』として発表された経緯と、タイトルの変更による誤解を後悔する遠藤周作の述懐《じゅっかい》を紹介する。そして、遠藤の母子関係、病床体験、踏み絵体験、棄教神父をめぐるドラマ等、小説中のあらゆる要素を作家の実生活に対応させて丹念な解読を行っている。[92]

こうして、歴史に題材をとった『沈黙』という小説の重層性を明らかにするならば、「泥沼」を決してネガティブだけではなく、そこに変容の可能性を含んだむしろダイナミックなイマージュと捉えることも可能になる。このような意味で、遠藤周作自身、『対談　文学―弱者の論理』（国文学、昭和四八年二月）の中で「泥沼」をめぐって語っている内容は興味深い。

泥沼のなかへはいってしまったということは、この泥沼をおまえは引き受けた、ということでもあると思うのです。（中略）『黄金の国』で私はどうしても最後に一行書きたかったのは、新しい司祭がまたやってきたということです。つまり、（中略）その泥沼の上に、ひとつの踏石《ふみいし》は残したと思うのです。（中略）彼はその踏石を踏んで、そして次の踏石をつくるかもしれない—私もひとつの泥沼の踏石です。私のあとのカトリック作家が私やフェレイラがおなじように残した踏石を使って、その上に何か築いてくれるかもしれない、という気持ちはありますね。（中略）わたしにとっては、『沈黙』でひとつの、結論は出ないかもしれないけれども、日本のキリスト教の土着化ということについてはささやかな踏石を置いたのだという、自負は多少あります。[93]

「沼地」が単なるネガティブなイマージュではなく、その内に変容の可能性を秘めたダイナミックな側面を有しているように、「母なるもの」もまた、遠藤において、重層的な概念である　日本におけるキリスト教の土着化を考えるとき、遠藤のもたらした貢献の一つは、キリスト教の慈母《じぼ》的側面をその作品を通して紹介したことであろう。『沈黙』の有名な最後の踏み絵の場面で如実に表れているのは、「母的な顔」をした神の姿である。「踏むがいい」とロドリゴに勧める踏み絵の顔が「母の顔」であることは、江藤淳《えとうじゅん》をはじめ、多くの評論家たちの指摘する通りである。[94]だがそれが、遠藤の母子体験にいかに深く根付く体験であるにせよ、そこに、日本人の心に響くキリスト教を呈示したいと願った遠藤の意図が存在することは否めない。この考えを遠藤周作は、数多くの評論、著作で展開している。

キリスト教というのは、厳しい面と同時に、ものすごく寛大な面と、両方持っています。だから、私は〝両

91　遠藤周作『作家の日記』前掲書、一九五一年二月一九日付け、一四五－一四六頁。
92　山根道公『遠藤周作—その人生と『沈黙』の真実』朝文社、二〇〇五年。
93　武田友寿『沈黙以後』前掲書、三四八－三四九頁に引用。
94　江藤淳「文芸時評」（『朝日新聞』昭和四一年四月二九日）『成熟と喪失—母の崩壊』（河出書房新社）『人生の同伴者』、一六五頁参照。

親の宗教〟とよく言うのです。つまり雷おやじの面と、やさしい慈母《じぼ》の面と、二つ持っているのです。（中略）日本の場合は、厳父《げんぷ》の裁きのイメージのキリスト教を持ってきたら根付かない、というのが私の考えです。母のイメージを持ってきたほうが日本人の感覚に合う。母のイメージがキリスト教にないかといえば新約聖書のいたるところにあります。[95]

最後の長編小説となった『深い河』においても、主人公大津の口を借りて、慈母的神のイメージが展開されており、さらには、表題の「深い河」である聖なるガンジス河それ自体がすべてのものを包み込む母的イメージで描写されている。[96]

五 「こんちりさんのりやく」

一方、日本の切支丹時代に目を転じてみると、近年、ようやく単なる歴史研究、言語学的研究にとどまることなく、教義内容、神学的研究にまで光が当てられるようになり、特に近年「こんちりさんのりやく」と呼ばれる教理書の重要性が指摘されるようになった。この教理書は、「ドチリイナ・キリシタン」や「丸血留《まるちる》の道」などとともに[97]二七〇年間近く「潜伏キリシタン」の精神を支え続けた本である。

「こんちりさんのりやく」には、多くの注目すべき点があるが、中でも全巻を貫いている思想の大きな特徴は、母のような神の慈愛への徹底的な信頼である。「こんちりさん（ポルトガル語 Contrição）」とは、真の痛悔《つうかい》を意味する。苛烈《かれつ》な迫害の状況の中で、当時の宣教師の抱えていた重大な問題は、罪の赦しに不可欠であるとされていたゆるしの秘跡を司祭不在の状況により授けられないことであった。そこで、「キリスト者が、『真の痛悔』（こんちりさん）をすれば、司祭不在の際、『告白』（こんひさん　ポルトガル語　Confissào）をしなくても、後に司祭に告白するとの覚悟をもっているのであれば、「大罪」を含むすべての罪がゆるされ、天国に入ることができるという教え」が必要不可欠のものとなったのである。[98]

「こんちりさんのりやく」は、四条からなる「心得《こころえ》」と四条の終わりに位置する祈り「おらっしょ」（oratio：ラテン語で祈りの意）からなるが、その第一の心得は次の言葉から始まる。

第一の心得といふわ、でうす御憐《おんあわ》れみ深くまします、我ら人間の御親《おんおや》なるがゆゑ、いかなる罪人も其科《そのとが》を悔いかなしみ、悪をあらため、善に帰してたすかれかし、と思召《おぼしめ》すのみなり。[99]

また第四の心得においても、完全なる痛悔をもって、神の深い慈悲とイエスの御血の功徳《くどく》に信頼し、どのような

95　遠藤周作『私にとって神とは』光文社文庫、一九八八年、一一九頁。
96　遠藤周作『深い河』講談社文庫、一九九六年。
「少年の時から、母を通してぼくがただひとつ信じることのできたのは、母のぬくもりでした。（中略）母は、ぼくにも、あなたのおっしゃる玉ねぎの話をいつもしてくれましたが、その時、玉ねぎとはこのぬくもりのもっともっと強い塊り―つまり愛そのものなのだと教えてくれました。」一九三頁、参照：拙論「遠藤周作の文学におけるキリスト教の『東』と『西』―『深い河』の女神チャームンダーと聖母マリアの比較を通して」『上智大学キリスト教文化研究所紀要28号』、二〇〇九年。
97　参照：尾原悟『殉教と復活』上智大学キリシタン文庫、一九八五年。
川村信三「『こんちりさんのりやく』―キリシタンの心を支えた奇書にみる罪のゆるし」、佐久間勤編著『救いと恵みのミュステリオン―秘跡の神学と教会の活性化』に収録、二二三―二九二頁。
98　川村信三、前掲書、二三九頁。
99　チースリク他編『キリシタン書・排耶書』岩波思想体系二五、岩波書店、一九七〇年、「こんちりさんのりやく」三六三頁。

罪をも許すことのできる神に「頼もしく存じ奉るべきこと＝信頼すること」の重要性が強調されている。そして、「こんちりさんのりやく」のレジュメである最後の「おらしょ」においても、神の慈悲、罪の自覚、ゆるしへの信頼、の三点が特に強調されている。[100]

二五〇年間の過酷な迫害の時代、最も大きな罪と考えられていた「絵踏」をしながらも、転びつつまた立ち上がる力と信仰を潜伏キリシタンたちが持ち続けてきたのは、まさにこの「こんちりさんのりやく」の存在によると言っても過言ではない。そして、こうして受け継がれてきた信仰が、決して単なる殉教逃れの卑怯者《ひきょうもの》や弱虫のそれではなかったことは、一八六五年の信徒再発見の後、「浦上四番崩れ」等で知られる大迫害と壮絶な殉教の史実が如実に示す通りである。[101]

■おわりに

評論「切支丹時代」の中で、遠藤周作が投げかけた二つの疑問、すなわち、「迫害下の日本でなぜあれだけの殉教者を出すほど、キリスト教が根をおろしたのか?」と、「切支丹たちは、農民に至るまで、殉教をするだけの信仰を何によって自分の中に育てあげたのか?」に対する答えの一つが、この「こんちりさんのりやく」であると言ってもよいのではないだろうか。

迫害下、鎖国の日本において、西欧では隠されていたかに見える慈愛深き神の顔が密かに伝えられ、その神の慈しみへの信頼により、数多くの切支丹たちが信仰生活を全うすることが可能であった。このような現象から読み取れることは、時代や国、風土の別を超えて、聖書特に福音書の伝える神の愛の啓示が、キリスト教を真に受容するための不可欠な要素であるという点である。

神の愛を「母なるもの」と特徴づけ、それは優れて「日本的」な現象であるとするのは、遠藤周作の持論だが、

「厳しい父」よりも「慈悲深き母」をより好み、愛するのは、決して日本に固有の現象ではない。西欧に限っても、民間信仰のレベルで考えれば、ルルド、ファチマ、ヤスナ・グラなどの聖母信心に顕著《けんちょ》に見られるように、大衆のレベルで信仰を支えてきたのは、常に「母なる」存在である。遠藤周作自身、一時傾倒していたC・G・ユングの提唱した原型「太母《たいぼ》（Great Mother）」にも見られるように、「母なるもの」は普遍的な力を備えている。

遠藤が『沈黙』で投げかけた問題は、したがって、単なる日本という地域に限定されぬ普遍的なものであり、キリスト教受容に関する根本的な示唆として読み直すことが可能なのではないだろうか。

100 「こんちりさんのりやく」前掲書、三七九頁「御慈悲わわが科よりも深き御子ぜすすきりしとの、流したもふ御血の御奇特（＝功徳）わ、わが罪科よりもなを広大にましますとわきまへ奉る也。」

101 川村信三、前掲書、二八六－二八七頁。片岡弥吉『日本キリシタン殉教史』前掲書、五七五－六九四頁。

第三章　『深い河』

『白い人』『黄色い人』といった処女小説の題名が如実に示すように、遠藤周作の文学世界において、西のヨーロッパと東の日本の間の差異は、常に意識的に強調されてきた。その独特の視点は、処女評論『神々と神と』から最後の小説『深い河』におけるまで、一見、一貫しているように見える。

だが、カトリック〈普遍性〉という世界においては、多様性と一致が共存しうることもまた確かな事実であり、遠藤文学に描かれてきた「東と西」の差異も、その表層の裏に隠された重層性、すなわち差異の根底にある普遍性にも触れることがなければ、一面的な理解となってしまうように思われる。

ここでは、最後の大作となった『深い河』を取り上げ、その中で描かれている女神チャームンダーと聖母マリアとの比較を通し、この根本問題に焦点を絞って論じてみたい。

一　『深い河』――遠藤周作の人生と作品の集大成

『深い河』は、遠藤周作の最後の長編小説である。最初のインド滞在は、一九九〇年二月で、主としてベナレスなどを取材したが、このとき遠藤はデリーの国立博物館でチャームンダー像の実物を見て感銘《かんめい》を受けている。同年、八月から後に『深い河』となる新しい小説の創作日記が開始されている。だが、本格的執筆に入るのは、一九九二年からで、後に『深い河』創作日記として刊行された日記には、老齢と病気に苛《さいな》まれつつ、一種の使命感をもって創作が続けられていったことがうかがえる。挫折《ざせつ》感、徒労《とろう》感を乗り越えて執筆されたこの作品は、一九九三年に刊行され、一九九四年には毎日芸術賞を受賞した。

　遠藤は、一九九三年八月一八日の日記に、「この小説が私の代表作になるかどうか、自信がなくなってきた。しかし、この小説のなかには、私の大部分が挿入されていることは確かだ。[102]」と記している。また、遺言で、棺《ひつぎ》に入れて欲しいと作家が望んだ作品は、『沈黙』と『深い河』のみであることからも、この最後の小説にかける思いが特別のものであったことは明らかである。

『深い河』は、主として二つのレベルで作家の集大成的作品と呼ぶことができる。

一）遠藤周作の自伝的要素の集大成

二）遠藤の文学世界の集大成

　遠藤は、自らの自伝的要素を巧みに小説に用いる作家であることは、今までもよく知られてきた事実である。一見、歴史小説の体裁をとった、『沈黙』、『侍』のような小説ほど、ある意味で作家の内的葛藤《かっとう》が吐露《とろ》されている場合も少なくない。『沈黙』をめぐっての、「キチジローは私です。フェレイラは私です。」といった発言もそれを裏付けるものである。

102　遠藤周作『『深い河』創作日記』講談社、一九九七年、一一八頁。

〈あらすじ〉

『深い河』は、いくつかの短編が集まって、一つの長編を形作るという典型的オムニバス形式の作品であり、それぞれの短編が「〇〇の場合」と名付けられている。初めに登場する典型的日本男性とも言える磯辺、童話作家沼田、ガイドの江波、そして主人公とも言える大津、彼らはすべて遠藤周作の人生のある部分を共有している人物である。磯辺は、日本的な夫婦の在り方として遠藤の晩年を、幼少時を満州で送り、父母の離婚を経験し、後に結核の手術を受ける沼田にはその前半生をめぐるエピソードが反映されている。ガイドの江波はその母への想いとチャームンダーのかかわりにより、作家の母との関係が暗示されている。成瀬美津子が、上智大学を想わせる仏文科の学生であり、モーリヤックの『テレーズ・デスケルー』を卒論で取り上げたという設定も、遠藤の学生時代からの足取りをたどるものである。そして幼少時からカトリックであり、後にフランスに留学し、日本人の心に響くキリスト教を模索しつつ生きる大津が、遠藤の最も深い問題意識を浮き彫りにする人物であることは言うまでもない。

これらの人物は、インドのツアーで同席となり、共に観光の途につく。美津子を除いて、それぞれの人物が皆先立たれた同伴者の死を背負っているのが、共通項である。磯辺は妻にガンで先立たれ、妻の遺言により、その生まれ変わりをインドで探そうとする。沼田は、手術で九死に一生を得たが、そのとき飼っていた九官鳥が自分の身代わりになってくれたと感じている。木口は、ビルマ戦線での命の恩人である戦友のことを思いつつツアーに参加する。その戦友は、他の戦友の死体を食べて命長らえたという罪の意識に苛まれていたが、それをガストンによって癒されて死ぬ。

美津子は、大学時代に大津というカトリックの青年を誘惑し、棄てた。その大津がフランスでカトリックの神父になったことを知った彼女は、フランスへの新婚旅行の際、リヨンで彼に会う。その後彼がヴァラーナスイで生きているという噂《うわさ》を聞き、彼を探しにインドへの旅に出る。そして、インドで大津と再会するが、大津はカメラマンの三條のせいで起きた騒動の犠牲となり、出発の日に美津子は「大津、危篤《きとく》」の知らせを受けるのである。

また、この作品は、同時に今までの遠藤ワールドとも言うべき、作品の登場人物たちが再登場の形で姿を現すことにより、作品の集大成ともなっている。

典型的なのは、「木口の場合」におけるガストンの存在である。戦場の悲惨の極みとも言うべき人肉食《じんにくしょく》の問題に題材をとり、戦争の悲惨とゆるしの問題を提起した箇所において、唐突《とうとつ》に登場するこの外国人青年は、『おバカさん』の主人公その人であり、その背景がなければ、不調和とも言うべき人物である。また、大津とともに女主人公の位置を占める美津子は、『スキャンダル』の混沌とした成瀬夫人の生まれ変わりとも言える。同時に遠藤が理想の女性とする『わたしが・棄てた・女』の森田ミツの面影もその内的探求に反映されている。[103] 沼田の結核の手術のエピソードは、すでに『満潮《みちしお》の時刻』等で中心的テーマとして取り上げられたものである。そして大津の人生が、『沈黙』以降常に問題とされてきた「東と西」の距離感を中心に展開し、そこには、『留学』、『侍』などで扱われたテーマが再び中心に据えられているのである。

103 森田ミツに関しては、笛木美佳「キャラクターの円環—森田ミツをめぐって」『遠藤周作—挑発する作家』至文堂、平成二〇年、一九〇－二〇三頁で、詳しく論述されている。

二　「東洋の汎神論《はんしんろん》的境地への移行」をめぐって

『沈黙』の発表時とは、比べものにならぬとは言え、『深い河』が発表後に様々な論議を呼んだこともまた事実である。インドに題材を取り、ヒンズー教や仏教など東洋の宗教へ共感を隠そうとせず、むしろ時に西洋のキリスト教と比較して前者により強い共感が見受けられるこの小説を、東洋の汎神論的境地への移行ではないかとする評も存在し、今でもそのような疑問は提出され続けている。[104] また、宗教多元主義の論者ジョン・ヒックの著作に衝撃を受けたという記述が、[105]『深い河』創作日記』に見られるところから、従来のキリスト教からヒック的多元主義への移行といった論説も見られる。[106]

一般の読者にとっても、いきなり輪廻転生《りんねてんしょう》の話から始まり、「転生」という言葉の多用される小説にとまどいがあったとしても不思議ではない。「西」との距離感を書き続けてきた作家が、一見ついに「東」の世界に融合したかと思えるような箇所が散在するからである。

この点に関しては、作家自身と親交が厚く、遠藤順子夫人のインタビューを行った鈴木秀子の証言が特に興味深い。

「『深い河』については、今、研究者からいろいろな評価が出ていますが、中には遠藤周作がカトリックの世界から汎神論へ移行していった作品だ、と言う人もいます。映画「深い河」が完成した後、私、先生（遠藤周作）からこんなことを聞きました。「今想うと、大津という司祭は、教会を出てインドへ向かったという設定にしなくてもよかったなあ。あくまで教会の中にいて、カトリック教会の司祭の身分で、教会としっかりつながったまま、インドへ行くという書き方にした方がよかったんじゃないか。そこをもっと明確に打ち出せばよかった」って。

先生は『深い河』を通して、日本人にわかりやすい形で、「復活」という観念を証明しようとされたのだと私は思います。ですから敢《あ》えて輪廻転生や異教的な世界を書き込み、そうしたものを受け入れていく過程で、異質のものをも包含する普遍性―カトリックというのは普遍的という意味ですから―を書こうとされたんじゃないかしら。（中略）

先生が繰り返しおっしゃっていたのは、「今、ようやくカトリックが異文化や別の宗教との対話を重要視するようになった。けれども、異質な他者と共に生きて、互いの良さを大切にして、生かし合うという関係に入ることが、本当の対話なんだと思う」っていうことでした。[107]」

104 参照：「カトリック生活」ドン・ボスコ社、二〇〇九年九月号、来住神父の論文。

105 遠藤周作『『深い河』創作日記』前掲書、二四―二五頁。
「数日前、大盛堂の二階に偶然にも棚の隅に店員か客が置き忘れた一冊の本がヒックの『宗教多元主義』だった。これは偶然と言うより私の意識下が探り求めていたものがその本を呼んだというべきだろう。かつてユングに出会った時と同じような心の張りが読書しながら起ったのは久しぶりである。

ヒックは基督教神学者でありながら世界の各宗教は同じ神を違った道、文化、象徴で求めているとのべ、基督教が第二公会議以後、他宗教との対話と言いながら結局他宗教を基督教のなかに包括する方向にあると批判している。そして本当の宗教の多元主義はイエスをキリストとする神学をやめ、つまりイエスの受肉の問題と三位一体の問題にメスを入れるべきだと敢然として言っているのである。

この衝撃的な本は一昨日以来私を圧倒し、偶々、来訪された岩波書店の方に同じ著者の『神は多くの名を持つ』を頂戴し、今、読みふけっている最中である。」

106 「月曜会」「ヒックの神学」についての話し。パネラーの間瀬教授と門脇神父の間にイエス論をめぐって激論。というより喧嘩。司会者の私はヒックの考え方と従来のキリスト論の間に引き裂かれて当惑した。」（三八頁）
間瀬啓允《ませひろまさ》「遠藤周作と宗教多元主義」『遠藤周作をどう読むか―日本人とキリスト教』日本福音ルーテル教会東教区教師会・宣教ビジョンセンター編、一九九八年、一一〇―一二一頁。

107 遠藤順子『夫・遠藤周作を語る』文芸春秋、一九九七年、一六一―一六四頁。

大津をカトリック教会から追い出されたマージナルな存在にしてしまったため、小説の中では、カトリック教会が偏狭《へんきょう》で、時代遅れのものとして描かれてしまっている。第二バチカン公会議以降の教義、教会理解が、この中に全く反映されていない点は、確かに非常に残念な点である。というのも、大津の主張は、現在の宗教対話の文脈においては、ほとんど問題がなく、「汎神論的」と糾弾《きゅうだん》されている主張も、アシジの聖フランシスコに代表される霊性の流れ、及び近年エコロジーを視野に入れた神学の進展の中で、今では問題とするに値しないものだからである。

むしろ、教皇フランシスコの『回勅　ラウダート・シ』を紐解《ひもと》けば、「それぞれの生きものが、それぞれのいのちの歌を歌っているように感じ入ることは、神の愛と希望の中にわたしたちが喜び生きることにつながります。(…)こうした被造界を観想することは、神がわたしたちに届けようとお望みになる教えを、一つ一つのものの中に発見させてくれます。[108]」といった現代のカトリック霊性を理解することができる。「よく見ればなずな花咲く垣根かな[109]」は、アシジの聖フランシスコの心には十分響く詩《うた》なのである。

大津の主張「神とはあなたたちのように人間の外にあって、仰ぎみるものではないと思います。それは人間のなかにあって、しかも人間を包み、樹を包み、草花をも包む、あの大きな命です。[110]」は、神学的に全く問題ない主張であり、それを「汎神論」と決めつけ大津を糾弾する先輩たちの方が、聖書と神学の真の理解に及ばぬ劣等生であるのだと言えよう。

また、遠藤がヒックを読んで衝撃《しょうげき》を受けたことは事実であるとしても、『深い河』の中で、遠藤がヒックの神学とその提言をすべて受け入れているとは言いがたい。冒頭のエピグラフからして、「深い河」は黒人霊歌に歌われているキリスト教の「神」であり、大津が信じ、命を賭けた存在である「玉ねぎ」、弟子たちのうちに「転生」した存在はイエス・キリストである。これは、神の受肉としてのイエス・キリストを排除しなければ、宗教対話は成り立たないとするヒックの主張とは、かなり異なるものであると結論せざるを得ない。この面でも、遠藤が真の「諸宗教対話」について言及していないことは残念な点である。これについては、『諸宗教対話—公文書資料と解説』[111]に詳しくかつ的確な論考が収録されているため、これらの論考を踏まえれば、大津の立場をより正確に捉えることが可能となる。

三　インドの母なる女神チャームンダー

前述のような東洋的境地の優位を感じさせる印象的場面が女神チャームンダーをめぐる場面であることは言うまでもない。そこでは、インドの女神チャームンダーが西洋の聖母マリアと比較され、この東洋の女神の方が、西洋の聖母よりも、一見して好意的に描写されているからである。

その女神は、ヴァーラーナスィのヒンズー寺院の地下にあり、それをガイドの江波が特別の思い入れを込めて、観光客たちに案内するという設定となっている。この女神像を見る前に、彼は、インドの女神が「柔和な姿だけでなく、恐ろしい姿をとることが多い」こと、それは「彼女が誕生と同時に死をも含む生命の全体の動きを象徴し、(中略)烈《はげ》しく死や血に酔う自然の動きのシンボルでもある」[112]と説明する。そして、涙とも汗ともつかぬものに頬を

108　教皇フランシスコ『ラウダート・シ』カトリック中央協議会、二〇一六年、七七頁。
109　遠藤周作『深い河』講談社文庫、新装版、二〇二一年、一九八頁。
110　同書、一九九頁。
111　『諸宗教対話—公文書資料と解説』日本カトリック司教協議会諸宗教部門・編、カトリック中央協議会、二〇〇六年。
112　『深い河』前掲書、二三二頁。

濡《ぬ》らしつつ、次のようにこの女神像を解説する。

「彼女の乳房はもう老婆のように萎《しな》びています。でもその萎びた乳房から乳を出して、並んでいる子どもたちに与えています。彼女の右足は、ハンセン氏病のため、ただれているのがわかりますか。腹部も飢えでへこみにへこみ、しかもそこには蠍《さそり》がかみついているでしょう。彼女はそんな病苦や痛みに耐えながらも、萎びた乳房から人間に乳を与えているんです。[113]」

そして、チャームンダーは、「インドの聖母マリアのようなものなのか？」という問いに沼田はこう答える。

「そうお考えになって結構です。でも彼女は聖母マリアのように清純でも優雅でもない、美しい衣装もまとっていません。逆に醜く老い果て、苦しみに喘《あえ》ぎ、それに耐えています。（中略）彼女は印度人と共に苦しんでいる。この像が造られたのは、一二世紀ですが、その苦しみは現在でも変わっていません。ヨーロッパの聖母マリアとちがった印度の母なるチャームンダーなんです。[114]」

四　女神チャームンダーの重層性

前述したように、遠藤は、この像を小説のようにヒンズー寺院の地下ではなく、ニューデリー国立博物館のヒンドゥー美術室で鑑賞している。したがって、複雑な構造を持つかなり大きなこの石像の細部までも詳しく観察できたはずである。

ヒンズーの女神の中でもチャームンダーは、凶暴で恐ろしい女神の一人であり、水牛の悪魔を殺戮《さつりく》するドゥルガー女神の怒りの人格化であるカーリー女神の別称であるという説もある。チャームンダーという名称が、悪魔「チャンダとムンダを殺した女」という意味であることからもその破壊的凶暴な性格がよく表されている。[115]

立川武蔵著『女神たちのインド』には、遠藤が見たチャームンダー像の詳しい解説がなされているが、この著作は、初めのユングのアニマ・アニムス論への言及[116]などから考えても、遠藤が『深い河』執筆時に参考文献として参照した可能性も高い著作である。そこでは、このチャームンダー像のすべての構成要素が解明、分析されており、特に死を表象する死体、死人の首や手足、墓などが全体に散りばめられていることは、明らかである。また、屍林《しりん》に住む夫シヴァ神がチャームンダーの蓮華座《れんげざ》の下にうつぶせに押し潰されていることからも、この女神の専制的権力が伺える。[117]

以上に見られるように、ヒンズー教のコンテキストから読み解いたチャームンダー像の、死を中心とする負のイメージを、『深い河』の中では遠藤がすべて払拭《ふっしょく》して、「人々の苦難を救う母[118]」の姿のみをクローズアップしたこと

113 『深い河』前掲書、二三四頁。
114 同書、二三五－二三六頁。
115 参照：ラーマクリシュナ・G・バンダルカル『ヒンドゥー教―ヴィシュヌとシバの宗教』せりか書房、一九八四年、四一三－四一六頁。山下博司他著『ヒンドゥー教の事典』廣済堂、二〇〇五年、二〇一－二〇二頁、汎ヒンドゥー教的女神の章。
116 立川武蔵『女神たちのインド』せりか書房、一九九〇年、四一－四六頁。ここでは、遠藤の無意識への関心とインドへの興味が合体し、地下室を無意識の世界に見立て、ユングの元型論：太母（グレートマザー）の特徴が、そのままチャームンダーに当てはめられている。参照：「ユング派の解釈では「母なるもの」は、二つの顔、二つの面を持っている。ひとつはその子を「育み、育てる」慈母の顔であり、もうひとつはその子を「わがものとして呑み込こもう」とする鬼母の顔である。」（遠藤周作『私の愛した小説』新潮文庫、一九八八年、二一八頁）
117 『深い河』前掲書、二六八－二七二頁。
118 同書、二七二頁。

は明らかである。作家の取捨選択の姿勢から、このヒンズーの女神を、キリスト教的なシンボルへと変容させたいという意図が、おのずと明らかになる。

確かに、『深い河』には、次のような鍵となる文章が見られる。

「（美津子の）心に突き刺さったものは、ガンジス河と、そして江波が説明してくれた女神チャームンダーの癩《らい》にただれ、毒蛇にからまれ、痩せ、垂れた乳房から子どもたちに乳を飲ませているあの姿である。そこには現世の苦しみに喘《あえ》ぐ東洋の母があった。それは気高く品位在るヨーロッパの聖母とはまったく違っていた。[119]」

そして、この一節のすぐ後、美津子は、「クルトゥル・ハイム」のチャペルで開いてあった聖書の一節、すなわちイザヤ53章の苦しむ僕《しもべ》の一節を思い出す。

「彼は醜く、威厳もない、みじめでみすぼらしい。人は彼を蔑《さげす》み、見すてた。忌み嫌われる者のように、彼は手で顔を覆って人々に侮られる
まことに彼は我々の病を負い、我々の哀しみを担った」

（わたしは、なぜその人を探すのだろう）と自問した後、

その人の上に女神チャームンダーの像が重なり、その人の上にリヨンで見た大津のみすぼらしい後ろ姿がかぶさる。思えば美津子は、知らず知らずに大津のあとから何かを追いかけていたようだ。[120]

この箇所の分析から、チャームンダーをイザヤ53章の苦しむ僕《しもべ》と重ねあわせ、すなわち受難のキリストと比較して読み解いた論文は数多い。[121]

確かにチャームンダーを同伴者として共苦するキリストの東洋における象徴とするならば、遠藤がキリスト教という西を離れて、ヒンズー教という東に軍配をあげたとする読みは皮相なものとなる。

前述の遠藤順子夫人へのインタビューの中で、鈴木は以下のように証言している。

鈴木：『深い河』に、洞窟《どうくつ》のインドの女神が出てきますね。さそりや蛇に噛《か》まれながら、萎《しな》びた乳房から子供に乳を与え続ける女神、あれこそ本物のカトリックの姿なんだって、先生は強調しておられました。

遠藤：ですから『深い河』は、日本的汎神論への移行ないし、堕落というのではなく、遠藤周作の生涯を貫く信仰の表明だし、日本人にわかりやすく普遍的な愛の形を伝えたいという念願を込めた作品だったように思います。[122]

119 『深い河』前掲書、二九七頁。
120 同書、二九八―二九九頁。
121 江藤直純《えとうなおずみ》「インドを舞台にイエスを考える―遠藤『深い河』が今日のキリスト教に問いかけるもの」『遠藤周作をどう読むか―日本人とキリスト教』日本福音ルーテル教会東教区教師会・宣教ビジョンセンター編、一九九八年、一五二―一五八頁。佐藤泰正《さとうやすまさ》『遠藤周作を読む』笠間書院、二〇〇四年、一四〇頁、一四六―一四九頁等、他多数。
122 遠藤順子『夫・遠藤周作を語る』前掲書、一六一―一六三頁。

五　聖母マリアの虚像と実像

次に、チャームンダー像を、遠藤独自の聖母マリア論と比較しつつ論じてみたい。聖母マリアは、遠藤文学において単なる副次的存在ではなく、神を「母なるもの」として捉えようと試みる作家における、いわば、キリスト教理解の中心的存在と言っても過言ではないからである。

『深い河』の前述のチャームンダーをめぐるテクストにおいて、注目に値するのは、このインドの女神を比較する際に、「ヨーロッパ」の聖母マリアとは違うという、限定がかけられていることである。この限定は、いわゆるステンドグラスに飾られ、彫刻され、西欧名画で描かれてきた聖母マリア像と言い換えることが可能であろう。

だが、周知の通り、イエスの母マリアは、ナザレトに住み、ヨセフと婚姻の後、イエスを生み、育て、その宣教に従い、ついには十字架の下にたたずみ、復活の後は、弟子たちと共に、当時のイスラエルから離れることなく生き、この世を去ったユダヤの女性である。福音書は、その外見について全く沈黙しているが、彼女が金髪・青い目の優雅な貴婦人などではなく、黒い目、黒髪、すなわち今の中東と呼ばれる地方の女性であったことは歴然とした事実である。

この事実関係のみに目を止め、あえて芸術的価値を括弧《かっこ》にいれて、「ヨーロッパ」の聖母マリアを「虚像」と呼ぶならば、福音書から浮かび上がるイエスの母マリアの「実像」は、未だキリスト教界において、熱心な信徒の間でさえ、真に理解されることが少ないとも言えよう。

六　『聖書のなかの女性たち』におけるマリア

遠藤周作は、このマリアの「実像」に人生の初めから惹かれた希有なクリスチャンであった。遠藤の最初のまとまったマリア論は、『海と毒薬』を発表した翌年の一九五八年に『婦人画報』に連載された『聖書のなかの女性たち』に見られる。後のキリスト教三部作とも言うべき、『死海のほとり』『イエスの生涯』『キリストの誕生』には、かなり緻密《ちみつ》な聖書研究の成果が反映されているが、最初のキリスト教的エッセイである『聖書のなかの女性たち』は、そのような「フィルター」を介さない遠藤の信仰の真情吐露《しんじょうとろ》がうかがえる点、より興味深い作品とも言える。

一六章からなるこのエッセイの中には、様々な女性が取り上げられているが、中でも聖母マリアに遠藤は四章を費やしている。そこで、作家が強調するのは、後代のあらゆる美化や伝説化をはぎとったマリアの人間としての現実の、人目にたたぬ人生の貧しさである。

彼女は、この世界のどこにでもいる、目立たぬ家の、目立たぬ娘にすぎなかったとぼくは思うのです。（中略）キリストが我々と同じように人生の苦しさ、惨《みじ》めさを味あわねばならぬ一人の平凡な庶民の娘を母親としてえらんだことを皆様に考えていただきたい。（中略）みじめで、孤独で、憐れで、ぼくたちと同じような弱さをもった女たち（中略）それらの女性たちの中にキリストが自分の母の姿を思いうかべなかったとどうして言えましょう。[123]

123　遠藤周作『聖書のなかの女性たち』講談社文庫、一九九〇年、七三－七四頁。

そして、遠藤は特にマリアの人生が苦しみの連続であったことを語る。

大事なことは、自分も他人も同じように弱い人間であることを知り、そして他人の苦悩や哀しみにいつも共感すること、これをキリストは聖書の中で「女性を通して」教えているのです。(中略) 布教するキリストの一行に付き従った女性の大部分はみな、過去において人間的な苦悩や哀しみを味わいつくした女性たちだったといえます。(中略) そしてこの女性たちの間に友情が生まれたとしたら、それはお互いの哀しみを背負いあい、わかちあうようなものであったのでしょう。

聖母マリアもその一人だった。彼女は、キリストを生んだ女にはちがいありませんが、キリストを生んだからといって彼女には人間的苦悩から逃れられる特権はなかった。いや、むしろ、ついに彼女はだれよりも女性として母親として一番つらい人間的苦悩を与えられたといっていいでしょう。[124]

その苦しみの頂点は、イエスの受難のときであり、十字架刑の場面を、作家は特有のリアリズムと共感のまなざしで描き出す。

女として一番大きな苦しみの一つは愛する者を失うことです。愛する夫、愛する恋人を失うことです。母親として一番辛い試練は我が子を失うことである。マリアに与えられた苦悩は自分の子であるキリストが屈辱《くつじょく》と侮辱《ぶじょく》のなかに十字架上で処刑されるのを直視しなければならぬことでした。キリストの死は今日でこそ、栄光ある死ですが、あのゴルゴタの丘の上では犬よりももっとみじめな、恥ずかしい死だった。そんな息子の死を母親として聖母マリアはじっと耐えねばならなかったのである。[125]

そして、十字架上からのイエスの最後のマリアへの呼びかけ「女よ、これ、汝の子なり」を人々への共苦《きょうく》「人々の苦しみや哀しみを共にわかち合うこと」への招きと解釈している。この「苦しみの連帯感」のテーマは、同じエッセイの終章「秋の日記」においても展開されている。

こうして、マリアの「実像」を、遠藤と共に福音書から分析するならば、それは、明らかにいわゆる「ヨーロッパ」の聖母マリア像とは、異質のものであり、その本質的要素を作家は、チャームンダー像に重層性として付与していると結論することができる。前述の遠藤の述懐《じゅっかい》にあった、「チャームンダーこそ、本物のカトリックの姿」を表しているという指摘もこのような視点から見れば、自然に理解することが可能となる。

七　フランスカトリック文学におけるマリア

マリアの実像を探るための原点は、福音書である。だが、フランス文学の研究者であった遠藤にとって、もう一つの源泉は、二〇世紀初頭のフランスカトリック文学であった。

一九世紀後半から二〇世紀前半にかけて、フランスでは、カトリック・ルネッサンスとも言うべき新しい潮流が、ベルクソン哲学の影響を受けたジャック・マリタン、エマニュエル・ムーニエなどの哲学者を中心として起こり、

124　『聖書のなかの女性たち』前掲書、九四－一〇〇頁。
125　同書、九六頁。

多くのカトリック文学者もその流れにおいて、第二バチカン公会議の精神を先取りする刷新を、それぞれの作品で表現していった。遠藤が最初に留学した時期はそのすぐ後であり、シャルル・ペギー、ジョルジュ・ベルナノスはすでに死去していたが、フランソワ・モーリヤック、ポール・クローデル、J・グリーンといった大作家、詩人たちはまだ存命であり、旺盛《おうせい》な活動を続けていた。このような作品に原書で触れることができた希有な日本人作家の一人として、遠藤の文学修行の原点にあるフランスカトリック現代文学は、無視することのできぬ重みを持っている。

『聖書のなかの女性たち』では、ジョルジュ・ベルナノス『田舎司祭の日記』に言及されているが、後述するカトリック現代文学の最高傑作の一つとも言われるこの小説の中でも、マリアは、貧しい、苦しむ一人の少女として描写されている。

それは子供の、すでに労働や洗濯《せんたく》でかさかさになった、貧乏人の子供の手だった。（中略）それはまた、何の輝きもない子供の、いや、ひじょうに若い娘の顔だった。それは、哀しみの顔そのもの、しかも、わたしの心、わたしのあわれむべき人間の心のすぐそばにありながら、それでいて近づきがたい、わたしの知らぬ、わたしとはまったく無縁な哀しみの顔だった、苦しさをともなわぬ人間の哀しみはないが、その哀しみは激情《げきじょう》をともなわぬ甘美なもの、受諾そのものにほかならなかった。それは、何かしら大きな、やさしいはてしない夜を思わせた。[126]

この「哀しみ」の聖母は、その後教区民の贖《あがな》いを、ゲッセマネの苦悩を分かつことによって実現してゆく若い田舎司祭の同伴者、共苦者として描かれている。

一方、ベルナノスの師でもあり、遠藤の研究対象でもあったシャルル・ペギーは、『ジャンヌ・ダルクの愛の秘義』の中で、「死刑囚の母」であるマリアの苦しみと「受難」に焦点をあてて、大叙事詩を展開している。

彼女（マリア）は、泣いていました。泣いていました。
その目、そのかわいそうな目、
そのかわいそうな目は涙に赤くなっていました。（中略）
（彼女は）生活を立てるために働かなければなりませんでした。
その貧しい生活のために。（中略）
彼女の両眼は激しく痛んでいました。焼けるようでした。
これほど涙を流した者は決してありませんでした。
しかし、それでも、泣くのは彼女の悲しみをやわらげてくれました。
彼女の皮膚は激しく痛み、焼けるようでした。
そのあいだ、かれは、十字架上で、五つの傷に焼かれる思いをしておられました。
そのうえ、かれは熱にうなされておられました。
そして彼女も熱にうなされていました。
こうして、彼女はかれと「受難」を共にしていました。[127]

126 ジョルジュ・ベルナノス『田舎司祭の日記』春秋社、一九八八年、一八三頁。
127 シャルル・ペギー『ジャンヌ・ダルクの愛の秘義』中央出版社、昭和五九年、二四二―二四四頁。

このように、西洋においても、福音の原点に帰ってキリスト教を捉え直すという試みが二〇世紀前半に新たなうねりとなり、それは、ブルジョワ化された「虚像」を破壊して福音的「実像」を取り戻すというスタンスを持つ作品群の形で具現化されていったのである。この点について遠藤自身、次のように随筆の中で語っている。

グリーンだけでなく、モーリヤック、ペギー、ベルナノス等から、ムニエのようなカトリック思想家にいたるまで20世紀のカトリック者は、このような、なまぬるい、偽善的なブルジョワ的信仰に烈しい抵抗をこころみます。一言でいえば、二十世紀カトリック文学者の仕事の一つは、カトリシスムをかかる腐敗《ふはい》、堕落《だらく》したブルジョワジイの世界から更新しようとすることにあるのです。[128]

ここには、自ら師と仰いだフランスの文学者たちの先駆的仕事への敬意と深い共感が読み取れる。そして、遠藤自ら彼らの開いた道を続けてゆこうといった決意もまた、垣間見ることができよう。

以上の考察を通して、導き出される結論は、遠藤周作において、「西」と「東」という一見単純きわまりなく見える分類が、実は、そのコンテキストによって変容しうる重層性を内に秘めた概念であるということである。チャームンダーをめぐるテクストの分析で明らかになったように、「東」に位置づけられるこの女神への共感は、実は「西」世界が創り上げた「虚像」への反発から導き出されたものであり、チャームンダーは、遠藤が追い求めてきたキリスト者の「実像」を表す象徴的存在である。そして、その「実像」のモデルは、実に「西」世界においてその「虚像」に苦しんできた「西」のカトリック作家から遠藤が学びとったものなのである。

作家の留学時代の日記には、次のような記述が見られる。

キリスト者とは、共に苦悩する人である。この地上に、苦しむ人がいる限り我々は彼らと共にくるしみをになうこと、その勇気を獲得した人が、キリスト者である。なぜならば、そのくるしみは、基督へのまなびなのだから。[129]

ゆえに、チャームンダーは、「西」世界で創り上げられた「虚像」により、忘れられがちな、キリスト教の原点を思い起こさせてくれる「東」世界の共苦する「聖母マリア」、苦しむ僕《しもべ》たるキリストの象徴である。日本人の心にあうキリスト教を生涯追い求めてきた作家が、意識的にせよ、無意識的にせよ、たどりついた所は、「東」という象徴を借りた、福音的世界への原点回帰であり、そこにカトリック〈普遍性〉を見いだしていったのだとも言えよう。

128 遠藤周作「カトリック作家の問題」『異邦人の立場から』講談社文芸文庫、一九九〇年、七五頁。
129 遠藤周作『作家の日記』福武文庫、一九九六年、四〇一頁。

＊＊＊＊＊＊＊

こうして遠藤周作と、太宰治を比較してみると、一見対局にあるかに見えるこの二人の作家の文学テーマが意外にも似通っていることに気づかざるを得ない。人間の弱さ、罪、偽善、そして愛、これらが、時に表層において、また時には深層において、聖書あるいは、キリストの愛を参照しつつ掘り下げられている。

共に、フランス文学のモラリスト的伝統をそれぞれの形で受け継ぎ、一流の日本文学として受肉させた功績も大きい。だが、二人を決定的に隔ててゆくのは、前述した「神のイメージ」の相違による神理解である。太宰が一生、「厳父」の「裁きの神」のイメージを乗り越えることができず、「神のゆるし」をついに自分のものとは捉えられなかったのに対し、遠藤周作は、二〇世紀前半のフランスカトリック文学に学びつつ、「母なる」神とも呼べる神のいつくしみを発見し、自らの文学世界の中心に据えていった。

人間の弱さを直視し、「出口なし」の袋小路から、おそらく自らの死をもってしか脱出できなかった太宰に対し、遠藤は、「存在の聖化」の可能性を信じ、「弱き者」の変容を描き続けたのである。その源泉には、神の愛の博士と言われるリジューの聖テレーズの著作に決定的な影響を受けたベルナノス、モーリヤック、J・グリーンなどの文学者たちの著作が存在したのである。

コラム

パスカル『パンセ』を味わうために

前述してきたサン=テグジュペリや太宰治が愛読したパスカル（Blaise Pascal, 1623–1662）の『パンセ（Pensées）』は、言うまでもなくキリスト教文学の中の不朽の古典です。そのタイトルと「人間は考える葦《あし》である」という文章は広く知られています。パスカルの死後一六七〇年に出版されて以来、大きな反響を呼び、以後、文学、哲学、キリスト教の古典として世界中で愛読されてきました。キリスト教文学の作家で『パンセ』を読んだことがない人は少なく、『パンセ』を枕頭《ちんとう》の書としていた人も数多くいます。

しかし、日本では特に、実際に手に取って読もうとして挫折した経験がある人が実に多い本でもあるように思います。その大きな理由の一つは、『パンセ』が未完の書であるということです。

パスカルがわずか三九歳で早逝《そうせい》した時、多くの遺稿が残されていました。その多くは、パスカルが構想していた「キリスト弁証論」、つまりキリスト教の正しさを述べ、不信仰者を信仰へと導く目的で書かれたものでした。その原稿は束に閉じられていたものもありますが、全体のプランは発見されませんでした。この原稿は、そのままの状態で書き写され、自筆原稿と共に保存されました。この最初の状態から、適当と思われる部分のみを選び出して編集されたのが、一六七〇年に出版されたポール・ロアイヤル版です。この最初の版が、『宗教その他若干の主題についてのパスカル氏の思想（パンセ）』というタイトルでした。パンセ（pensée）とは、普通名詞では、たんに「考えとか思想」といった意味です。それが後に固有名詞となり、大文字の『パンセ（Pensées）』となってパスカルの名著の名前として定着したのでした。

ただ、この版は、不十分なところが多く後に様々な研究者が独自の基準で新しい構成を考え、新たな版を出版することになります。その中で、現在まで最も知られて読まれているのが、ブランシュヴィック版です。これは、哲学者ブランシュヴィック（Leon Brunschvicg, 1869－1994）が一八九七年に編集し出版した版です。この版でブランシュヴィックは、パンセの全体を一四の章に分け、その章に同種類の内容の断章を集めて編集しました。同じ内容の文章が並んでいるため、初めて『パンセ』を手に取る方には最も読みやすい版です。日本では、前田陽一・由木康訳の中公文庫がこのブランシュヴィック版を底本にしています。

しかしこの版の長所は同時に欠点でもあり、それは、内容別に編集してあるため、パスカルが同じ紙の上に書いたり、同じ束の中に閉じていた文章が切り離されて別の章に配置されていることです。つまり、パスカルの初めの構想からはかけ離れた構成となっているわけです。この欠点を補うべく、その後数多くのパスカル研究者が最初の写本を用いて、よりパスカルの構想に近い構成を試みました。中でも第一写本を優先にしたラフュマ版が研究者の間では、基本になるようになりました。日本では、田辺保訳の『パンセ』がラフュマ版を底本としています。

このラフュマ版をさらに発展させて決定版とも言うべきものを目指したのが、ソルボンヌ大学のパスカル研究の権威ジャン・メナールでしたが、残念なことにそのメナール版を世に出すことなく他界され、幻の版となりました。

ブランシュヴィックに学び、東大でパスカル研究を牽引してきた前田陽一は多くの弟子を育てましたが、その中の一人、塩川徹也はラフュマ版に準拠しつつ、メナールの研究成果を取り入れた版を基として、岩波文庫から新しい『パンセ』（二〇一五年）を出版し、これが日本では一番新しい『パンセ』の訳となっています。

一方、『パンセ』の深みを知る上で、必読の文書は、パスカルの「覚書《おぼえがき》（Mémorial）」です。これは、パスカルが亡くなって数日後、彼の胴着の裏に縫い込まれていた小さな羊皮紙《ようひし》とその羊皮紙の中に折りたたまれた一枚の紙に書かれていた文章です。それはパスカルが文字通り肌身離さず持っていた自分のためだけのメモだったのです。それゆえ、パスカルの生存中には誰一人この覚書の内容を知ることはできませんでした。

その内容とは、パスカルが一六五四年一一月二三日に体験した神秘体験の覚書であり、最初の言葉をとって「火」の体験とも呼ばれています。

日付の後に、その覚書は次のように始まります。

＊＊＊＊＊

火
アブラハムの神、イサクの神、ヤコブの神、
哲学者たちと識者たちの神にあらず
確実、確実、感情、喜び、平和
イエス・キリストの神
我が神にして汝らの神
あなたの神は私の神となる
神以外のこの世および一切の忘却
福音書の教える道によってのみ神は見出される
人間の魂の偉大さ
正しい父よ、世はあなたを知らなかったが、私は
あなたを知る
喜び、喜び、喜び、喜びの涙
私は神から離れていた
生ける水の源たる我を捨てたり
我が神、私をお見捨てになるのですか
私が永遠に神から離れないように
永遠の命とは、唯一のまことの神であられるあな
たと、
あなたのお遣わしになった
イエス・キリストを知ることです
イエス・キリスト
イエス・キリスト
私は彼から離れていた　彼を避け、捨て、十字架
につけた
私が決して彼から離れないように
福音書の教える道によってのみ彼は保持される
快い全面的な放棄
イエス・キリストおよび私の指導者への全面的な
服従
地上の試練の一日に対して永遠に喜びのうちに
我は汝の御言葉を忘るることなからん[130]

＊＊＊＊＊

130　西川宏人「パスカルの『覚書』考―神秘体験とその表現」、ソフィア四〇巻、一九九一年、六六－六七頁。

紙片の覚書はパスカルの殴り書きのようなメモで、そのまま一つひとつの言葉の勢いを伝えています。喜び（joie）は大きな文字で書かれ、特に「イエス・キリスト」には、横にのびる線が引かれて強調されています。聖書の言葉が縦横無尽《じゅうおうむじん》に引用されていながら、その一つひとつがパスカル自身の体験を表す言葉となっていることがうかがえます。

この「覚書」については多くの研究がなされましたが、今ではこれが十字架の聖ヨハネやアビラの聖テレサが体験した神秘体験と同様のものであることが認められています。確かにその信憑性《しんぴょうせい》は、この体験の前のパスカルが世俗の名誉や利害にまだ敏感であったのに、この後はまるで修道士になったかのようにすべての執着を捨て、最後は貧しい人への慈善にすべてを捧げて死んでいった生き方からもうかがうことができます。

『パンセ』という希有《けう》な書の源泉にあったのは、このような彼の火の体験すなわち神の愛の直接体験に裏付けられた信仰であったと言えるでしょう。この「覚書」を念頭に置けば、以下のような断章をより深く味わうことができるのではないでしょうか。

２７８
神を感じるのは、心情であって、理性ではない。信仰とはこのようなものである。理性ではなく、心情に感じられる神。

２８０
神を知ることから愛することまで、なんと遠いのだろう。[131]

また、ブランシュヴィック版で５５３に分類されている「イエスの秘義」と題された断章は、ゲッセマネの園で苦悶《くもん》するイエスについてのパスカルの黙想です。

「イエスはただひとり地上におられる。地上には彼の苦痛を感じ、それを分け合う者がないだけでなく、それを知る者もない。それを知っているのは、天と彼のみである。（…）
イエスが嘆かれたのは、このとき一度しかなかったと思う。だが、このときには、
極度の苦しみにもはや堪えられないかのように嘆かれた。

「私は悲しみのあまり死ぬほどである」(…)

イエスは世の終わりまで苦悶されるであろう。そのあいだ、われわれは眠ってはならない」

この最後の文章は、後に有名になり、多くのキリスト者の黙想の源泉となり、神学的考察の対象ともなった一文です。

この黙想は終わりにイエスとパスカルとの対話となり、イエスの彼への愛が語られます。

「私はだれよりも親しいおまえの友である。なぜなら、私はおまえのために、彼らよりも多くのことをしたからである。彼らは、私がおまえのために苦しんだほど苦しまず、おまえが不信で冷淡であったとき、私がおまえのために死んだようには、死なないであろう。その死こそ、私が選んだ人々と聖なる秘跡のなかで、わたしがしようとし、また現にしていることである。[132]」

131 パスカル『パンセ』前田陽一・由木康(訳)、中公文庫、二〇一一年改版、二〇八-二〇九頁。
132 同書、三八六頁。

＊＊＊＊＊

このように『パンセ』は未完であるからゆえに、いまだ様々な解釈が可能となる不思議な奥行きを持った著作でもあります。日本では、カトリック信仰の観点から『パンセ』を批評した文献はそう数多くありません。以下はすでに絶版となり図書館での閲覧となりますが、上智大学で教鞭を執った岳野慶作の批評『パスカルの世界』(中央出版社、昭和四八年)、『パスカルの霊性』(中央出版社、昭和五四年)、また前述したジャン・メナールの『パスカル』(ヨルダン社、一九七四年)は貴重な文献です。ジャン・ミール『パスカルと神学―アウグスティヌス主義の流れのなかで―』(晃洋書房、一九九九年)はパスカルとジャンセニスムの関わりを知る上では必須の文献と言えます。

また前田陽一の『パスカル―「考える葦」の意味するもの』は、断章を写本における位置づけで読むことの大切さを教えてくれる優れた論考です。そして三木清の『パスカルにおける人間の研究』（Kindle版あり）も深い洞察に富む一冊です。

『パンセ』は時代を超えて、人間について、そして神についての真理を伝えてくれる貴重な古典です。適切な文献に導かれて、みなさんがこの本の汲み尽くせぬ魅力を発見してくださることを願っています。

第四部

キリスト教文学と霊性
――ベルナノスの文学世界

第一章 作家と聖性

ジョルジュ・ベルナノス

オペラ化され、世界的に有名な戯曲《ぎきょく》『カルメル会修道女の対話』及び、中期の傑作『田舎司祭の日記』等の作品でも知られるジョルジュ・ベルナノス（Georges Bernanos, 1888-1948）は、ジッド、F・モーリヤックと並んで二〇世紀前半のフランスの小説界を代表する作家である。名優G・ドゥパルディユが主人公ドニサン神父を熱演し、カンヌ映画祭で金賞に輝いた『悪魔の陽の下に』もまたベルナノスの作品の映画化として注目された作品である。日本における知名度はまだ低いものの、例えば『人間の条件』の著者アンドレ・マルローは、「ベルナノスが彼の同時代の最も偉大な作家であったと言っても驚く者は誰もいない」[1]と証言してはばからないほどである。『ウィーヌ氏』の精緻《せいち》な原文注釈版や、後期政治評論のプレイヤッド版が出版されるなど、単なる「カトリック文学」という狭小な分類分けを遥かに超えるベルナノスの文学者としての真価は世に認められて久しい。

実に政治評論の分野では、『月下の大墓地』においてベルナノスがスペイン戦争の真の姿を広く世に問いかけたこと、ブラジルに移住していた彼が、精力的な文筆活動を通して第二次世界大戦中本国フランスのレジスタンスの精神的支柱であり続け、それがゆえに、戦後ド・ゴール将軍の度重なる電報の要請で帰国し、国民から熱い歓迎を受けたことなども、未だ知られることの少ない事実である。しかし特に戦後のベルナノスは、すべての名誉に背を向けて生きる。レジオン・ドヌール勲章《くんしょう》を三度にわたって辞退し、モーリヤックを仲立ちとして提供されたアカデミー・フランセーズの名誉ある席をも断り、政府の要職への誘いに見向きもせず[2]に新聞・雑誌上でどの派閥《はばつ》にも属さぬ独自の論戦を繰り広げるのである。それゆえ、彼は単なる人嫌いの頑固者《がんこもの》として見なされることも多かった。だがこのような極端に見えるまでの一徹《いってつ》さは、彼が作家という職業を常に召命（vocation）と捉え、いかなる妥協も自らに許さぬ姿勢を生涯貫き通したところからきているのである。

一九四五年一二月、ナチス・ドイツの桎梏《しっこく》から解放されたばかりのフランスで、ベルナノスは若い作家に次のように書き送る。

> 作家という召命はしばしば、聖職者の召命に似かよった面がある。きみの場合もそうだとすれば、勇気を持って立ち向かうことだ。（中略）きみの証言を神が真に望まれるなら、成功の時も失敗の時も、おおいに仕事をし、苦しみ、絶えず自分自身を疑い続けなければならない。そうすれば、作家という職業は、単なる職業ではなく、ひとつの冒険、それも霊的な冒険（une aventure spirituelle）となる。だが、すべての霊的な冒険は十字架への道なのだ。[3]

1 *André Malraux, Préface au Journal d'un curé de campagne*,（Paris, Plon, 1974）.
2 この間のベルナノスの生涯の出来事については、彼の第六子であるジャン・ルー・ベルナノスによる伝記に詳しく述べられている。Jean-Loup Bernanos, *Georges Bernanos à la merci des passants*,（Paris, Plon, 1986）.
3 Albert Béguin, *Bernanos*, coll. écrivains de toujours,（Paris, Seuil, 1982）, p. 149.（邦訳）アルベール・ベガン『ベルナノス―生涯と作品―』石川宏（訳）、春秋社、一九七七年、一四九－一五〇頁。

ベルナノスの文学者としての芸術的探求は、キリスト者としての彼自身の聖性への探求と常に二重写しになっている。処女作『悪魔の陽の下に』から一貫して彼の小説世界に漂う独特の緊張感は、絶対的なものから目をそらすことなく歩み続けた巡礼者としての作家の道程から必然的に生じてきたものであった。

一 「小さき道」

より高い芸術性と聖性への憧れという時に相反する望みを、そのどちらにも譲歩《じょうほ》することなく両立させようとする試みこそが、作家ベルナノスの最も重い「十字架」であったと言えよう。そんなカルワリオへの道をたどる途上で、幾度も絶望の誘惑に襲われたベルナノスを支え励ましたのは、リジューのカルメリット、幼きイエスの聖テレーズのメッセージであった。「小さきテレーズ」、「小さい花」として世界中で親しまれているこの聖女は、一八七三年にフランスのアランソンで生まれ、ベルナノス誕生の年である一八八八年に一五歳の若さでカルメル会入会、一八九七年二四歳のときに肺結核で亡くなった。彼女の名を一躍有名にしたのは、死の一年後『ある霊魂の物語』という題で出版された自叙伝で、瞬く間に全世界に普及し、驚異的なベストセラーとなる。

幼きイエスの聖テレーズ

一九〇七年には教皇ピオ十世が、テレーズをすでに「現代の最も偉大な聖女」と呼び、一九二三年に列福、一九二五年にはピオ十一世により、異例の早さで聖人の列に加えられる。二年後にテレーズは聖フランシスコ・ザビエルと共に「宣教の保護者」として宣言され、一九四四年にはジャンヌ・ダルクと並んでフランスの保護聖人とされる。

テレーズの同時代人であり、敬虔《けいけん》なカトリックの家庭で育てられたベルナノスが聖女の「栄光の旋風《せんぷう》」に無関心であったはずがない。『ある霊魂の物語』やテレーズの『最後の言葉（Novissima Verva）』を読んだベルナノスがこの生き生きとした若い聖女に魅惑《みわく》されたことは想像に難くない。彼が一九三九年にブラジルで書いた自伝的評論『辱《はずかし》められた子供たち』には、明らかにテレーズのことを意識して書いたと思われる次のような一文がある。

聖人たちのうちには、遥《はる》か向こう岸から高姿勢でしか語れない人がいる。福音を聞いた後で、彼らの言葉に耳を傾けるのはよそう。おそらく、あまりのコントラストに、耳が聴こえなくなってしまうだろう。思うに、このような聖人は、自分にはそれほど貴重とは思えず、あまりに人間的と見えた自分のある面を抹殺《まっさつ》してしまったのだろう。ところが、数限りない犠牲を払っても、恵みによってもたらされ、無償で与えられる単純さや若さを取り戻すことはできない。[4]

この文章の行間から読みとれるのは、従来のジャンセニズムの影響を受け、禁欲的な面のみが強調されるあまり非人間的なものとなってしまった、当時の聖人像に辟易《へきえき》していたベルナノス自身の姿である。人間味、若々しさ、幼子のような「単純さ」によってテレーズこそは、そのような硬直《こうちょく》した聖人観をつき崩し、彼に真の聖性へと目を開かせた初めての聖女であった。だがテレーズの「小ささ」は安易な子どもっぽさや未熟さを意味するのでは決してない。彼女の「単純さ」とは、福音の「単純さ」であり、彼女の説いた「小さき道」とは、福音的完徳の道にほ

4　Bernanos, *Les Enfants humiliés, Essais et écrits de combat I*, Bibliothèque de la Pléiade, (Paris, Gallimard, 1971), p. 818. 私訳。

かならないのである。

私の道は、全く信頼と愛の道といえます……完徳は、私にはやさしく見えるのです。自分が無にすぎないことを認めて、幼な子のように神さまの腕に自分を委ねさえすればよいとわかるのです。読んでもわからず、実行することなど、なおさら、できもしないことの書いてある立派な本は偉大な魂や高尚な精神の持ち主におゆずりして、私は小さいものであることを喜んでいます。なぜなら、幼子と幼子に似たものだけが、天の饗宴《きょうえん》に連なることを許されるからです。[5]

また『最後の言葉』などから聖女の微笑《ほほえ》みの裏に潜む大胆さや勇気を鋭く感じとっていたベルナノスは、彼女とジャンヌ・ダルクの深い類似に心を打たれる。そして一九三四年に書いたジャンヌ・ダルク賛歌『異端戻りの聖女ジャンヌ』を「ジャンヌとともにわが国の最も英雄的な聖人、フランスのまことの小騎士」テレーズに捧げるのを躊躇《ちゅうちょ》しない。

こうして早い頃からテレーズの著作に親しみ、そのメッセージの重要性を洞察したベルナノスは、まず小説の中で彼女の説く「小さき道、愛と信頼の道」を様々な登場人物の上に具現化してゆく。[6]

二　『よろこび』から『田舎司祭の日記』へ

一九二九年に出版された『よろこび』という小説では、主人公シャンタルはテレーズをモデルとして創作されている。小説の主題についてインタビューしに来た新聞記者にベルナノスは次のように答えている。

「きみは小さき聖テレーズを知っているかね？　セナーブル神父、このすべてから見捨てられた傲慢《ごうまん》で荒涼《こうりょう》たる魂を僕は一人の聖女の前に立たせようと思っている。聖女になりかかろうとしている一人の少女、彼女はいつもよろこびに満ちていて、神父がすべてを拒絶するのと同様の激しさで自らを神と隣人に捧げてゆくんだ。[7]」

神秘主義の著名な研究家であるセナーブル神父は、実は完璧《かんぺき》な偽善《ぎぜん》から司祭という立場を利用しているだけの人間であり、信仰はとうの昔に捨て去り、虚無と狂気の淵《ふち》をさまよっている。片や田舎貴族ド・クレルジュリの娘シャンタルは、陰惨《いんさん》なエゴイストらが集う巣窟《そうくつ》のような父の城館で、ただひとり清らかさと無垢《むく》な魂によって、光を放っている。客人として城館に招かれていたセナーブルは、シャンタルとの長い会話の中で自らの魂の秘密を暴露してしまう。そのすぐ後で、シャンタルは麻薬中毒の運転手フィオドールに寝室で殺害される。彼女の屍体を垣間見たセナーブルは「主の祈り」を唱えながら昏倒《こんとう》し、そのまま正気を取り戻さずに死に至る。

この『よろこび』という小説の中でベルナノスが浮き彫りにするのは、キリストの贖罪《しょくざい》を要石《かなめいし》とする諸聖人の通功（Communion des Saints）の教義である。厳しい禁域生活において、祈りと隠れた犠牲によって人々を救うというカルメリット・テレーズの使徒職はまさにこの教義にすべての基盤を置いている。幼きテレーズの祈りによって極悪人の死刑囚プランジニが死刑台の上で回心をしたように、ゲッセマネの園で苦悶するキリストにならってシャン

5　福岡女子カルメル会訳『幼いイエズスの聖テレーズの手紙』中央出版社、昭和五三年、四八六頁。

6　テレーズのベルナノスへの影響については近年包括的な研究が博士論文として完成されたばかりである。Soeur Mary Frances Catherine Dorschell, *George Bernanos' Debt to Therese of Lisieux*, (Ontario, Canada, 1992), p. 388.

7　Guy Gaucher, "Bernanos et Sainte Thérèse de l'Enfant-Jésus", in *Etudes bernanosiennes 1*, (Paris, Lettres Modernes, 1960), p. 233.

タルが自らの苦悩と凄惨《せいさん》な死を前もって捧げることにより、セナーブル神父の土壇場《どたんば》の回心が無償の恩寵としてもたらされるのである。

それから七年後の一九三六年にスペインのマジョルカ島で完成された小説『田舎司祭の日記』では、具体的な形でテレーズに言及している箇所はないものの、その霊性（Spiritualité）は作品全体を地下水のように潤している。その点について、神学者ウルス・フォン・バルタザールは『キリスト者ベルナノス』という大著の中で次のように述べている。

『田舎司祭の日記』はテレーズのメッセージの深みにおける具現化である。そこでは『よろこび』のように特徴的な細部を借用するのだけではなく、中心となる直観的理解が自由な形で小説の中に移し変えられている。[8]

〈あらすじ〉

ひとりの貧しい農家出の青年司祭が、北フランス、アンブリクール村の教区司祭に任命され、着任の日から日記を付け始める。倦怠《けんたい》に蝕《むしば》まれ、信仰を失いかけた人々の魂を救おうと様々な試みをする司祭の努力も、彼の不器用さと世間知らずからかえって反発を買い、徒労に終わることが多い。自ら絶望の誘惑や信仰の危機を乗り越えてゆく司祭の魂のドラマが迎えるクライマックスは、伯爵邸《はくしゃくてい》を訪れた司祭と伯爵夫人の間に交わされる長い対話の場面である。緊迫した対話の果てに神の恩寵に助けられて、司祭は絶望の檻《おり》の中でがんじがらめになっていた夫人に真の解放の道を開く。しかし、その後胃ガンに蝕まれていた彼の健康状態は急に悪化し、還俗したかつての同級の司祭の家で「すべては恵みだ」とつぶやきながら息絶える。

アンブリクールの司祭はリジューのカルメリットの真の霊的兄弟である。彼はテレーズの「小さき道」を極《きわ》みまで生き抜く。死を目前にした彼の日記は不思議なほどの平和と、神にすべてを委ね尽くした者のみが知る喜びに溢れている。日記を締めくくる最後の文章からは、夜の果てに司祭が見いだした黎明《れいめい》の薄明かりが差し込んでくるようである。

自分自身を憎むことは、案外たやすい。神の恵みとは、自分を忘れることだ。しかし、もし私たちのうちで全ての傲慢《ごうまん》が死に絶えるとすれば、このうえもない恵みとは、自分自身をイエス・キリストの苦しむ体のどれでもいい一部分として、つつましく愛することではないだろうか。[9]

「純粋な愛のもっとも小さなおこないは、ほかのすべてのわざを合わせたよりも、教会に有益である」（『霊の賛歌』第二九節）という十字架の聖ヨハネの教えを常に念頭に置き、「どんなに小さな犠牲も、一つのまなざし、一つのことばも逃さずに、いちばん小さなことをみな利用して、それらを愛によって行う」[10]ことにより、聖性の頂点にまで登りつめたテレーズの精神を、アンブリクールの若き司祭は完全に自分のものとしていたのである。

■『月下《げっか》の大墓地《だいぼち》』

『田舎司祭の日記』を書き上げたベルナノスは、単なる経済的な理由で滞在をしていたスペイン領マジョルカ島で、

8　Hans Urs von Balthasar, *Le Chrétien Bernanos*, (Paris, Seuil, 1956), p. 289. 私訳。

9　ベルナノス『田舎司祭の日記』渡辺一民（訳）、春秋社、一九八八年、二四九頁参照。一部に誤訳が見られるため、既訳を参照しつつ私訳を試みた。

10　『小さき聖テレジア自叙伝』ドン・ボスコ社、一九九〇年、二七三頁。

思いもかけぬ政治状況、すなわちスペイン内乱の渦中に巻き込まれることになる。そしてスペイン民衆への連帯感から命を賭《と》してまでその場に留まり続けた者の証言を『月下の大墓地』（一九三八年）という大反響をもたらす大作へと結晶させることになる。

自他ともに認める王党派であり、熱烈なカトリック教徒であったベルナノスは、初めはフランコ将軍の「聖十字軍」に喝采《かっさい》を送っていた。ところが、その「十字軍」が共産主義者と見なす民衆たちを容赦《ようしゃ》無く虐殺《ぎゃくさつ》してゆくのを眼にするうちに、その「十字軍」の真実を告発することになる。将軍に組する腐敗した聖職者らへの弾劾《だんがい》がカトリック作家ベルナノスによって公になされたという事実は、まさしくスキャンダルと呼ぶにふさわしいものであった。がしかし宗派・信条の違いを超えて正義を守るため義勇軍に結集した人々からは、彼の勇気ある証言は深い共感と喝采《かっさい》をもって迎えられた。スペイン戦争に義勇兵として参戦した哲学者シモーヌ・ヴェイユがベルナノスに書き送った手紙は、そのような人々の心情を見事に代弁するものである。

スペインで参戦してから、スペインについてありとあらゆる省察を聞いたり、読んだりしましたが、私が、引用することができるのはスペイン戦争を身を持って知り、それに抵抗したあなたのものだけです。あなたは王党派で、ドリュモンの弟子だそうですね。それがなんだっていうのでしょう。あなたはわたしにとって比較の余地がないほどに身近な人です。私が愛していたアラゴンの義勇軍の同僚たちよりもずっと近くに感じられる人なのです……[11]

そして『月下の大墓地』以後ベルナノスは、政治的な分野で作家としての使命を見いだし、未完成のまま放置されていた『ウィーヌ氏』の最終章を除き、好きな小説を書くことを放棄してまで、政治評論に専ら全精力を傾けることとなる。

興味深い点は、この『月下の大墓地』の心臓部とも言うべき「ある善良な不可知論者《ふかち》の説教」[12]と題された部分でベルナノスがテレーズに中心的役割を与えて登場させていることである。リジューの聖テレーズの祝日に大胆にも説教台にのぼり、「敬虔《けいけん》な」信徒らに逆に説教を始めるユーモラスなこの不可知論者は、言うまでもなくベルナノスの代弁者である。

ベルナノスはまず、テレーズを、単なるロマンチックな信心の対象とするような彼女の霊性への誤解を正そうと試みる。作家にとってテレーズは、交わり（communion）としての教会の神秘、それを最もよく表す教義「諸聖人の通功」を、その本質である愛に自らを賭けて生きることによって目に見えるものとした類《たぐい》まれな聖人なのである。そして、信仰に生きることを忘れた形ばかりの信徒たちに、不可知論者の口を借りてこう問いかける。

「あなた方は本当に変わった人たちだ！　仮に結核に冒された若いカルメリット、その謙遜な人柄と同じようにつつましい義務に勇敢に服することで、幾千もの人間を回心させ、さらには一九一八年の勝利をさえ（そうであってはいけない理由がどこにあろうか！）勝ち得たのだという話を聞いても、なんの感動も覚えない。[13]」

不可知論者は福音書のキリストの言葉、「はっきり言っておく。心を入れ替えて子どものようにならなければ、

11　Guy Gaucher, *Bernanos ou l'invincible espérance*, (Paris, Cerf, 1994), p. 168. ドリュモンは、ユダヤ人攻撃の書『ユダヤのフランス』を書いた強硬な反ユダヤ主義者。
12　『ベルナノス著作集4　月下の大墓地』春秋社、一九七八年、一七七―一九四頁。
Essais et écrits de combat, Les Grands Cimetières sous la lune, Bibliothèque de la Pléiade, (Paris, Gallimard, 1971), pp. 508-524.
13　同書、一八三頁。

決して、天の国へ入ることはできない。」（マタイ18・2）を繰り返し引用しつつ、聖女のメッセージの福音的な性格を強調する。

「ひとりの聖女が、空にきらめく閃光《せんこう》のようなその生涯を見ても託されたメッセージの悲劇的にまでに切迫した性格のよくわかるひとりの聖女が、あなたがたにもう一度子どもに還れという。神の意図は、あなたがたも言うように、測り知れぬものである。しかし、どうやらこれがあなたがたにあたえられた最後の機会のように思われてならない。（中略）この世界をもう一度若返らせることが、あなたがたにはできるのか、できないのか？福音書は永遠に若い。年老いたのはあなたがたのほうだ。」[14]

茶目っ気たっぷりの口調とはうらはらに彼の前代未聞の「説教」は、私利私欲に走り安楽を貪《むさぼ》る信徒たちにもう一度福音の精神を思い起こさせ、厳しく回心を迫る内容になっている。

「キリスト教徒よ、ジャンヌ・ダルクの二十世紀における列聖は、厳粛《げんしゅく》な警告の性格をおびている。そして、カルメル会の名もない一修道女の驚くべき運命にはそれ以上重大な徴《しるし》を見てとれよう。急いで子どもにかえるのだ。（中略）信仰を真に生きていないため、あなたがたの信仰は生命を失い、抽象的になった。まるで魂が肉体を失ってしまったかのように……」[15]

「幼子になるのだ、幼子の精神を見出すのだ！」[16]

彼の叫びはついにリフレーンとなってテキスト全体にこだましてゆく。

■「聖人の時代」

戦後、右へ左へと権力欲のままに翻弄《ほんろう》される祖国フランスの姿から、レジスタンス時代の精神共同体は砂漠の蜃《しん》気楼《きろう》のようなはかないものであったことに気づき、失望の色を隠せずにいたベルナノスは、再び祖国を後にして、チュニジアへと最後の旅に出る。彼がフランスに帰国するのは、肝臓ガンの疑いで空路担架《たんか》に乗せられて運ばれた一九四八年五月二二日のことである。そして入院して一か月半もたたぬ七月五日、ベルナノスは不帰《ふき》の人となるのである。

ゲルトルード・フォン・ル・フォールの原作『断頭台下の最後の女』を映画化するためのシナリオを制作してほしいという注文をベルナノスが承諾したのは、このチュニジアの地であり、こうして生まれた後述する『カルメル会修道女の対話』は作家の霊的な遺書としての側面を濃厚《のうこう》に持つ作品である。そこでは、コンピエーニュの一六人のカルメリットがフランス革命後の恐怖政治の末期に殉教するという史実に基づきつつ、交わりとしての教会の神秘が、より深められた形で取り上げられている。テレーズの霊性の影響はこの作品にも顕著であり、勇気と思いやりに溢れた若きコンスタンス修道女は、特にテレーズの面影を彷彿《ほうふつ》とさせる人物として描かれている。

すでに病に冒され自らの死をある意味で予感しつつ、シナリオの作成に全力を注いでいたベルナノスは、同じ時期に興味深い講演をする。「われらの友、聖人たち」と題された講演の主題は、まさしく聖性についてである。この主題について作家はユーモアを交えて次のように語る。

---

14 『月下の大墓地』前掲書、一九〇－一九一頁。
15 同書、一九二頁。
16 同書、一八六頁。

あなたがたはわたしに他のテーマを選べもしたろうに、と言うかも知れないが、多くの場合そう簡単にはゆかないのだ。われわれがテーマを選ぶのではなく、テーマがわれわれを選ぶのである。文学愛好者たちは、作家というものは自分の想像力を思いのままに操っているものだと考えがちだが、残念なことに、作家としての想像力に対する権威は、民法がわれわれの魅力的でおとなしい伴侶に対してわれわれに保証してくれている権威と同じ程度のものでしかないのである。（中略）それでわたしはこう考えた。『そうだ！　皆さんには気の毒なことだが、聖性について話すことにしよう』と。だが、正直に言うなら、このテーマ、この有名なテーマに長年わたしは捕らえられてきた。それで、賽《さい》はなげられた、他の話を皆さんにすることはできない、と強く感じたのだった。[17]

ベルナノスがそこまでこのテーマにこだわる理由は、彼にとって「聖人」こそが、真の自由を見出した人間であり、効率のみが重視され日毎に「ロボット化」を余儀なくされる世界で、人間性を守るための戦いにおける人類の最後の砦《とりで》だからなのである。

聖人は愛することにかけての天才である。（中略）聖人とは、キリストがサマリアの女に、「私が与える水を飲むものは永遠に渇くことがない……」と言ったあの水を、自らの内に見出して、存在の深みから迸らせることのできる人間である。その水はわれわれ各自の内部、空の下に開かれた深い貯水槽《ちょすいそう》にある。おそらく、その表面は屑《くず》や枯れ葉、折れた枝などでふさがっており、そこからは死のにおいが立ち昇ってこよう。表面には理屈一辺倒《いっぺんとう》の知性の冷たく厳しい一種の光が輝いている。しかし、腐敗したこの層のすぐ下には、澄みきった混じりけのない水があるのだ！　さらにもう少し深いところでは魂が、生まれたばかりのような、最も澄んだ水より無限に清らかな姿で、森羅万象《しんらばんしょう》を照らすあの「始めにありし」光のうちに包まれるのである——生命は神にありき、生命は人間の光なりき—— in ipso vita erat et vita erat lux hominum.[18]

これはベルナノスの一種の詩的「人間学」とでも言うべき文章で、人間は愛である神により、神の似姿に創られたものであるという彼のキリスト教的人間観がその基盤になっている。二つの大戦とその後の世界の行く末を預言者的眼差しで見つめ続けた作家は、現代社会が人間存在そのものを脅《おびや》かすような巨大な体系を構築しつつあることを見逃さなかった。あらゆる形態の独裁主義に抵抗し続けてきたこの百戦錬磨《ひゃくせんれんま》の老兵は、最も手強い相手が、人間からすべての精神生活を奪い取ってしまう機械文明にあることを早くから洞察していた人々の一人である。

人類はついには鉄床《かなとこ》とハンマーの間にはさまれでもしたように、科学と自然の間にはさまれて粉々にされてしまうに違いないが、それというのも、人間の肉体が虚弱だとすれば、人間の神経系統も負けず劣らず虚弱なのであり、機械を使用することによって、正常な活動の十倍、百倍と増大し続ける生活の緊張感に、遅かれ早かれ耐えられなくなってしまうに違いないからである。機械のおかげでひまができる、といったような戯言《ざれごと》は、馬鹿にでもいうがいい。[19]

ベルナノスが厳しく機械文明を糾弾《きゅうだん》する理由は、決して原始時代に戻れというアナクロニスムではなく（彼自身

17 「われらが友　聖者たち」『ベルナノス著作集6』春秋社、一九八二年、一九七頁。"Nos amis les saints", in *La liberté pour quoi faire ?*, (Paris, Gallimard, 1953), pp. 211-212.
18 同書、二一二頁。
19 同書、二〇六頁。

オートバイを乗り回すことをこよなく愛する人間だった)、それがあらゆる内的生活、特に愛することを不可能にしてしまうような未曾有《みぞう》の危機をはらんでいるからであった。そして真の自由、愛を生きた聖人こそが人類の内的生活を支えているのだと結論するのである。それゆえ彼はこの講演を次のように結んでいる。

ああ! たぶん人々はもはや聖人の時代ではない、聖人の時代は過ぎ去ったと思っているかもしれないが、しかしかって私が書いたように、聖人の時代はいつ何時でも到来するのである。[20]

作家の死後およそ一五年ほどたって教会史上かつて例を見ない出来事となった第二バチカン公会議が開催される。そこで、このベルナノスの「預言」は教会憲章の第五章「教会における聖性への普遍的召命について」という文章にその実現を見ることになる。そこではっきりと謳《うた》われているのは、「あなたがたの天の父が完全であるように、あなたがたも完全なものになりなさい」と言われたキリストの呼びかけにより、すべての人間が身分・職業・年齢を問わず聖性へと招かれているということである。「聖性」とは決して特別な現象や状態を意味するのではなく、神の子としての真の「人間らしさ」、「人間性の完成」とほとんど同義語として考えられるようになったのである。

■「小さな博士」

一方、聖テレーズが第二バチカン公会議に与えた影響については様々な神学的研究がすでになされている。[21] テレーズの「信頼のダイナミズム」について博士論文を著したメースステルは、次のように述べている。

一九〇〇年から一九五〇年までの半世紀にわたって、テレーズが演じた役割は他に類を見ない。今、人々の熱狂は静まった。それでよいのだ。目新しさは消え失せ、メッセージはすでに人々のもとに届き、その教えは皆の共有財産になった。現代の霊性全体にとけ込み、その形成に貢献したのだ。（中略）一例をあげれば、第二ヴァチカン公会議の教会憲章の中の第五章は、テレーズに負うところが多い。そこに名が記されているわけではなく、起草者たちもおそらく彼女のことを考えもしなかったであろう。練り粉に混ぜられたパン種のように、テレーズの影響は無言のうちにあらゆるところに及んでいる。神が幼子の口を通して語られたメッセージはすでに響きわたったのであるから、聖女はもはや姿を消してよいわけである。しかし将来アシジのフランシスコやベルナルド、アビラのテレジア、ドン・ボスコと肩を並べる教会の偉大な人物としてのこるであろう。[22]

そして、テレーズはヨハネ・パウロ二世により、一九九七年についに教会博士と宣言された。[23]「教会博士」とは、ベルナノスが『異端戻り《いたんもど》の聖女ジャンヌ・ダルク』で皮肉った知識一辺倒《いっぺんとう》のソルボンヌの博士たちのような「神学博士」を意味するのではない。それは、一人の聖人の教えが時代を越えて教会に有益であり、現代に生きる全世界の信徒によって必要とされている教えであることを教会が承認したという正式な格付けなのである。

この宣言はパリで開かれた世界青年の集いですでに予告されたのだが、全世界から集まった青年たちに向けられたメッセージの終わりで、ヨハネ・パウロ二世はテレーズについて言及している。

20 「われらが友　聖者たち」前掲書、二一三頁。
21 cf. Thérèse de l'Enfant-Jésus Docteur de l'Amour, *Rencontre théologique et spirituelle 1990*, (Ed.du Carmel, Venasque, 1990).
22 C・D・メーステル『空の手で—リジューの聖テレーズのメッセージ』中央出版社、昭和五〇年、七一八頁。
23 テレーズの教会博士に関する資料は、伊従信子『テレーズの約束』中央出版社、一九九三年、四一八頁などを参照。

「一九九七年九月三〇日にわたしたちは、リジューの聖テレーズの帰天百周年を祝います。彼女は祖国フランスへと多くの若者たちの関心を集めることでしょう。というのも彼女は今日単純であると同時に暗示に富み、驚きと感謝に満ちた一つのメッセージを告げるからです。それは、神は愛そのものであり、ひとりひとりが神から愛されていること。そして神御自身も人々から愛され、耳を傾けられることを望んでいるということです。若者たちよ、このメッセージを受け入れ、他の若者たちに叫んで欲しいのです。『人間は神から愛されているんだ！　教会が人々に告げようとしているのはまさにそのことなんだ！』と。（中略）彼女と共に福音にならい、謙遜で率直なキリスト教徒としての成熟の道を歩んで下さい。徹底的にキリストの側に立って生きることにより、彼女と共に教会の『心臓』にとどまって下さい。」

テレーズという類《たぐい》まれな聖女に導かれ、「徹底的にキリストの側に立って生きる」ことこそ、まさにベルナノスの理想とした生き方であり、彼のダイナミックな創作活動の源泉でもあった。

第二バチカン公会議に先立ち、作家としてキリスト者の使命を不屈の希望をかかげて生き抜いたベルナノスの姿は、過去の人というよりもむしろ二十一世紀に「愛の文明」を築いてゆく未来の人間像を予感させるものであったと言えるであろう。

第二章
『田舎司祭の日記』——対話と交わりの文学

一　召命（vocation）としての文学

全ての召命は、呼びかけ—vocatus—であり、全ての呼びかけは、伝達されることを欲する。わたしが呼びかける人たちは、明らかに数多くはいない。彼らはこの世の事態を何一つ変えはしないであろう。しかし彼らのために、彼らのためにこそ私は生まれたのである。[24]

『月下の大墓地』序文のこの有名な一節は、ベルナノスの文学活動のみならず生全体を貫く基本姿勢を示している。それはすなわち、神からの呼びかけという垂直軸と人々への呼びかけ、伝達そして「交わり」という水平軸から構成されている。

ベルナノスが「呼びかけ」と名付けたものの本質は、彼の作品の主要テーマでもある「幼少期（l'enfance）」の実

24　『ベルナノス著作集4　月下の大墓地』前掲書、一一頁。

体験の中に探さねばならない。一七歳の青年ベルナノスが、一一歳のときの初聖体の経験を振り返り、当時の指導司祭に宛てた手紙は、決定的な重要性を持っている。

初聖体のときから、僕は光を受けるようになりました。そして幸福で善いものにすべく努めなくてはならないのは「生」ではなくて、むしろ全ての終焉である「死」なのだ、と自分に言い聞かせるようになりました。僕は宣教師になろうと思い、ミサの聖体拝領後の感謝の祈りの間に、それだけを唯一の贈り物として父なる神に願いました。(…)人生というものが、人間的にみれば表もすばらしい栄光に満ちたものであろうとも、常にそして絶対的に神の存在を受け入れないならば、無味乾燥で空虚なものでしかない、という事を僕ははっきりと悟ったのです。[25]

また同時期の手紙からは、ベルナノスがすでに自らの召命の特殊性を認識していたことが読み取れる。

僕に司察になる意図が無いのは、何よりもまず司祭職への召命がないように思えるし、それに一信徒として聖職者たちには何もできないような分野で戦うことができるように思えるからです。[26]

「聖職者たちには何もできないような分野で」「宣教師となること」は、キリスト数作家としての生涯に結実する。信徒の使徒職に新たな光をあてた第二バチカン公会議の精神の予兆がすでに感じ取れる一文である。「わたしの人生は、わたしの作品を偽りとしない」[27]と書いたベルナノスは、実生活においても対話の人であったが、その作品もまた「我と汝 Ich und Du」というダイナミックな対話的関係上に構築されている。[28] 小説、政治評論間の境界線を取り払い、ベルナノスのテキストの総体を対話的表現という独自の観点から分析したA・ノットは、以下のように断言して憚らない。

> ブーバー曰くの『我と汝』の出会い、これこそがおそらくはベルナノスの召命の隠れた原動力を構成しているもので、個々の作品の表面的無秩序の彼方に、作品全体の深い統一が潜んでいることを垣間見せてくれるのである。[29]

文学を召命として捉え、様々なレベルでの「対話（dialogue）」という手法を駆使しつつ、真の出会いを求めてなされたベルナノスの探究の目的を表現するには、単なる意志疎通、共感の次元を超越しつつ内包する「交わり（Comm-union）」という語が、最も適切なように思われる。この語のみ、言語活動（langage）の領域に留まらぬ超自然的領域の存在を暗示し得るからである。またベルナノスが、作品の中で諸聖人の通功（Communion des Saints）に特別の位置を与えたことも、この語の選択を裏付けてくれる。

だが、ここでベルナノスを、単純に文学を通しての布教を夢見た護教作家と決めつけたり、自己の才能を過信し、作品によりその名を不朽化《ふきゅう》せんと欲した野心家と早まって評価する誤りに陥ってはならない。真の「交わり」を求める内的要求が、真摯なものであればあるほど、「書くこと（écriture）」の可能性の限界を冷徹《れいてつ》に見抜いたこの作

25 *Œuvres romanesques*, Lettre à l'abbé Lagrange, Bibliothèque de la Pléiade, (Paris, Gallimard, 1962), p. 1727.
26 ibid., p. 1729.
27 Bernanos, *Les Enfants humiliés*, op.cit., p. 877.
28 本書第二部第一章『星の王子さま』九二－九三頁参照。
29 André Not, *Formes et significations de l'expression dialoguée dans l'œuvre de Bernanos*, Thése d'Etat, Aix-en-Provence, 1986 tome I p.4. 私訳。

家は、創作活動に本質的に付随する孤独、無力感に誰よりも敏感にならざるを得なかった。数多くの小説の中で、彼が仮借なき筆致で糾弾《きゅうだん》するのは、文学活動が必然的にもたらす幻想の危険性であり、その非現実の世界の虜《とりこ》と成り果てた哀れな作家たちの姿なのである。ベルナノスの文学世界に緊迫した独特の雰囲気が漂う理由の一つは、この矛盾に満ちた召命に作家自身が常時悩み抜いた道程が刻印されているためである。

ここではベルナノス円熟期の代表的傑作『田舎司祭の日記』を取り上げ、自らの文学テキストに対峙《たいじ》する作家の姿勢と、その絶え間なき探究の軌跡を浮き彫りにしてみたい。

二　『田舎司祭の日記』

一九三四年ベルナノスがこの小説を書き始めたのは、精神・肉体共にどん底状態においてであった。最愛の母を一九三〇年に失った痛手に加えて、恒常的となった経済的窮迫《きゅうはく》から神経症が嵩《こう》じ、彼はしばしの療養生活を余儀なくされる。間もなく一九三三年には、オートバイの事故で重傷を負い、二本の杖なしには歩行できぬほどの障害を抱えた身となる。同年、六人目の男子ジャン・ルーが誕生しベルナノス家の経済はまさに破綻寸前《はたんすんぜん》となる。

ベルナノスが考え出した唯一の打開策は、出版社と原稿一枚につき六〇フランの契約を結んだ上で、フランスより遥かに物価の安いスペイン領マジョルカ諸島へと居を移すというものであった。「原稿を書かねば、飯が食えない。」[30]と、彼は友人に宛てた手紙で嘆息《たんそく》している。だがこの屈辱的《くつじょくてき》状況の中で短期間に数々の傑作が誕生する。一九三六年に執筆完了、三月に出版された『田舎司祭の日記』は、たちまちベストセラーとなり、アカデミー・フランセーズの小説大賞を受賞する。

執筆中に着かれた手紙の一節からは、作家がこの小説に抱いていた深い愛着の念が読みとれる。

この作品には、自信が持てると思う。必ずや多くの人々の中で鳴り響くようになると思うし、人々の心に届かせようと、これほど真摯な、平静さに満ちた簡潔化への努力をした例は、絶えてないとさえ言える。わたしをよく知らず、ある種の外観に惑わされている大勢のカトリック信者に対して、この小説の優しい司祭が、願わくば、わたしの代弁者、調停者になって欲しい。[31]

〈あらすじ〉

小説の舞台は、北フランスの寒村アンブリクール。小説は文字通り、この田舎の司祭の日記である。日記は、彼が村に赴任するところから始まる。若く、経験も浅い司祭は、その熱心さや真摯な信仰にもかかわらず、無関心な村人たちとの関係に多くの困難を経験する。また、彼は病弱で、しばしば胃の痛みを訴える。そんな彼を様々な面で支えるのは、隣村トルシーの司祭である。若い司祭とは裏腹に経験に富み、威厳ある司祭で、一見俗物的に見えるものの、その根底には、真の司祭魂を有するこの司祭にアンブリクールの司祭は、助けられてゆく。同時にトルシーの司祭は、若い司祭の隠れた聖性を発見してゆくのである。

二人の司祭の共通の友人がデルバンド医師である。正義の人であるこの医師は不正と悪の問題により、信仰を失いそれに苦しんでいる。彼が銃の誤操作で死体となって発見されたとき、二人の司祭は共に自殺を疑いつつ、友人の魂の救いために苦しむのである。

30 Bernanos, *Correspondace inédite*, tome II, (Paris, Plon, 1971), pp. 50-51.
31 Albert Béguin, *Bernanos par lui-même*, op.cit., pp. 174-175.（邦訳）アルベール・ベガン『ベルナノス―生涯と作品―』前掲書、一七八頁。

若い司祭を苦しめるのは、村の有力な貴族である伯爵家の娘シャンタルの存在である。子どもたちを味方につけては司祭をからかうこの娘は、実は深刻な問題を抱えている。彼女は、家庭教師であるルイーズが、実は彼女の父の伯爵の愛人であることに気づき、その二人が結託《けったく》して自分を家から留学という名目で追い出そうとしていることに絶望しているのである。司祭館を訪れたシャンタルが、実は自殺を望み、遺書を持っていることを見抜いた司祭は、その手紙を取り上げることで、彼女の自殺を止めることになる。そしてその後、母である伯爵夫人にその件で面談したところ、伯爵夫人自身が抱えるもっと深刻なドラマを知ることになる。この内容は後述することになるが、緊迫した長い対話の果てに、司祭は、伯爵夫人をその絶望の牢獄から解放することに成功する。

しかし、伯爵夫人がその面談のすぐ後に死んだことで、司祭はあらぬ疑いをかけられ、伯爵からも村人からも疎《うと》まれることになる。深刻さを増す胃の痛みの治療のために、リールに行った司祭は、そこでラヴィル医師から自分が胃ガンであることを知らされる。思いも寄らぬ診断に驚きつつも、先のない運命を受け入れた司祭は、還俗《げんぞく》した昔の友人デュフレッティに会いに行く。この友人は今までも何度か彼に手紙を送り、会いたいと望んでいた友人である。司祭職を離れたデュフレッティは、そのとき、愛人と一緒に生活していたが、彼自身結核に冒されすでに死の宣告を受けていた。

デュフレッティのアパートで血を吐き、発作を起こした司祭は、そこで、病者の塗油の秘跡を受けることもなく「いいんだよ、すべては神の恵みだから」とつぶやいて息を引き取るのである。

三　作家と司祭

「リジューの聖テレーズの福音的メッセージの深みにおける具現化である」と神学者ウルス・フォン・バルタザール師に確証されるほどの奥深い霊性を秘めたこの小説については、今まで文学の域を遥かに超えて神学的、宗教的視点から多くの批評がなされてきた。無尽蔵の炭鉱のような豊かさを持つこの作品について上記の立場から語るべきことは、まだ数多くあるように思われるが、ここではあえて別の視点からのアプローチを試みてみたい。それはすなわち主人公アンブリクールの司祭が、日記を日々書き綴《つづ》る一種の「作家」であり、彼の先輩の冷やかし半分の言葉によれば「詩人」でさえあるという事実に注目する視点である。

日記とは一般的に自己省察と自己分析を行う一個の意識による文（écriture エクリチュール）である。三人称で語を展開する語り手が不在のため、読者は直接にエクリチュールを媒介として若き司祭の内的世界に導入される。

ここでベルナノスは、初めてドストエフスキーに特有の文学的アプローチを取り入れたかのようである。このアプローチでは、M・バフチン（Bakhtin）の分析によると、作中人物は客観的描写を免れ、一個の自己意識として登場する。

読者は、その人物がどのような人間か、ということではなく彼がどのように感じ取っているのか、を見て取る。読者の視点は、その人物の現実ではなく、彼が現実をどのように意識しているのかに据《す》えられるのだ。[32]

32　M. Bakhtine, *La Poétique de Dostoïevski*, (Paris, Seuil, 1979), p. 84. 私訳。

確かに『田舎司祭の日記』の断片的文体は、絶え間なく揺れ動く意識をそのまま写し出すかのような効果を上げている。完成された人物描写の存在しないことが、『田舎司祭の日記』のあらゆる登場人物に一種の謎めいた影の部分を与えるのだが、中でもアンブリクールの司祭は読者にとって神秘の中心として留まるのである。

人間心理の深みを探るには好都合の日記というエクリチュールが「交わり」という観点から捉え直したときに、大きな危険をはらんでいることもまた明らかである。その危険とは、あまりにも緻密《ちみつ》な内省の結果としてもたらされる極端な内向化、あるいは二重人格化の傾向にある。日記をつけている司祭がだれよりも先にこの危険を察知していたことは、「書くこと」そのものについての疑問や、意味を問いかける文章が「日記」中に頻出することからも洞察できる。

わたしの背後には何もない。そしてわたしのまえには壁、真っ黒な壁がたちふさがっていた。[33]

アンブリクールの司祭によるデ・プロフォンディス（詩編　深き淵より）とも言える一連の詩的断章中に出現する「暗黒の壁」は、言語活動の壁の隠喩的表現と解釈することも可能である。あらゆる創作活動に不可避の孤独がここに象徴されている。ベルナノスの苦悩は、この孤独に眩惑《げんわく》され次第にそれを真の「交わり」と混同するに至るのではないかという点に凝縮されていた。「私は、壁の向こう側にいるだれ一人として、私の言葉を聞いてくれぬということは素直に受け入れたい。だが私がこの孤独の中で快適に暮しているとと思われることだけは受け入れることができないのだ。」[34]と彼は自伝的評論『辱められた子供たち』の中で告白している。

だが、この孤独は、単なる絆の欠如及び自己中心的閉鎖性から来る孤独とは質を異にする。それはむしろ真の関係を築き上げる上での不可欠の基盤であり、「存在の神秘の交わりとなって変容する」ための「門」としての孤独なのである。ベルナノスは人里離れたブラジルの農場から友に書き送る。

沈黙と孤独の中でこそ自分自身を、自分についての真実を見いだすことができる。そしてこの真実によってこそ他の人々の真実へと到達することができるのだ。（…）確かに、微慢や軽蔑による逃避でしかないような孤独は存在する。だが正直に言って私の孤独がそのような孤独だとは思えない。そうであるならば『田舎司祭の日記』や『よろこび』のような作品を書くことはできなかったはずだ。[35]

孤独による交わりという、一見逆説に満ちた神秘を描写する試みは、『田舎司祭の日記』の中で、様々な角度からなされている。例えば、破りとられた頁に象徴される雄弁なる沈黙は、司祭の表現しがたい苦悩を表すと同時に、彼が苦悩という「狭き門」から、最も恐るべき絶望の淵《ふち》に沈む人々との深い「交わり」に入っていった時期を暗示している。「一〇ページばかり破られてノートから抜けている。[36]」という第三者による最初の書き込みは、自殺の疑いが濃い老デルバンド医師の死の知らせの直前に位置している。そしてこの不慮の死に先立つ数頁からは、司祭自身の精神状態が危機的状況にあることがはっきりと読み取れる。初めての出会いで、すでに老医師の「魂の深手《ふかで》」を見抜いたアンブリクールの司祭は日記にこう記している。

人間から生まれる真の苦悩はまず神のものだ。私はその苦悩を心の中に謙虚に受け入れ、自分のもののよう

33 ベルナノス『田舎司祭の日記』前掲書、九〇頁。
34 Bernanos, *Les Enfants humiliés*, op.cit., p. 877. 私訳。
35 Bernanos, *Combat pour la liberté*, correspondance, tome II（1934-1948）,（Paris, Plon, 1971）, pp. 303-304.
36 ベルナノス『田舎司祭の日記』前掲書、九三頁。

に愛そうと努める。その時私には、「共にする（communier avec）」という使い古された表現の隠された意味が理解できる。なぜなら私は事実この苦悩を共に分かちあった（communier）からだ。[37]

諸聖人の通功（Communion des Saints）をテキスト上に具現化しようとするこのような試みは『田舎司祭の日記』の伏線として作品全体に網の目のように張り巡らされているのである。

四　ポリフォニーとしての対話

『田舎司祭の日記』のクライマックスと言える場面は、司祭と伯爵夫人との長い対話の場面である。それは、それぞれ極限状況に置かれた二つの自由な意識が激しくぶつかり合いながらポリフォニーを奏でる場面であり、そこには同時に絶望から希望へとむかう、一つの傷ついた魂の再生のドラマが描かれている。

舞台はアンブリクール村にある伯爵の城館。事の発端は、シャンタルという伯爵夫人の娘がある日、この村の司祭に会いに来たという出来事であった。思春期のただ中で、すべてに反抗的態度で臨むこの娘がわざわざ司祭館を訪ねたのは、実は彼女にとってのぎりぎりの決断からであった。娘との対話から司祭は、彼女が心の奥底に深い絶望を抱き自殺を決意していることを直感する。そして彼女が隠し持っていた遺書を奪い取ることで自殺の誘惑を回避させる。だが、司祭にもシャンタルがなぜそこまで思い詰めるに至ったかの理由は謎として残される。それゆえ母である伯爵夫人に会おうと一人城館へ赴くのである。

夫人と司祭の間に交わされる対話は、夫人の三つの告白を中心に構成されている。告白がより親密なものになるにつれ、隠されていた深層の自我が次第に意識の表面に浮かび上がってくる。そして司祭の言葉は夫人の心のより深い部分へと浸透してゆくのである。対話の初めに両者がまず経験するのは純粋な驚きである。二人は今まで幾度も会話を交わした間柄であった。だが、社会的な規範の中でのやりとりと、二つの意識が真っ向から対峙するような真の対話との間には天と地ほどの開きがある。両者は、互いがこれまで想像していたのとはあまりにかけ離れた存在であることを共に認識し直すのである。司祭は自分の前に立ち尽くす夫人が、貞淑《ていしゅく》な妻、優しい母という従来のイメージとは全く違う存在であることに驚き、一方夫人は普段は内気とも言えるほどに控えめなこの若い司祭の大胆さと落ちついた態度にまるで夢でも見ているようだと仰天《ぎょうてん》するのである。

夫人の第一の告白は、家庭内の比較的ありふれた愛憎《あいぞう》のいざこざのレベルにとどまっている。彼女は、最愛の息子を赤ん坊のときに亡くしたこと、それ以来夫の伯爵と娘のシャンタルが結束して夫人をのけ者扱いにしてきたためにどれほど苦しんできたかを司祭に告げる。その上伯爵はありとあらゆる女中たちに手を出しては、妻である夫人を裏切り続けてきたのだった。シャンタルの絶望とは、父をほとんど崇拝に近い気持ちで愛してきた娘が突然自分の家庭教師ルイーズが父の愛人であることを知ったことから生じたものだった。

だが、この第一の告白は夫人の意に反して、第二の告白、彼女自身無意識下へ押し込めようとしていたもう一つの心の秘密をも暴露《ばくろ》させてしまう。すなわちこの二重に疎《うと》まれた母は、娘が絶望を抱いて自殺を企てていることを感づいていながら、それを見て見ぬふりをすることにより、実は自らの娘の死を願っていたのだった。こうして一見平和なキリスト者の家庭の裏側に実は想像を絶する憎しみの深淵が大きく口を開けて存在していたことを、ベルナノスの鋭い筆致は二人の対話の中から見事に浮き彫りにしてゆく。

37 ベルナノス『田舎司祭の日記』前掲書、七四頁参照。私訳。

夫人の心の深層は、三重の最上級を付与されて絶望の最も恐ろしい形態として描写されている。

わたしの前に立っているこの女性は実際に絶望の最も残酷《ざんこく》で、最も癒《いや》しがたく、最も非情《ひじょう》な形にほかならぬ、この拒まれた魂の恐るべき平穏《へいおん》の中で多くの歳月を生きてきたのだった……[38]

この絶望の形態は、『死に至る病』のキルケゴールの分析によると「絶望して自己自身であろうと欲する絶望・強情[39]」と名付けられた最も救いから遠いところに位置する絶望である。夫人のあまりに控《ひか》えめな外見と内面の激しさとの強烈なコントラストも、キルケゴールの分析によって説明することが可能である。

絶望が漸次《ぜんじ》精神的になり、閉鎖性のなかで内面性が漸次独自の世界を形成するにつれて、絶望がそのかげに隠れるところの外面はそれだけまた漸次人目につかないものになってくる。というのは絶望が精神的なものになればなるだけ、それだけまた絶望者は自ら悪魔的な巧智《こうち》をもって絶望を閉鎖性のなかに秘めておくことに心を配るので、したがってまた外面をことさらに無造作に装い、それをできるだけ無意味な人目につかないものにするのである。[40]

このような恐ろしい絶望の生み出した憎悪に対し、司祭は燃えるような一つの言葉を投げかける。

「地獄というのは、奥様、もはや愛さないということなのです。[41]」

すなわち永遠の断罪とは、普通人々が想像するように、あれこれの行為や罪について神が最終的に下す審判なのではなく、むしろ愛することを意識的に拒否した人間自身が自らを追い込んでいった状態こそが地獄なのだという真理を、司祭は夫人に向かって突きつけるのである。対話がこうしてその頂点に達したそのとき、夫人は最後の告白を吐き出すように語り始める。

「わたしにとっては、神などもうどうでもよい存在になったのです。わたしが神を憎んでいることを認めさせて、それがどうだっていうのです。ばかばかしい！」[42]

こうして夫人の絶望の根源が白日の下に晒《さら》されることになる。最愛の幼子を失った母はそれ以来ずっと神を呪い、神に反抗し続けて生きてきたのだった。この最後の告白を耳にしたときの心の激しい動揺を、司祭は次のように描写する。

その時、わたしは言い知れぬ恐怖に襲われていた。それまでにわたしの言ったことすべて、夫人の言ったことすべて、この果てしない対話がまるで意味の無いもののように思われた。（中略）何を言えばよいのだろう。どうすればよいのだろう。わたしはまるで一気に絶壁をよじ登ってから眼を開け、急に眼が眩《くら》んで立ち止まり、

38 ベルナノス『田舎司祭の日記』前掲書、一四三頁。
39 キエルケゴール『死に至る病』岩波文庫、一九五七年改版、一一〇頁。
40 同書、一二〇－一二一頁。
41 ベルナノス『田舎司祭の日記』前掲書、一三九頁。
42 同書、一四三頁。

登ることも降りることもできなくなった人のようだった。[43]

自らの無力を極みまで自覚したまさにそのとき、司祭は目に見えぬ力と平和で満たされる不思議な体験をする。

わたしには、ある神秘的な手が、眼に見えぬ壁に裂け目をつけ、平和が四方から入り込み、おごそかにそこに満ち溢《あふ》れるような気がしていた。それこそ地上では知られぬ平和、深い水のような死者達のおだやかな平和だった。[44]

司祭と伯爵夫人の緊迫した対話の中に、もう一人の見えざる存在、「永遠の汝」としての神、聖霊が直接に介入してくる印象的な場面である。こうしてこの対話全体が実は隠れた登場人物とも言える神の眼差しのもとに終始展開していたこと、人間の最も醜悪《しゅうあく》な罪のよどんだ沼の奥底にも神からの一条の光は届きうることをベルナノスはこの対話を通して暗示するのである。

最終的に夫人は、彼女にとって決定的な出来事であった幼子の死という神秘を受け入れ、自ら神との和解への一歩、回心への一歩を踏み出すことになる。この長い対話は、実に夫人にとって、最初で最後の真の告悔（ゆるしの秘跡）となったのである。司祭がこの場面のすぐ後に、夫人から受け取る一通の手紙は、簡潔ながら彼女の魂のドラマをすべて凝縮《ぎょうしゅく》したものである。

小さな子の絶望的な思い出が、わたしをすべてのものから遠ざけ、恐ろしい孤独のうちにとどまらせておりました。（中略）希望……わたしはそれを、荒涼《こうりょう》たる三月の風の吹く恐ろしい晩、わたしの腕の中で亡くしたのです。その最後の息をわたしの頬《ほお》に感じました。いまでもその場所をおぼえています。ところがそれがもどってきたのです。しかも今度は借り物ではなく、与えられたのです。本当にわたしのもの、わたしだけのものである希望。（中略）わたしの肉のなかの肉とでも表現できるような希望です。それを言葉では言い表せません。たぶんそのために小さな子どもの言葉が必要なのでしょう。[45]

夫人の魂の上に一種の奇跡を成しとげた若い司祭の秘密は、言葉の雄弁さや心理分析の鋭さなどにあるのではない。司祭の唯一の力とは、彼が自らを神に徹底的に明け渡した存在であること。ゆえに彼を通して神が自由に働くことのできる存在であったことからくる。その奇跡とは、司祭の祈りと彼の「空の手」を通して神が直接に夫人の魂に働きかけたゆえのものだったのである。

五　苦しみの神秘

『田舎司祭の日記』の対話の中心テーマは、伯爵夫人の息子の死という形で呈示された苦しみという悪の問題である。「罪無きものがなぜ苦しまなくてはならないのか」、この義人ヨブの叫びはいつの時代にも繰り返される人間の永遠の問いである、ドストエフスキーは『カラマーゾフの兄弟』の中で反神論者イワンにこの点について鋭く問

43　ベルナノス『田舎司祭の日記』前掲書、一四三頁。
44　同書、一四五頁。
45　同書、一四八－一四九頁。

題提起させている。イワンは弟アリューシャとの有名な対話の中で、大人の苦しみはある程度まで人間の罪悪の連帯関係から説明することができると譲歩《じょうほ》しながら、幼児の理由無き苦難については有効な説明は何も存在し得ないことを力説する。そしてそのような不条理を容認する神に対して反逆の姿勢を貫き通したあげくに発狂するに至るのである。

ドストエフスキーの影響を強く受けたカミュも『ペスト』の中で同じ問題を不条理の象徴であるペストとの戦いという形で描き出している。人間のあらゆる苦しみの象徴であるペストに襲われたオランの町で、当初その町の司祭であるパヌルー神父は、教会に集まった打ちひしがれた人々を前にして、ペストが人々のゆえに下された天からの試練であり、彼らを回心へ導くための願ってもない恵みであることを得意満面として説教する。だが、その神父も、ペストと戦う保健隊に参加し、実際にいたいけな子どもが長い死の苦悶の内に息絶えるのを目にして、悪の神秘の前に言葉を失ってゆく。そして理性を超えた盲目的な信仰にその答えを求めるが、カミュは最後にペストによる彼の死を絶望と紙一重の状態として描写している。

だが、ベルナノスの描く若い司祭は対話の中で悪の問題を哲学的に論じたり、パヌルー神父のような無神経な態度でお説教をたれるようなことは一切しない。彼の一貫した姿勢は出会った人々の苦しみへの徹底的な連帯である。彼は夫人の絶望の中へ入り、それを自分の身に引き受けようとさえする。キリスト教的な交わり（communion）の神秘に賭け、そこに生きようとするのである。司祭の姿はこうして預言者イザヤの描く苦しむ僕の姿と二重写しになってゆく。

彼には、見るべき面影はなく、輝かしい風格も、好ましい容姿もない。彼は軽蔑され、人々に見捨てられ、多くの痛みを負い、病を知っている。（中略）彼が担ったのはわたしたちの病、彼が負ったのはわたしたちの痛みであったのに。（中略）彼が刺し貫かれたのは、わたしたちの背きのためであり、彼が打ち砕かれたのは、わたしたちのとがのためであった。彼の受けた懲《こ》らしめによって、わたしたちに平和が与えられ、彼の受けた傷によって、わたしたちはいやされた。[46]

ゆえに司祭にとって「罪無きものの苦しみ」について夫人に与えられる唯一の答えとは、抽象的論理から導き出される概念などではなく、自らすすんで苦しみを担った神のみなのである。

もしもわたしたちの神が、異教徒か哲学者の神（わたしにとってそれは同じものだ）だったら、他が天のもっとも高いところに隠れようと、わたしたちの苦しみや悲惨が神をそこから引きずりおろすでしょう。ところがご存知のように、わたしたちの神はむこうからさきに悲惨にむかっておりてこられたのです。あなただって、拳《こぶし》をふりあげ、その顔に唾《つば》し、鞭《むち》打ち、最後に十字架にかけることはできるでしょう。しかしそれはもうすでになされたことなのです。[47]

ベルナノスの代表作に見られるこの対話は、「キリストの福音がなかったならば、われわれを押しつぶしてしまう苦しみと死の謎は、キリストによって、キリストにおいて解明される。[48]」と説く第二バチカン公会議の現代世界憲章の教えを見事に「物語」化した作品として味わうこともできよう。だがそれは文学が神学の代用品となりうる

46　イザヤ書、53章・2－5。
47　ベルナノス『田舎司祭の日記』前掲書、一四五－一四六頁。
48　『第二バチカン公会議公文書　改訂公式訳』カトリック中央協議会「現代世界憲章」第二二項、六二二－六二三頁。

ことを意味するのではない。むしろ第二バチカン公会議で活躍した神学者たちアンリ・ド・リュバック、ウルス・フォン・バルタザールなどの研究[49]が示すように、文学表現独特の人の心に直接働きかける力が、神学的考察にも豊かな貢献をしうることを証しているのである。

第三章
交わりの詩学

「毎日私は、誰のために書くのかとみずからに問うている。なぜ書くのかではなくて、誰のために、そう一体誰のために？」[50]これは、『田舎司祭の日記』のみならずベルナノスが、作品全体を通して自らに投げかけ続けた本質的な問いである。人の声や顔に長い間接しないではいられずそのためカフェで原稿を書き綴ったという伝説的なベルナノスの執筆習慣は、同様の内的要請をよく物語っている。

芸術は人間のためのものであり、人間が芸術のために存在するのではない。そのことを多くの芸術家たちは忘れてしまったようだ。だからまるで研究室の実験者のように冷酷無慈悲《むじひ》に公衆を扱い、彼らの不安や毒を試験しようとするのだ。愛無き正義派世界を破壊しうるが、愛無き芸術もそれに劣らぬ悪影響を及ぼせるほどの飢えた野獣なのだ。[51]

49 Henri de LUBAC, *Le drame de l'humanisme athée*, (Paris, Cerf, 1983). Hans Urs von BALTHASAR, *La Gloire et la croix*, (Paris, Aubier, 1972). Hans Urs von BALTHASAR, *Le Chrétien Bernanos*, (Paris, Seuil, 1956).
50 Bernanos, *Les Enfants humiliés*, op.cit., p. 868. 私訳。
51 Bernanos, *Combat pour la Liberté*, op.cit. p. 753. 私訳。

ブラジルの詩人デ・リマ（De Lima）に宛てた手紙の中で、ベルナノスは、現代詩の断片化、矮小化《わいしょうか》、非精神化を批判しつつ、独自の芸術論を展開する。

現代社会は、芸術を拘束し変形してしまった。（…）芸術に必要なのは、具象化、一種の「受肉（l' Incarnation）」である。芸術は天上のもの、地上のものそして必要とあらば下るべき地獄のものとなるべきものだ。（…）詩が何のヒロイズムも人間味もない単なる計算上の技巧ではなく、健全な普遍性すなわち交わりとなることが、大いに必要なのだ。

しかしながら、このような「詩学」は、R・ヤコブソン（Jacobson）以降の構造主義言語学、及びそれに根拠を置く哲学で武装した文芸批評が一世を風靡《ふうび》していた時代には、過去の遺物として博物館行き扱いされていたものである。その理由について、リクールは以下のように述べている。

現代の文芸批評の根強い傾向は、意義（Bedeutung）の否定であり、現実性の破壊が詩的言語の最高の掟であるかのように思われている。したがってヤコブソンは、彼の有名な論文「言語学と詩学」の中で、言語の詩的機能は、メッセージをそれ自体ゆえに強調することにあり、しかもそれは日常言語の意義機能の犠牲の上に成り立つものであると語っている。[52]

それゆえ、

語は、彫刻にとっての石のように、詩の作品の素材とされる。極端な論者によれば、文学においては言語の外にあるものは何一つとして問題にならないというわけである。[53]

ここでリクールは、論理学者フレーゲが提起した意義と意味の区別を取り入れている。

どのような言述においても意味（Sinn）と意義（Bedeutung）の区別が可能であるとする。意味は命題の客観的かつ理想的な内容であり、意義（指示連関）とは命題の倫理要求である。（…）意味とは陳述が語る内容であり、意義とは陳述がそれについて語る内容である。陳述の語る内容は陳述にとって内在的であり、内的な秩序を持っている。ところが陳述が語る対象は言語外的かつ現実的なものであり、それは言葉にもたらされる限りにおいて語られた世界となる。[54]

確かに「物語の構造分析」、「S／Z」などを通して「作者の死」「作品の死」「テクストの誕生」を語ったR・バルト（Barthes）以降、作者と作品の関係を取り上げるのに一種の疎隔化《そかくか》の問題を考慮に入れざるを得なくなったこともまた事実である。

一方G・ムーナン（Mounin）は、「文体論が科学的精査を受け入れない中心点は、それがまず詩的意味、美学的意味の問題であるからだ」[55]と簡潔に要約する。そしてヤコブソンなどの「科学的」文体理論確立の努力にもかかわ

52 P・リクール「聖書的言語における隠喩の役割と機能」『隠喩論―宗教的言語の解釈学』ヨルダン社、一九八七年、九一頁。
53 同書、九三頁。
54 同書、九一頁。

らず、文体というものが統計や分析のみによっては捉え難い「話者の人格の刻印[56]」とでもしか表現できぬ何かを持っていることを明らかにする。そしてひとたび「人間的な現象であり非常な複雑性を持つ[57]」文体というものを研究しようとするとき、現代言語学の長い迂回《うかい》の末、「詩とか小説とかを驚嘆すべきものたらしめているものは何かということについてのずっと前からの直観にまた戻っていること、そして我々は、〔ある作品が我々に効果を及ぼすのはなぜか〕を理解しようとする努力の終点に達してはいない。[58]」と結論せざるを得ないのである。

文体論が「科学」の軛《くびき》につながれぬ所以は、まさに言語の特性が意味を持つことにあるためである。この点については E・ジルソン（Gilson）が『言語学と哲学』の中で、言語学を科学に仕立てるために、言語に意味のあることを遺憾に思うような言語学者たちを皮肉りつつ、哲学者の立場から一矢《いっし》を報いている。ジルソンは、

　言語が理解できるのは、人間の心の非物質性によること（…）すなわち人は自分自身と自分自身の思想しか意識しない。二人の人間の間で確立できるのは常に不完全な伝達であるが、これは言語によってしかなされない。もっと正確にいえば、この伝達は言語自体に含まれる非物質的なもの、すなわち意味によってしかなされない。[59]

という前提を確認しつつ、言語が本質的に持つ形而上学的要素に再び注意を喚起するのである。そして E・バンヴェニスト（Benveniste）の言語的時間についての秀逸《しゅういつ》な論文に着想を得つつ、「本質的には物理的にはっきり区別され、いずれも物を言う能力を具え、そして各人とも固有の現在の中でしか話すことのできない二人の主体が、それにもかかわらず彼らに共通するある時間の中で出会う[60]」ことのできる可能性を言語が潜在的に保持していることを論証するのである。

言語には意味という形而上学的側面が必然的に存在すること、それゆえ前述の文体論の帰結が、「人格の刻印」なるものを承認せざるを得ないことを考えあわせると、文学作品の分析においてもG・マルセル（Marcel）の提唱する「問題（problème）」と「秘義（mystère）」の識別が可能ではないかという仮説を導き出すことができる。すなわち一個の作品を問題として記号論的に分析することは可能であり、それなりの価値を持つ。しかし一作品に刻まれた作者という主体の内面の現実は、いかに緻密な構造分析の網からをものがれうる、すなわち「秘義」の世界に属するものと言えよう。

ベルナノスがその全生涯を賭けて追求した「交わりの詩学」とは、まさにこの「秘義」の世界に位置づけられるものである。

一　言（パロール）の詩学

P・リクール（Ricoeur）の『時間と物語』などに着想を得つつ、J・シャボ（Chabot）は、このベルナノスの詩学

55　G・ムーナン『言語学とは何か』大修館書店、一九七〇年、二一九頁。だが、一見厳密な科学性を装う一連の哲学者たちの言語学の知識が意外にも「恣意的」であることについては、ムーナンが本書の序論でユーモアを交えつつも明快に批判している。その序文では、レヴィ・ストロース、メルロ＝ポンティ、ミッシェル・フーコー、ジャック・ラカンなど、有名な哲学者がすべてまな板にのせられているが、バルトに至っては「その言語学の諸概念の用い方は厳密さを欠き、さらに適切でないことも度々ある」と手厳しく批評されている。

56　同書、二一四頁。

57　同書、二一九頁。

58　同書、二一八－二一九頁。

59　エチエンヌ・ジルソン『言語学と哲学―言語の哲学定項についての試論』岩波書店、一九七四年、一五八頁。

60　同書、一六八頁。

を「言（パロール parole）の詩学」と呼ぶ。[61] これは、フランス語の「parole」という言葉が、「語る（parler）」からきており、個々人が語る生きた言葉を意味しているからである。それは、「生物及び事物からなる地上世界との、言語を媒介とした思考のコミュニケーションであり、かつ実存と時間の中での言の受肉であるような指向的詩学（une poesie réferentielle）」である。

シャボは、現代世界において、マス・メディアが駆使する単なるシステムとしての言語（langue）が覇権《はけん》を握りつつあることを指摘し、その専制支配に対決し続けた作家という視点からベルナノスを捉え直している。そしてそのようなベルナノスの執筆姿勢にこそ、この作家の持つ永遠の若さ、すなわち現代的意義を見てとるのである。人間の内面の声（voix interieure）の迸《ほとばし》りとなった言《ことば》（パロール）によって言語（ラング）に働きかけてゆくという創作方法は、ベルクソン（Bergson）が『道徳と宗教の二源泉』の結末部で識別した二つの著作方法のうち、第二の方法に匹敵する。

> この方法は、知性的、社会的平面から出発して、創造の要求が湧き出てくる魂の一地点にまで遡《さかのぼ》ることにある。こうした要求をその宿っている精神が充分に感知したのは、その生涯中ただ一度だけだったかもしれない。しかしこうした要求は、独特な情緒として、事物の根底そのものから受け取った飛躍ないしは動揺として常に精神のなかに現存している。こうした要求に全面的に従うためには、種々な言葉を造り出し、種々な観念を創造せねばならないだろう。しかし、それはもはや伝達することではなく、従って、著作することでもないだろう。それにしても、著作家は実現できないものを実現しようと試みるだろう。[62]

ここに述べられている著作方法こそ、ベルナノスのそれであり、こうして『田舎司祭の日記』の中に透かし模様のように織り込められた「書くこと」との日々の格闘《かくとう》の軌跡《きせき》は、まさに「実現できないものを実現しようと試みる」作家の内的要求の具現化であった。

「ああ、言葉のように不安定でどうにでもなるものに、もっとも貴重なものを託さねばならぬとは、一番理解しがたい人間の恥辱《ちじょく》ではなかろうか。このような道具をいちいち点検して自らの錠前にあてはめてみるには非常な勇気が必要だろう」[63]というアンブリクールの司祭の嘆きは、作家ベルナノスのそれの移し替えであるとも言えよう。ベルナノスにおける「創造の欲求」は、前述した彼の召命と切り離せぬものである。少年時代にすでに感知していたこの欲求はベルナノスが後に、「幼少期の言語」と呼んだものの本質を成すものではないだろうか。それは、

あの忘れさられた言語、あたかもそのような言語が書かれることができるかのように、これまで書かれたことがあったかのように、私が愚かにも作品から作品へと書き続けつつ捜し求めてきた、あの言語なのである。[64]

こうして作家は、「ことばと事物の特別な仲介者」となるわけだが、この一種の「とりなし」の役目は、司祭職のそれを類推的に想起させる。アンブリクールの司祭の二重性とは、彼が、二領域に跨《また》がったとりなしの役割を担っているところから生ずるのではないだろうか。それゆえ若き司祭は、数限り無き躊躇《ちゅうちょ》にもかかわらず、日記が、「単なる饒舌《じょうぜつ》、狂人が自らの影とする対話」のような不毛の独白ではあり得ぬことを確信するに至るのである。

61 Jaques Chabot,《Le grand frère et la petite soeur》, in *Bernanos et le monde moderne*, Presses universitaires de Lille, 1989, pp. 223-238.
62 ベルクソン『道徳と宗教の二源泉』平山高次（訳）、岩波文庫、一九七七年、三一〇頁。
63 『田舎司祭の日記』前掲書、三九頁。
64 Bernanos, *Les Grands Cimetières sous la lune*, Essais et écrits de combat, op.cit., p. 355. 私訳。

二　バフチンのポリフォニー論と対話

単なるモノローグではない開かれたダイアローグ（対話）として文学を捉える視点は、ロシアの文芸批評家ミハイル・バフチン（Mikhail Bakhtin, 1895-1975）のポリフォニー論を想起させる。

『新しい文学のために』の中で大江健三郎がドストエフスキーの作品を例として教多く用いバフチンのドストエフスキー論を紹介している点は注目に値する。この卓越したドストエフスキー論（原題は「ドストエフスキーの詩学」）は、ドストエフスキー文学の緻密《ちみつ》な分析を素材としながら、一種の人間学とも言うべき、人間存在についての深い考察がその根底の基盤をなしている。単なる心理描写にすぎぬ皮相的リアリズムに対比させて、バフチンはドストエフスキーの特色をその完全なリアリズムにあると指摘する。ドストエフスキー自身、自らの独自性を次のように定義している。

> 完全なるリアリズムにおいては、人間の内なる人間を見いだすことが目標となる……。私は心理学者と呼ばれるが、それは誤りだ。私はただ最高度の意味でのリアリストにすぎない。つまり私は人間の心の深層の全貌を描こうとしているのだ。[65]

内なる人間（の深層）を描き出すプロセスは、ドストエフスキーの場合常に対話的アプローチの中でなされている。ドストエフスキーにとって人間は、どのような人間であれ、「呼びかけの主体」である。マルティン・ブーバーの用語を用いるならば、人間はすべて「汝」、すなわち完全な権利と自由を有する主体なのである。したがって、人間の魂の深奥《しんおう》は本人のみが自由な自意識と言葉で表現できるものであり、外側から他者があれこれ詮索し、定義づけられるような性格のものではない。例えば、『白痴』には、主人公のムイシュキン公爵とアグラーヤが友人イッポリートの自殺未遂について論じ合う場面がある、ムイシュキンがイッポリートの行動の深層にある動機を分析してみせると、アグラーヤは彼に次のように注意する。

「でもあなたのおっしゃることも、何もかもとてもよくないと思うわ。だってあなたがイッポリートにしたように人の心を観察して良し悪しを決めてしまうことは、とても失礼なことなんですもの。あなたには優しさがなくって、事実一点張りだわ、それは結局公平じゃないわ。[66]」

人格の真の生を捉えようとするならば、それに対して対話的にアプローチするほか道はない、そのとき初めて真の生は自らを開示するのである。[67]

以上がドストエフスキーの文学を貫く一貫した姿勢であり、バフチンはこの根本原則に「ポリフォニー」という名称を与えてこの作家の独自性を強調する。バフチンによればドストエフスキーは、それまでの数多くの作家たちと違い、自らの小説の主人公たちを作家の意のままに動く操り人形ではなく、創造者に反旗を翻すほどの能力を持った自由な人間として創造し得た初めての小説家である。「それぞれに独立して互いに融け合うことのないあまた

65 ミハイル・バフチン『ドストエフスキーの詩学』ちくま学芸文庫、一九九五年、一二五頁。
66 ドストエフスキー『白痴』第3編、第8章。バフチン、前掲書、一二三頁。
67 同書、一二三頁。

の声と意識、それぞれがれっきとした価値を持つ声たちによる真のポリフォニーこそが、ドストエフスキーの小説の本質的な特徴[68]」であり、「小説の主要人物たちは、すでに創作の構想において、単なる作者の言葉の客体であるばかりではなく、直接の意味作用をもった自らの言葉の主体でもあるのだ[69]」。それゆえこの多元的観点からは必然的に我と汝という二つの主体間に交わされる対話をその中心に据えた独特の小説世界が誕生するのである。

他者の自由を第一原理とするドストエフスキーの創作姿勢の原動力となっているのは、熱烈な信仰で裏打ちされた彼のキリスト観である。人間の自由と神秘を徹底的に尊重したキリストの、福音書の中に見られる数々の対話こそが、ドストエフスキーの描く対話の源泉であり理想であったと言っても過言ではないだろう。ドストエフスキーにとってもキリストは単なる崇拝の対象としての存在ではなく、常に呼びかけることのできる存在、まさに「永遠の汝」であったからである。

先に『田舎司祭の日記』における伯爵夫人と司祭との対話で見たように、ベルナノスもまた、このポリフォニーを作品世界に描き得た希有《けう》な作家の一人である。それゆえ、彼はフランス文学において最もドストエフスキーに近い作家として位置づけられることも多い。この二人の作家において、ポリフォニーを可能とした共通した基盤とは、その人間観とキリスト観にあったように思われる。

＊＊＊＊＊

一人の人間の操作しうる情報量がまさに天文学的になった現代の高度情報化社会において、逆に真の対話、心の通い合い、交わりの機会は希薄化するばかりであることを、多くの思索家が指摘するようになって久しい。ブーバー、マルセル、ベルクソンなどと同様に、ベルナノスは、現代人の悲劇が、存在の深みすなわち内的生活の漸次的《ぜんじてき》喪失に有ることを早くから洞察していた。科学とテクノロジーに支配され、情報洪水に溺れる現代人の意識は、個人的考察をするゆとりを奪われ、ただの意思疎通の次元に留まることを余儀なくされるようになった。

わたしは、多くの人々が一度も、彼らの深みに眠る真摯《しんし》さ、即ち存在自体を賭けて生きたことがないことを確信している。彼らは、自我の表層的な次元で生きている。だが、人間という土壌があまりにも豊かなので、この表皮の部分だけでもわずかながらの収穫を上げることができ、それが真の人生（destinee）であるかのような幻想を抱くことができるのだ。[70]

と鋭い心理分析家でもあるアンブリクールの司祭は日記に記している。

ベルナノスがこの表層的人間を「おばかさん（imbécile）」と呼び、時に愛情を込めて叱りつけた理由は、精神世界を喪失することが、真の対話を築く可能性を失うことにつながることを、鋭く直観していたからである。ブーバー流に言うなら、このような人間は、〈われ―それ〉の次元で生きている。あらゆる人間関係をモノ化する原則は、自己の外部ではなく内部に存するため、深層の自我が失われるときには、〈われ―なんじ〉の関係も消滅せざるを得ない。ゆえに〈われ―なんじ〉の関係を維持し続ける努力は、同時に人間の内的生活を脅かすあらゆる圧力に対しての絶え間なき戦いとなるのである。[71]

ベルナノスにとっての文学とは、この戦いの「道具」であり、それゆえ彼は、この「道具」を用いて創作する芸

68　バフチン『ドストエフスキーの詩学』、一五頁。
69　同書、一五頁。
70　『田舎司祭の日記』前掲書、九四頁参照、私訳。
71　マルティン・ブーバー『我と汝・対話』岩波文庫、一九七九年、参照。本書第二部「ファンタジー文学とキリスト教」九二－九三頁参照。

術家の責任について、自己を含め、人一倍厳格な基準で臨んだのである。彼が断固として拒否するのは、「芸術のための芸術」の概念である。なぜなら、

芸術は芸術以外の目的を持っている。芸術表現の絶え間なき探究は、存在者たる神を絶え間なく探し求めることの、漠然としたイメージ、シンボルでしかないからだ。[72]

ブラジルに滞在中、悩める若き作家にベルナノスが与えた励ましに満ちた忠告は、おそらく彼自身の秘密の一部を解き明かしてくれる。その行間から読み取れるのは、キリスト教的希望の神秘である。作品から作品へと探し求めた「交わり」が、地上の生においては不可視のものであり、希望の彼方でしか実現されないことを、ベルナノス自身がだれよりもよく認識していたことを、この一文はよく物語っている。

私にとって芸術家の作品とは決して、一生涯の失望、苦しみ、疑惑、善悪の合計のようなものではない。それは彼の生涯そのもの、変容し、輝きに照らされ、安らぎを得て和解した生そのものなのだ。(…)だが、作品に生命を与える我々の内面の喜びは、作品がもはや我々のものではないように、我々の所有物ではない。我々は、その喜びをその場その場で与え、空手で、生まれたての幼な子のように空手で死ななければならないのだ。[73]

第四章
『ウィーヌ氏（死せる教区）』と『田舎司祭の日記』

一　『ウィーヌ氏』と『田舎司祭の日記』の制作過程

『田舎司祭の日記』の小説世界と対局にあるかのような作品が悪の神秘に挑んだと評される作品『ウィーヌ氏』である。ダニエル・ペズリル（Mgr. Daniel Pézeril, 1911-1998）によって自筆原稿が解読され、批評版が完全な形で世に問われた一九九一年以降、この小説のヌヴォー・ロマン[74]の先駆としての価値は再確認されている。

〈あらすじ〉

北フランスのフヌイーユ村での少年の殺人事件をめぐって進行する推理小説風の筋立ては、時間軸による展開が、テキストの分断化、粉砕化《ふんさいか》によって「混乱（désordre）」そのものを象徴するようになる。父を亡くして

72 Bernanos, *Essais et écrits de combat*, op.cit. Lettre à Frédéric Lefèvre, p. 1050. 私訳。
73 Bernanos, *Combat pour la liberté*, op.cit., p. 250. 私訳。
74 一九五〇年代から六〇年代にかけてフランスで発展した文学の潮流。伝統的な小説の形式や語りの手法に対する挑戦として生まれ、実験的な手法を特徴としている。

母と暮らす少年フィリップは、バンベスクールの城館に住む結核病みの老語学教師ウィーヌ氏に興味を抱くようになる。この城館には、狂人と思われている女城主で「よろけ脚」と呼ばれるジネット・ド・ネレイスが夫のアンテルムと共に住んでいる。物語は、複数の登場人物の互いに脈略のない場面の進行とともに進み、そのクライマックスは殺された少年の葬式の場面である。が、この少年を殺した犯人は最後までわからず、ウィーヌ氏自身も少年の殺人犯であることの疑いを秘めたまま、最後まで謎《なぞ》を残して死ぬのである。悪の神秘をテーマとし、その混沌、曖昧さなどが、そのまま小説の構成となっているこの小説は、ベルナノスが執筆した小説の中でも最も解釈が難しい作品である。

ベルナノスと同時代の作家モーリヤックは、この作品の読後感を「悪夢のような世界[75]」と表現し、ベルナノスの晩年の世界観が絶望的なものであると結論している。確かに、『ウィーヌ氏』の世界は、殺人、リンチ、狂気が飽和状態に至るまで描き出されており、その読後感はさわやかなものではない。しかし、一九四三年にようやく出版されたこの作品を読み終えたモーリヤックが知り得なかったことは、『ウィーヌ氏』が、決してベルナノスの晩年の作ではなく、中期の作であり、しかも彼自身が絶賛した小説『田舎司祭の日記』とほぼ同時期の作品であるという事実である。

この一見両極端に位置し、光と影に象徴されるかの二大作は、共に一九三〇年代に執筆された。六人の子持ちとなったベルナノスは、生活の窮迫《きゅうはく》から逃れるために、一九三四年一〇月にスペイン領マジョルカ島へ移り住む。そこで、彼は一九三一年から書き続けてきた『ウィーヌ氏』の完成を試みるが、何度も壁にぶつかり、ついに一九三四年には、『ウィーヌ氏』の世界から新しい小説『田舎司祭の日記』の構想が湧き出で、ベルナノスはひとまず『ウィーヌ氏』を中断して『田舎司祭の日記』に取りかかり、一九三六年に完成させて刊行の運びとなる。この新しい小説は、すぐに大ベストセラーとなり、同年七月アカデミー・フランセーズ小説大賞を受賞する。一方、『ウィーヌ氏』は、一九四一年まで持ち越されブラジル滞在の折りにようやく最終章が完成され、リオデジャネイロで一九四三年に出版されるものの、誤植の多い不完全な版であり、ほぼ完全な形での出版は作家の死後A・ベガンによる一九五〇年版を待たなければならなかった。

二　神不在の世界と希望としての「狂気」

冬になると灰色の曇り空が低く立ち込める北フランスの田舎を背景とする『ウィーヌ氏』と『田舎司祭の日記』は、共に非キリスト教化した社会を舞台とし、神不在の社会を「倦怠《けんたい》」という特徴を中心に描き出す。はからずも『ウィーヌ氏』の初めのタイトルは『死せる教区（La paroisse morte）』であった。着任したばかりのフヌイーユの司祭に、ウィーヌ氏は、こう語る。

「神父さん、人間の不幸というものが無いとしても、倦怠があります。人の倦怠を分かち合って、自分の魂を守れた人間は、誰もいませんよ。神父さん、人間の倦怠はすべてをうち負かしてしまうんです。倦怠は、この世を柔弱なものにしてしまう。[76]」

75 F. Mauriac, *Mémoires intérieurs*, Œuvres autobiographiques, Gallimard. Coll. La Pleiadé, 1990, p. 525. 私訳。
76 『ウィーヌ氏』（『ベルナノス著作集3』）春秋社、一九七九年、一四四頁。

一方、アンブリクールの若い司祭は、その日記の冒頭から、「倦怠」についての考察を以下のように書き留める。

人々は、倦怠に蝕まれているかのようだ。おそらく人々はあまりにも前から倦怠に慣れてしまったため、それが人間の本当の条件になってしまったのだろう。

(…)この発育不良の絶望、絶望の頽廃《たいはい》した形態、それはおそらく腐敗したキリスト教の発酵のようなものに違いない。[77]

この「倦怠」は単なる静的な精神状態を意味するのではなく、人間を崩壊《ほうかい》させ、社会を荒廃《こうはい》させてゆく恐ろしき破壊の力を有している。『ウィーヌ氏』についての最も優れた批評家と言われるマニーの表現を借りると、このような世界において神の存在は通常の表現方法、すなわち浮き彫りではなく、その不在、「凹面《おうめん》」(en creux)によって描かれている。すなわち、神の存在は、それぞれの登場人物の内面に感じられる恐るべき空虚感、あるいは狂気に至るまでの強迫観念によって暗示されるのである。[78]

このような悪夢的世界にも「浮き彫り」(凸面《とつめん》)で表現されている登場人物フィリップとギョームという二人の子どもがいる。ベルナノスの文学世界における「幼年時代」の重要性を考慮すると、神秘的な絆で結ばれたこの二人の少年の存在は、作品を読み解く鍵を握っている。

だがこの「死せる教区」において、二人の少年以外にも、希望を体現する人物は存在するのだろうか。ここで、ベルナノスの作品世界中、最も謎《なぞ》に覆われたヒロイン、「よろけ脚」と蔑称《べっしょう》される女城主ジネット・ド・ネレイスに注目しなければならない。雌馬を駆って村道を疾走するこの狂気の女性は、フィリップに襲いかかり殺人未遂の行為に及ぶかと思えば、超自然的な明晰さを備えて預言的な言葉を漏《も》らすこともしばしばである。

ウィーヌ氏と同じ城館に住み、「倦怠」の泥沼に沈むフヌイーユの村で、彼女は常にある目標に向かって自らを投げ出してゆくムーブメントそのものである。女騎士としての描写からは、一つの大胆な仮説、すなわち「よろけ脚」(jambe de laine) と「ロレーヌのジャンヌ」(Jeanne de Lorraine) ことジャンヌ・ダルクとの類似を導き出すことができる。狂女と聖女という一見荒唐《こうとう》無稽《むけい》な比較は、ジャンヌ・ダルクが常に贖罪《しょくざい》を意味する原型 (archetype) としてベルナノスの文学世界で描き出されてきた点を思い起こせば、説明可能なものとなる。[79]

オルレアンの少女ジャンヌが、当時の教会権力によって裁判にかけられ火刑に処せられたように、ジネットは、ウィーヌ氏とフヌイーユの村全体の生け贄《にえ》として、私刑《リンチ》に処せられるのである。事実、「傷ついた小鳥」「罠にかけられた野獣」等のジネットを形容するために用いられている動物の比喩は、生け贄《にえ》としての象徴的役割を強調している。この生け贄としての比喩は、殺された牛飼いの子の埋葬《まいそう》の場面で頂点に達する。

村人たちが無意識のうちに、「よろけ脚」を憎悪するのは、彼女が「彼ら自身の卑しさの神秘的なイメージ」だからである。ルネ・ジラールが、『暴力と聖なるもの』等の著作で示唆した供犠《くぎ》のメカニズムがここに明瞭な形で具現する。[80]

だが、「よろけ脚」は、単なる受け身的な犠牲者ではない、なぜなら、私刑《リンチ》の場面においても、彼女自身が村人たちの暴力に積極的に自らを差し出してゆくからである。それは、「死せる教区」と化した村全体とウィーヌ氏までをも含む「救い」のための「自己犠牲」の様相を帯びている。事実、以前彼女はフィリップとの会話の中で、自

77 『田舎司祭の日記』前掲書、八頁。
78 Cf. Claude-Edmonde Magny, "Monsieur Ouine, le dernier roman de Bernanos", *Etudes bernanosiennes 5*, (Minard, 1964).
79 この比較に関しては以下の拙論を参照。Haruhi Katayama, "La figure de Jeanne d'Arc dans l'œuvre de Bernanos", *Etudes de Langue et Littérature Françaises*, No. 62, Société Japonaise de Langue et Littérature Françaises, (Tokyo, 1993).
80 ルネ・ジラール『暴力と聖なるもの』法政大学出版局、一九八二年、第一章〜第三章参照。

分こそがウィーヌ氏を救う使命を帯びたものであると宣言して、少年を驚愕《きょうがく》させている。こうして、ジネットという人物像の重層的真実が浮かび上がってくる。再び、マニーの言葉を借りるならば「凹面《おうめん》」で構成された世界において、すべては逆の様相を呈して現れる。ヒロイズムや純潔への渇きは、狂気という徴候で現れ、狂気は、超自然的世界への唯一の出口、「裂《さ》け目（brèche）」となる。罪人を命を賭けて救うことのできる聖人が不在の世界においては、苦悩と狂気のみが唯一の希望を象徴しているのではないだろうか。

ジネットが具現する希望のムーブメントは、炎のイマージュで象徴されている。ウィーヌ氏が周囲に発散する「冷気」に最後まで抵抗し得たのは、彼女の中の「熱／炎」であった。ウィーヌ氏自身、その臨終の床で、ジネットが彼の手の内から決定的に逃げ去ったことを認めざるを得ない。

彼女は、逃げ去った。あいつは、あらゆる罠《わな》からのがれて、走り去ってしまった。いや逃げ去ったというのは、いい表現じゃない。あいつは、炎のように、叫び声のように、我が身を投げ出して行ってしまったのだ。[81]

寒さに凍《こご》える世界で、火は、神の象徴となる。奇しくも、フヌイーユ村の村長は、「火に勝るものは、ねぇんだ。火は、神なんだよ」とつぶやくのである。

希望の象徴としての炎のイマージュは、ベルナノスが師と仰ぎ熟読したペギーの著作『希望の讃歌』にも用いられている。

ふるえる炎が宇宙の厚みをつらぬきました。
ゆらめく炎が時の厚みをつらぬきました。

不安げな炎が夜の厚みをつらぬきました。[82]

このように、「よろけ脚」ことジネット・ド・ネレイスは、闇に沈むフヌイーユ村の、不思議な炎であり、実は贖罪《しょくざい》への希望をかいま見せる存在なのである。

三 「体」のシンボリズム

初めに、『田舎司祭の日記』と『ウィーヌ氏』の村社会に共通の特徴として、「倦怠」を挙げたが、次に両者に対比的に用いられているシンボリズムは、「体」である。『田舎司祭の日記』において、作家は小説の冒頭から「ガン」の持つ象徴的意味を隠そうとはしない。若い司祭をその内部から次第に蝕んでゆく胃ガンと、彼の教区をガンのように蝕む倦怠は、共に悪の象徴である。だが、胃ガンを病む司祭の病者の日記とも言える日常的な描写が一方で、この小説に現実世界の奥行きを与えていることもまた事実である。

特に、注目に値するのが、小説のクライマックスとも言うべき、司祭と伯爵令嬢シャンタル、及びその母伯爵夫人との緊迫感に満ちた対話は、その後司祭に襲いかかる激しい胃の痛みを常に伴っている点である。司祭が出会う人々の中に存在する罪と、彼がその後で受ける苦しみの符号は、司祭の病の贖罪的側面を次第に明白にしてゆく。イエス・キリストに倣《なら》い、司祭は教区民の罪を自らの「内に」抱え持ち、彼の体は、罪と恩寵がせ

81 『ウィーヌ氏』、前掲書、二五二頁。私訳。
82 シャルル・ペギー『希望の讃歌』猿渡重達（訳）、中央出版社、一九七八年、五二－五三頁。

めぎ合う戦いの場そのものと化し、民の救いの代償は、その命をもって支払われることになる。自らの召命として「聖なる苦悶《くもん》にとらわれた者」であることを、自覚する司祭は、ゲッセマネの園でのキリストの苦悶の神秘を生きるのである。

こうして、終わりが近づくにつれ、村は罪の重力から解放されて、軽々と空へ舞い上がるかのように見え、司祭は、重い荷を背負わされた者のごとく自分の身を感ずる。これは、臨終の床のウィーヌ氏が、全く逆に、「空虚」そのものであり、自らの重さを全く感じないことを嘆くことと好対照をなしている。「日記」の最後の考察は、イエス・キリストの苦しむ体を中心にした黙想の形で終わっている。

自分自身を憎むことは、そう思われているよりも、たやすい。恩寵《おんちょう》とは、自らを忘れることだ。だが、すべての傲慢が我々の中で死に絶えているならば、もっともすばらしい恩寵とは、イエス・キリストの苦しむ体のどこかの一部として、自分自身を謙遜に愛することではないだろうか。[83]

それゆえ、「教区」は、単なるヒエラルキーの一部としての行政上の単位ではない。教区とは、あくまでもイエス・キリストの神秘体の一部であり、生ける体として、愛されるべき存在なのである。

ゆえに、原題が『死せる教区』(La Paroisse morte)であった『ウィーヌ氏』においても、体のイマージュがふんだんに用いられていることは、驚くにあたらない。だが、その体は、生ける体というよりは、もはや死体に近い瀕《ひん》死《し》状態の体である。小説の筋立ての「崩壊《ほうかい》」(décomposition)と見える構成は、死せる教区の大きな死体が腐敗してゆくさまの象徴とも解釈できる。牛飼いの子の殺人を中心として展開する語りのムーブメントはそれ自体が、この小さな無垢の死体のまわりで腐敗してゆく村全体の姿を描写している。語りの発展とともに、村における「死体」

の数は増え続け、終わりには、「今や一軒にひとつの死体がある」とまで言われるようになるのである。
殺された子どもの葬儀ミサの説教で、フヌイーユの司祭は、一種の示現《じげん》（vision）を見る。説教台から見る教区民の顔が急に、薄暗がりの中で、瀕死《ひんし》の状態にある一つの生々しい裸体《らたい》となって現れるのである。心臓、血、皮、胸などの隠喩が織り込まれ、一つの体のイマージュが次第に一つの形を取って浮かび上がってくる。生ける体において心臓の役割を務めるべき司祭は、今ではすっかりこの死せる体の外に投げ棄てられ、自らの教区が死にゆく有様を苦悩と恐怖のうちに見守ることしかできないでいる。

このような黙示録的イメージは、スペイン戦争の悲劇を扱った『月下の大墓地』をはじめ、他の政治評論にも頻繁《ひんぱん》に見受けられる。ベルナノスによれば、スペインを典型とする古い伝統を持つキリスト教国は、独裁主義体制に加担することや、愛無き秩序の維持《いじ》にのみ汲々《きゅうきゅう》とすることで、自らの霊的源泉を裏切ってしまった。したがって、その「心臓部」は止まっており、動いているのは、もはや腐敗を待つのみの巨大な死体だけなのである。

単なる絶望の表明とも受け取れるこの「死体」のイマージュをどのように解釈すべきであろうか。ここでマルク・アンジュノの政治論文分析の方法論を応用した、スヴン・ストレルフの研究は、この問題に貴重な示唆を与えてくれる。[84]

ストレルフは、ベルナノスの著作に黙示録的類型表現が多いことに注意を喚起し、中でも、大惨事《だいさんじ》がすでに起きたかのように語る「時すでに遅し（déjà trop tard）」の類型表現が多用されていることを指摘する。「死体」の隠喩は、この「時すでに遅し」の典型例である。このレトリックの手法の目的は、大惨事による絶望ではなく、怠惰と安眠

---

83 『田舎司祭の日記』前掲書、二四九頁。私訳。「恩寵」の原語は〈grâce〉で「神の恵み」の意味。
84 Sven Storelv, "Bernanos, discours pamphlétaire et discours apocaliptyque", *Revue des sciences humaines, Georges Bernanos*, Université de Lille III, 1987, pp. 21-31.

をむさぼる人々に、挑発的《ちょうはつてき》なイマージュをぶつけることにより、精神の覚醒《かくせい》を呼び起こすことだからである。

「体―死体」と連携して用いられ、密かな希望を秘めて用いられるのは、「年老いた母」のイマージュである。『ウィーヌ氏』においては、司祭の悲劇的示現の後、フヌイーユの古びた教会が裏切られても、なお子どもを愛し、守り続ける「母」として描かれている。

> 教会と村は一つだった。彼女（注：フランス語で教会 église は女性形）は、教区の味方だった。（中略）彼女は決して彼らを裏切ることはできないのだ。老いた母は、雨からも日差しからも、その子らを守ってやるだろう。[85]

この場面を書き上げた後、ベルナノスは、『ウィーヌ氏』を一時中断して、『田舎司祭の日記』の制作に取りかかる。それは、フヌイーユの司祭がアンブリクールの司祭へと、死体の示現がイエスの苦しむ肢体へと、変容してゆく転機点とも解釈できる。また、『月下の大墓地』の中でも、教会はその子らである信徒たちの罪を担って歩く老いた母として、愛情深く描かれている。

「子ども／死体／母の嘆き」という一連のイマージュは、イエスの死せる体を抱いて泣き悲しむマリアを描いた有名なピエタの像を想起させる。それは、最も深い苦悩と悲哀の時であると同時に、槍《やり》で突き刺された脇腹から生まれる教会の誕生の時でもあった。母のまなざしに包まれた死体からいのちが生まれるとき、生気を失った死体が復活とともに交わりの源泉となり、神秘体としての教会に生気を与え続けるのである。これが、教会の希望の源泉である。こうして死と復活の神秘を反映する、悲惨・絶望と希望の逆説的な共存が、いくつかの隠喩的表現によって暗示されていると言えるのではないだろうか。

師シャルル・ペギーに倣《なら》い、ベルナノスの希望は、いわゆる「楽天主義」とは対局にある悲劇的な希望であった。

事実作家自身、楽天主義／悲観主義の区別を揶揄《やゆ》し、楽天主義者とは、「ただ単に他人の不幸に鈍感なばかもの」であり、悲観論者は、「不幸なばかもの」にすぎないと幾度も喝破《かっぱ》している。

ペギーの『希望の讃歌』では、終わりに、ゴルゴダを包み込む神秘的な夜が、壮大な聖書のモチーフの背景として描かれている。ペギーに加えて、十字架の聖ヨハネの読者でもあったベルナノスは、真の希望が、「夜」の中で浄化されてゆく真理を理解していた。そして、希望について語る際には、決まって「夜の果ての曙《あけぼの》」という表現を用いるのである。

時代の闇、社会の闇、教会の中の闇、そして自らの潜む闇を凝視しつつ、常にその果てにある曙の方へ歩みを続けたベルナノスの旅路の唯一の光は、希望の「小さき炎」であったと言えよう。

85　『ウィーヌ氏』前掲書、二〇〇－二〇一頁。

第五章
ベルナノスと遠藤周作

第三部で扱った遠藤周作にとって、ベルナノスの作品、特に『田舎司祭の日記』は特別な作品であった。また、ベルナノスに決定的な影響を与えたリジューの聖テレーズの影響を間接的な形で遠藤の作品からも読み取ることは可能である。今までも、フランソワ・モーリヤックの影響は存分に論じられてきたが、ベルナノスの影響について、そしてテレーズの影響については十分に研究されてこなかったように思われる。

例えば遠藤周作と「テレーズ」と言えば、だれでもまず初めにフランソワ・モーリヤック（François Mauriac, 1885-1970）の忘れがたき女主人公テレーズ・デスケルーを思い浮かべることだろう。確かに遠藤は、自ら『テレーズ・デスケルー』の翻訳に挑み、『私の愛した小説』の中で、この最愛の小説を思い入れ深く論じている。だが、ベルナノスの小説世界の影響を考慮するならば、リジューの聖テレーズとのかかわりもまた無視し得ぬ重要性を秘めているように思われるのである。

少年時代、周作少年が通っていた夙川《しゅくがわ》カトリック教会は、このリジューの聖テレーズに捧げられた教会であり、当時は教会内にほぼ等身大の大きな像があったという。[86] パリ宣教会の司祭によって立てられたこの教会では、フランスの誇りであるこの聖女への特別な崇敬があったことは間違いない。また、遠藤の盟友、井上洋治神父は、初めのカルメル会士としての召し出しをテレーズの著作に負うており、『余白の旅』の中で詳しくその影響について語っている。[87]

テレジアの自叙伝に接して、何故私がキリスト教に入ろうと決心したのか、私自身にもわからない。何か大きな力が私の魂に働きかけたとしか言いようがない。（中略）しかし何か後ろから私を押し上げてきた力に抗しかねて、もうこれだと決心する一つのきっかけとしてテレジアの作品が作用したことは否めないような気がする。

二十世紀前半には世界各国語に翻訳され、数百万部という売れ行きを示した、『小さき花』とよばれるテレジアの自叙伝（…）、テレジアの求道性（霊性 spiritualité）は、ベルグソン以上に私の精神生活に決定的ともいえる痕跡《こんせき》を残してくれたはずである。（…）[88]

テレーズの霊性にそこまで傾倒していた井上洋治が、遠藤に何も語らなかったはずがない。ところが、例えば『私の愛する小説』の中で、同じカルメル会の聖人、十字架の聖ヨハネやアビラの聖テレサについては長々と言及している遠藤が、[89]この小さきテレーズについてはほとんど全く口を閉ざしている。だがこのような「沈黙」にもかかわらず、遠藤の小説世界には、聖テレーズの霊性の刻印が、そこかしこに明らかに存在しているように思われるので

86 以下の文献には夙川カトリック教会のテレーズの像についての遠藤の記述がある（笛木美佳先生よりのご教示）。この文章からは、遠藤がテレジア像になんらかの思い入れを持っていたことがうかがえる。
「ひとつの小説ができるまでの忘備ノート」『三田文學』第八〇巻、第六七号、二〇〇一年一一月一日、六一頁。
一九八三年（昭和五八年）一二月九日（金）（夙川の教会を訪れたことに言及）
「私たちが少年の頃にそこに跪いた教会。小さき花のテレジアの像が祭壇の奥からおろされ、その代わりに十字架がおかれているのが残念だったが、」

87 井上洋治『余白の旅』日本基督教団出版局、一九八〇年、三六－三九頁。

88 同書、三六頁。

89 遠藤周作『私の愛した小説』新潮文庫、昭和六三年、五六－五九頁。

ある。

一方遠藤がフランスへ初めて留学した一九五〇年六月から一九五二年八月にかけて書かれた『作家の日記』を克明に読むと、留学初年度の一九五〇年から一九五一年にかけて、遠藤が特別な興味を持って、ベルナノスを読んでいたことがうかがえる。

その第一の理由は、当時遠藤が心酔していたエスプリ運動の機関誌『エスプリ』の主幹が、ベルナノス研究の第一人者アルベール・ベガン（Albert Béguin, 1901-1957）であったことに起因するようである。遠藤の留学体験が最も克明に回想されているエッセイ「帰国まで」には、ベガンに会いに行ったときのエピソードが語られている。

留学二年目の冬にパリにのぼった機会を利用して、「エスプリ」を発行しているスイユ書店に行き、主幹のアルベール・ベガン氏と編集長のドムナック氏とわずかの時間だったが話しをすることができた。

この両氏は、わたしがモーリヤックを勉強していると言うと、非常に不満そうな顔をした。モーリヤックは彼らにとって、やはり体制的な作家、ブルジョワジーと結びついた作家だったからであろう。

「ベルナノスを勉強したほうがいい。」

とベガン氏はわたしに言った。私はもちろんこの著名な評論家がカトリック作家の中でもジョルジュ・ベルナノスの支持者であり、研究者であることをよく知っていた。[90]

だが、このエッセーにも語られているように、まだ訳本も研究書もない時代、すべてを原書で手探りのまま読んでいた遠藤にとって確かにベルナノスの凝《こ》った文体と内容はモーリヤックのそれに比べて遥かに難解であったに違いない。中でも、彼が一九五一年に読みかけて挫折した『ウィーヌ氏』は、前述したように悪の神秘を描いてドストエフスキーに迫るとさえ言われる傑作であるが、確かに一般の読者が一読しただけでは、場面展開や登場人物の関係すらわからぬほどの特異な小説である。

遠藤の日記には、一九五一年三月九日「ベルナノスの（…）『ウィーヌ氏』の難解さは、想像以上であって、これは他の小説の様に、二、三日で読み上げないものと初めから覚悟しておく。」[91]とあり、翌一〇日には、「しかるに『ウィーヌ氏』の難しさは、俗語の濫用（その二、三語はフランス人だって知らない）にあるのではない。関係代名詞につづく描写の一種不明瞭な暗示、饒舌《じょうぜつ》には、全くやりきれない。もしマニーの解説[92]を読んでおかなかったなら、ぼくはフィリップという青年の顔も年も性格もわからぬであろう。」[93]と書かれている。

だが、そんな中で『田舎司祭の日記』だけは、青年遠藤の心に深く消えない刻印を残す小説となったことが日記の様々な描写からうかがえる。

一九五〇年八月八日の日記にはすでに、「ここの田舎は、丁度ベルナノスの『田舎司祭の日記』にでている村のようだ」という記述があり、この小説は留学までに遠藤により読破されていたことがうかがえる。続く八月一四日の日記の記述を読むと、遠藤がすでにこの小説のキリスト教的主題をよく把握していたことが理解できる。

今日、教会で―このような遠い村の教会で、丁度ベルナノスの小説に出てくるような教会で―何も知らぬ事、わたしの知識などをはるかにこえたものが、この世界に、存在すること、その一つが、この寒村の教会にでも、

90 「帰国まで」『遠藤周作文学全集 14』新潮社、二〇〇〇年、二九〇頁。
91 遠藤周作『作家の日記』福武文庫、ベネッセコーポレーション、一九九六年、一五一頁。
92 批評家Claude-Edmonde Magnyの評論を指す。*Les Cahiers de Monsieur Ouine*, (Paris, Seuil, 1991) 参照、および本書三〇五頁・注78参照。
93 『作家の日記』前掲書、一五二頁。

多くの人間が祈っている事実に存していることを感じた。この世界は、ぼくの思惟ではかられぬ程、深く深遠であると……。[94]

なぜなら、この『田舎司祭の日記』は、単なる出来事の日記ではなく、司祭の魂の日記であり、霊的、神学的な考察に満ちている。そして、この司祭の一見倦怠に満ちた教区とは、脱キリスト教化の進むキリスト教世界の象徴であり、司祭の霊的ドラマはそのただ中で繰り広げられてゆくからである。

一九五一年三月三〇日に、知り合いの神父に連れられて、遠藤はベルナノスの墓を訪れている。そして翌日は、ベルナノスのフランス語の教師であった神父を訪ねて、この作家についてのインタビューを行っている。[95]同年の四月には、ロベール・ブレッソンによって映画化された『田舎司祭の日記』を見て感動し、その後映画についてのアルベール・ベガンの講演から小説技法の示唆を受けたことが記録されている。[96]

翌五月の読むべき本のリストにまだベルナノスの『ウィーヌ氏』と『欺瞞（*L'imposture*）』[97]が入っているところを見ると、遠藤はまだ、これら悪をテーマとしたベルナノスの著作の読破《どくは》をあきらめておらず、ベルナノスの「悪魔」観にも強い興味を持っていたことがうかがえる。[98]

一方、一九六〇年に刊行された『聖書のなかの女性たち』の最終章である「秋の日記」には、遠藤がギイ・ゴシェの『ベルナノスの小説における死の問題』やガブリエル・マルセルの戯曲などを読みながら、人間の連帯について考えたという記述[99]がある。ギイ・ゴシェはベルナノス研究を行う中でリジューの聖テレーズに出会ってその霊性に魅せられ、カルメル会に入会し、テレーズ研究の第一人者としてリジューの補佐司教にまでなった人物である。この初評論に続くベルナノス研究においては、ベルナノスとテレーズの比較研究の第一人者となってゆくが、遠藤の読んだこの初評論では、まだベルナノスの著作におけるテレーズの影響について論じていない。

また、神学者ハンス・ウルス・フォン・バルタザールは、大著『キリスト者ベルナノス』[100]において、テレーズの霊性の影響について広く論じているが、この本の仏訳が出版されたのは、遠藤帰国後の一九五六年であった。これらの豊富な研究によって、後のベルナノス研究においてテレーズの霊性の影響は当然の事実として共有されることになったのだが、これらの評論が出る前にフランスを去った遠藤はこのような研究成果を知るすべがなかったと結論できよう。

94 『作家の日記』前掲書、五三－五四頁。
95 同書、一六二－一六四頁。
96 同書、一七七、一八三頁。
97 同書、一九四頁。遠藤は、現在『欺瞞』と訳されている書を『ペテン』と私訳して記入している。
98 同書、一九五－一九六頁。
「ドニ・ド・ルージュモンの『悪魔の分け前』を、買ったのでそれを今日半分ほどよんだ。最後における、群衆の酩酊を求める心理の分析は一寸考えさせられた。悪魔の最も大いなる詭計は彼が〈存在しない〉と人に思わせる事—彼は種々なる局面をもっている事である。この本はベルナノスの悪魔観にピタリと一致する。」
99 Guy Gaucher, *le thème de la mort dans les romans de Georges Bernanos*, Les cahiers des lettres modernes, 1955.
一九五二年三月一三日の日記「『彼方』を一応読了、この本を読んでいる内に逆にこれと同じ主題を〈小説〉で書こうとするぼくの欲求は消え、「悪魔論」として、ベルナノスとユイスマン論を書こうとする気持ちに変わったのは不思議である。」
100 Hans Urs von Balthasar, *Le Chrétien Bernanos*, 1956, Editions du Seuil.

一　『田舎司祭の日記』とテレーズの霊性
――『わたしが・棄てた・女』と『深い河』への影響

■『わたしが・棄てた・女』

武田友寿はその慧眼《けいがん》により、講談社文庫の『わたしが・棄てた・女』の解説で遠藤が、『田舎司祭の日記』に触れた「秋の日記」に言及している。[101]そこで武田が指摘するのは、特に〈運命の連帯感〉と、〈聖化思想〉である。〈運命の連帯感〉とは、キリスト教神学用語で置き換えるならば、永らく「諸聖人の通功」と呼ばれ、現在では「聖徒の交わり」(Communion of Saints) と呼ばれている教義にほかならない。それは、教会をキリストの体として捉えたときに、死者をも含むすべての人間がキリストにつながっており、その交わりにより、「愛によって行われるわたしたちのどんなささいな行為も、すべての人の益となることを」[102]信じることである。

この「聖徒の交わり」の教義は、『田舎司祭の日記』を読み解く鍵ともなっている。倦怠に蝕ばまれた教区の中で、若い司祭はその体に教区内の悪を背負ってゆく、彼を死に追いやる胃ガンは、悪の象徴である。外面的には何一つ成功しなかった司祭であるが、人々とのかかわりの中、特に憎しみという牢獄に身を置き生き続けてきた伯爵夫人を解放することにより、救いなき世界に愛をもたらすのである。亡くなる直前の彼の日記は、キリストに結ばれた者のみが感じることのできる平和と希望で満ちている。

カルメル会修道女として、一生を禁域の中で暮らし、祈りにすべてを捧げる生き方に召されたリジューの聖テレーズにとって、「聖徒の交わり」は、自らの生きる意味そのものを示している。修道院の中で行われたつつましい愛徳の業が、キリストと結ばれることにより、世の救いのわざに加わるものであることを彼女は信じ、そこに賭けて短い一生を生き抜いたからである。
『わたしが・棄てた・女』の中で、以下のような吉岡の述懐《じゅっかい》の記述は、とりたてて言うべき特異な現象もなく、「日常」の聖女であったテレーズの姿を彷彿《ほうふつ》とさせる。

これが、ぼくがあの女を知った切《き》っ掛《か》けだ。やがて、ぼくが犬ころのように棄ててしまったあの女との最初の切っ掛けだ。(…)ぼくはあの時、神さまなぞは信じていなかったが、もし、神というものがあるならば、その神はこうしたつまらぬ、ありきたりの日常の偶然によって彼が存在することを、人間にみせたのかもしれない。理想の女というものが現代にあるとは誰も信じないがぼくは今あの女を聖女だと思っている。[103]

「聖女」という言葉に注目してみるならば、今までの聖女像、すなわち特異な超自然的現象に取り囲まれた非日常的人物というイメージを払拭《ふっしょく》し、ごく普通の生活の中で、周りの人々にも理解されぬほど隠れた存在であったテレーズは、いわゆる聖女像に「革命的」変化をもたらした人物であった。中でも、特にテレーズの霊性を感じさせる場面は、スール山形が最後に吉岡に宛てた手紙の中でミツの姿を描き出す場面である。

私はさきほど愛徳とは、一時のみじめな者にたいする感傷や憐憫《れんびん》ではなく、忍耐と努力の行為だと生意気なことを申しましたが、ミッちゃんには私たちのように、こうした努力や忍耐を必要としないほど、苦しむ人々

101 武田友寿「解説」『わたしが・棄てた・女』講談社文庫、一九九一年、第五二刷、二六〇―二七二頁。
102 『カトリック教会のカテキズム』カトリック中央協議会、二〇〇二年、九五三項、二八九頁。
103 遠藤周作『わたしが・棄てた・女』前掲書、二六頁。傍線筆者。

にすぐ自分を合わせられるのでした。いいえ、ミッちゃんの愛徳に、努力や忍耐がなかったというのではありません。彼女の場合には、愛徳の行為にわざとらしさが少しも見えなかったのです。（…）

流行歌が好きで、石浜朗の写真を、自分の小さな部屋の壁にはりつけている平凡な娘、そんなミッちゃんであればこそなお、神はいっそう愛し給うのではないかと思ったのです。あなたは神というものを、信じていらっしゃるか、どうか知りませんが、私たちの信じている神は、だれよりも幼児のようになることを命じられました。単純に素直に幸福を悦ぶこと、単純に素直に悲しみに泣くこと—そして単純に、素直に愛の行為が出来る人、それを幼児のごときと言うのでしょう。[104]

テレーズの霊性は、よく「霊的幼子《おさなご》」と呼ばれる。テレーズの霊性の真価を初めに見抜き、教会博士と予言したカルメル会士幼きイエスのマリー＝ユジェーヌ神父はそれを以下のように解説する。

福音の中で、神の国に入るためには、子供にならなければならない、という箇所をテレーズは読む。確かに、聖人でなければならないが、最も偉大な人とは誰か。それは最も小さな者。なぜなら最も弱い者であるから。最も賞賛に値するからではなく、その弱さと貧しさが、神に最大の器を提供し、神からすべてを受けさせるからである。ここに幼いイエズスの聖テレーズの全神秘神学がある。[105]

また、テレーズの霊性において、愛徳の実践の価値はよく知られているが、その実践が十字架のイエスに倣った苦しみにおける交わり（連帯）にまで達していたことは特筆しなければならない。

ミッちゃんが、神を否定するのは、この苦悩の意味という点にかかっていました。ミッちゃんには、苦しんでいる者たちを見るのが、何時もたえられなかったのです。しかし、どう説明したらよいのでしょう。人間が苦しんでいる時に、主もまた、同じ苦痛をわかちあってくれているというのが、わたしたちの信仰でございます。（…）私たちの苦しみは必ず他の人々の苦しみにつながっているはずです。しかし、このことをミッちゃんにどう、わかってもらえるか。いいえ、ミッちゃんはその苦しみの連帯を、自分の人生で知らずに実践していたのです。[106]

ミツが無意識で行っていたことを、テレーズは修道生活の祈りの中で実践していたのである。中でも彼女が信仰の試練と呼ばれる無神論者との交わりに生き、ゆえにその死がほとんど絶望に近いかにさえ見える苦悶の死であったことを知る人は未だ少ない。テレーズの短い一生がいかに苦しむ人との連帯の一生であったかについては、ギイ・ゴシェの『死と闇をこえて―テレーズ、最後の六ヶ月』に詳しく描写されている。[107]

■『深い河』

『わたしが・棄てた・女』と『深い河』を比較するとき、後者がまさに「私が・棄てた・男」の物語であることは、今までも指摘されてきた。美津子に棄てられた後、フランスで司祭となった大津は、『田舎司祭の日記』のアンブ

104 『わたしが・棄てた・女』前掲書、二四七頁〈ぼくの手記（七）スール山形の手紙〉。
105 幼きイエズスのマリー・エウジェンヌ『わがテレーズ　愛の成長』中央出版社、一九九一年、二七－二八頁。現在の呼称は「幼きイエスのマリー＝ユジェーヌ」神父。
106 『わたしが・棄てた・女』前掲書、二五〇－二五一頁。
107 ギイ・ゴシェ『死と闇をこえて―テレーズ、最後の六ヶ月』福岡女子カルメル会（訳）、聖母文庫、一九九六年。

リクールの若い司祭と多くの共通点を持っている。遠藤が「秋の日記」に記した田舎司祭についての記述は、そのまま大津に当てはまる点を数多く共有しているからである。

この小説が、私を魅了するのは、主人公の田舎司祭が、私たちと同じ地点から人生に生きていることだ。彼は健康ではない。頭も才能も優れた男ではない。善意で行ったことは、そのほとんどが失敗に終わってしまう。彼が今、街を歩いたとしても私はほとんどふりかえりはしない。（中略）その凡庸な、そして私たちと同じ弱さを持った男がこの小説の終わりの頁をめくり終えた時、いつか私たちの及ばぬ地点に人生の崇高な部分を歩いていることに気がつく。それはなにか彼が、特定の素晴らしい行為や死を選んだためではない。（彼の死は、私たちと同じように凡庸でみじめな外観をとっているのだから）（中略）ところが目立たずこの詰まらぬ日常の出来事から彼は生き始める。我々と同じ石ころの上、同じデコボコのわずらわしい路を歩きながら彼は聖人となる。[108]

この二人の司祭の類似性が最も明らかになるのは、その臨終の場面である。フランスからインドへと遍歴し、人に理解もされず、むしろ軽蔑されるような仕事を敢えて行っていた司祭大津は、カメラマン三條の身代わりとなって不慮の災難の末、臨終を迎えることになる。

「さようなら」担架の上から大津は、心のなかで自分に向かって呟いた。「これで……いい。ぼくの人生は……これでいい」「馬鹿ね、本当に馬鹿ね、あなたは」と運ばれていく担架を見送りながら美津子は叫んだ。「本当に馬鹿よ。あんな玉ねぎのために一生を棒にふって。あなたが玉ねぎの真似をしたからって、この憎しみとエゴイズムしかない世の中が変わる筈はないじゃないの。あなたはあっちこっちで追い出され、揚句の果て、首を折って、死人の担架で運ばれて。あんたは結局無力だったじゃないの。[109]」

一方、人々からの無理解と誤解の末、教区から追放されることとなったアンブリクールの司祭は、胃ガンが悪化し、友人宅で血を吐き昏睡状態となる。ふと目をさました司祭が残した最後の言葉は、大津のそれとほとんど同じ述懐であり、その言葉を友人のデュフレッティがトルシーの司祭への手紙に書き留めている。

しばらくすると、彼は手を私の手の上に置き、耳を彼の口元へ近づけるようにと目で合図しました。そしてとぎれとぎれではあっても、はっきりと、この通りの言葉を語りました。

「いいんだよ。すべては（神の）恵みなんだから。」(Qu' est ce que cela fait? Tout est grâce.)

そしてすぐに息を引き取ったと思います。[110]

司祭のこの印象深い最後の言葉は、小説『田舎司祭の日記』がアカデミー・フランセーズの小説大賞を受賞して有名になると同時に注目を集めるようになったが、ベルナノスはこの言葉が彼のオリジナルではなく、リジューの聖テレーズの臨終《りんじゅう》の言葉をそのまま借用したものであることを明言している。テレーズと大津はほとんど同じ言葉を最後に残して死を迎えるのである。

108 遠藤周作「秋の日記」『聖書のなかの女性たち』講談社文庫、一九九〇年、一三二―一三九頁。
109 遠藤周作『深い河』講談社文庫、一九九六年、三四四頁。傍線筆者。
110 邦訳「そんなことはどうだっていい！すべては聖寵である」（ベルナノス『田舎司祭の日記』前掲書、二五一頁）は原語のニュアンスを伝えていないため、私訳を用いた。（G. Bernanos, *Le Journal d'un curé de campagne*, Bibliothèque de la Pléiade, p. 1259.）傍線筆者。

『深い河』とは、美津子（テレーズ・デスケルー）が、大津（田舎司祭）と出会い、リジューのテレーズの隠れた恩寵に触れて回心の道をたどり、『わたしが・棄てた・女』のミツがたどった道を歩み始める物語としても捉え直すことができるのではないだろうか。実に「悪女」テレーズの救いを最後まで願いながら、それを果たせなかったモーリヤックの夢を、遠藤は『深い河』の中で成し遂げたということも可能であろう。この大津と美津子を結ぶのは、まさに目に見えぬ「聖徒の交わり」(Communion of Saints) の絆であり、その絆は二人の名前に共通の「津」（神の恵みの象徴である「水」を含んだ語）に象徴されているようにも思われる。

二　聖化の物語

遠藤は、このベルナノスの傑作『田舎司祭の日記』から、後に彼自身の小説世界を築き上げる上で、本質的な要素を学び取ったように思われる。すなわち、弱く、罪深い人間、すべての希望が失われたかのような人間にも、神の恩寵の働きにより、変容の可能性が残されていること。それを成し遂げる神の恩寵の神秘。そして、恩寵は、劇的な出来事よりも、一見無味乾燥な日常性の中でその真の働きを明らかにしてゆくこと、である。

初期のエッセイにおいて、「カナの奇跡」に注目し、水の象徴性に注意を喚起した上で、水を葡萄酒に変えることの意味を、遠藤は次のように述べている。

たとえば我々の肉欲というものを考えてください。肉欲はそれ自身では、人間の弱さであり、動物的なものといわれています。いわば我々の精神にとっては高貴さと人間の価値を時として失わさせる「水」なのです。

その水、つまり肉欲をいかにして「葡萄酒《ぶどうしゅ》」に変えるか？キリスト教は、そういう意味で「水」――人間の弱さを肯定し、しかもそれを人間の強さと高貴さに変えようとしている点を我々はもう少し注目してよいと思います。カナの奇跡は、いわば「低い人間性」を「より高い人間性」に変化させるキリスト教にとっては重大な意味を持っているわけなのです。[112]

このような「存在の聖化」を遠藤独特の言い回しに言い換えてみると、「弱虫」が「強虫」になる過程と表現できるのではないだろうか。そして、その原型を、遠藤は福音書の弟子たちとイエスのかかわりの中に見出してゆく。イエスの生前、そして受難の間、常に「弱虫」そのものであった弟子たちが、復活ののち、殉教をも厭わぬほどの「強虫」になってゆく、その秘密は何か、というのが自らを「弱虫」の典型と位置づける遠藤のせっぱ詰まった問いかけであったように思われる。だからこそ、『田舎司祭の日記』のような小説と、そこに描かれた人間の変容の可能性にこれほどまでに心惹かれたのだろう。

今までも、日本文学の系譜において、人間の醜さ、弱さあるいは、逆にその美しさを描き出した作品は数多くある。ただ、弱い人間がいつの間にか聖化されてゆくという過程を描いた作品としては、ベルナノス、モーリヤックに学んだ遠藤が先駆的な仕事を成し遂げたように思われる。

---

111 モーリヤックは、『テレーズ・デスケルー』の続きを書き続けたが、『夜の終わり』に至るまで、テレーズをキリスト教的回心へと導くことはできなかった。

112 遠藤周作『聖書のなかの女性たち』講談社文庫、一九九〇年、九二頁。

三 「沈黙」の理由とテレーズの影響

しかしベルナノスからはこれほどの影響を受けた遠藤が、なぜ聖テレーズについてほとんどその著作の中で言及をしてこなかったのであろうか？　いくつかの可能性が答えとして考えられる。

まず、最初に思い浮かぶのは、一九世紀のロマン主義の洗礼を受けた時代の子テレーズの文体が、特に修道女の言葉遣いそのものの旧訳で読んだときに、遠藤には余りにもロマンチックで甘ったるく感じられたのではないかという推測である。実に今でも彼女の文体が苦手であり、読むに耐えないと思う人は存在するからである。これについては、アビラの聖テレサの自叙伝を読み、カルメル会入会にまで至った哲学者エディット・シュタインに、だれかがやはり「テレーズの文体には我慢ならない」と言い、エディットが反論するというエピソードも知られている。

次に推測されるのは、テレーズの自叙伝の内容についての苦手意識である。これについては、『作家の日記』の一節が、一つの鍵を握っているように思われる。

4月19日（木）

午前中、マニーのスタインベック論読了、これはマニーの批評方法の弱点をよくあらわしたものである。

〝抵抗し難いものであるかのようなこの静かな激情について、私は何も知らなかった。女としての存在のすべてを悪や憎悪《ぞうお》や恥辱《ちじょく》へと向かわせるこの大いなる躍動について、私はなにも知らなかった……。それはほとんど美しかった。この世のものでない―またあの世のものでもない―美しさ、罪以前の、もっと古い世界の美しさ、天使たちが罪を犯す以前の美しさだった。〟

このような世界にぼくは何故ひきつけられぬか知らぬ。黄昏《たそがれ》、あたりが灰色にかげり始めた窓際で（ぼくはそれをベルナノスの中にみいだしたのであった）路上にはいつものように街の音が間をおいてやみ、そのしずかさの中でこの句は、魔力的なあし音でちかづいてきた。影のないものはぼくの心をひかなくなった。[113]

このような記述からは、旧版で読んだテレーズの自叙伝の内容が、遠藤にとっては「美しく」はあっても「影のない」世界に思え、ゆえに興味を失った可能性が大いにある。しかし盟友井上洋治には、テレーズの文体やその内容が苦手とは決して言えず、それがテレーズについての「沈黙」を生んだのではないかという推測が成り立つのである。

しかしながら注目すべき点は、初めは訂正・脚色を施されて出版されたテレーズの自叙伝『ある霊魂の物語』が、一九五六年にはついにオリジナルの原稿のままで出版されたことである。このオリジナル原稿の邦訳は一九六二年なので、遠藤はそれを読まなかった確率が高い。なぜなら、このオリジナル原稿には、テレーズの抱えた信仰の闇の部分、すなわち「影」や人間らしさが赤裸々に描かれているからである。一方ベルナノスは、彼女のそのような「影」の部分や、人間らしさを彼女の『最後の言葉』の中ですでに見いだしていた。

興味深いのは、遠藤がベルナノスに見いだしていた「影」が、テレーズの真の原稿にはあり、それを知っていたベルナノスの小説には、そのテレーズの「影」が反映されているということである。モーリヤックがいかにテレーズの霊性の影響を受けていたかについては、すでに研究[114]があるが、それに加えて、間接的にせよ、テレーズの霊性

113 『作家の日記』前掲書、一七三頁。傍線筆者。
114 片山はるひ「遠藤周作の文学における『母なるもの』再考―「かくれキリシタン」とフランスカトリシスムの霊性―」『遠藤周作研究　第四号』遠藤周作学会、二〇一一年、一―一三頁。

の刻印を遠藤の小説に見いだすことのできる理由は、このようなベルナノスの小説世界の影響にもあると結論できるのではないだろうか。

上智大学で学んだ哲学科の学生であった頃より、遠藤は今で言うところの霊性への興味と渇きを持っていた。彼の真の処女作と言える校友会誌に発表された論文「形而上的神、宗教的神」の末尾は現代人の魂の渇きを代弁するかのようである。

十八世紀より十九世紀に渡る唯理的神、抽象的或いは科学的実証的哲学に於て既に我々は物足りなさを感じつつある。ミスティクを相慕《あいした》い神秘において祈らんとする現代人の内部の実在感は更に転回を示さんとする。形而上学より宗教へ、二十世紀人の救《すくい》はかくあらねばならぬであろう。（…）

我々は内より啓示を開く神をマイステル・エックハルトの言に於いて聞き駄稿を終ろう。「人々は考えられたる神に於て満足しない。人々は実在する神を持たねばならぬ。[115]」

パスカル研究者串田孫一《くしだまごいち》や、吉満義彦の影響を受けて書いたと思われるこの哲学的エッセイからは、一八歳の遠藤がすでに、概念としての神ではなく、存在する神、今生きている神の実在を、追い求めていたことがうかがえる。テレーズがその自叙伝で現代人に語りかけたのは、まさに神は存在すること、その神が愛とゆるしの神であることを体験したことであった。ベルナノス、モーリヤックなどの作家がテレーズの著作に見いだしたのも、まさにこのような霊性の息吹であった。ゆえに、遠藤は、フランスカトリック文学を迂回《うかい》する形で、間接的であるにせよテレーズの霊性に触れていたと結論できるのではないだろうか。そして、この実在する神を探し求める魂の探求にこそ、遠藤文学が日本文学の中で担う一つの貴重な役割があるように思えてならない。

第六章 『カルメル会修道女の対話』――聖性の交響楽

作家ジョルジュ・ベルナノスの名は知らずとも、映画、テレビあるいは舞台、オペラで定期的に上演されている有名な戯曲『カルメル会修道女の対話』[116]を知る人は数多いようである。また、ドイツのカトリック作家ゲルトルード・フォン・ル・フォール（Gertrud von Le Fort, 1876-1971）の中編小説『断頭台下《だんとうだいか》の最後の女』[117]はその印象的な表題により、日本でも一時期よく知られていた作品である。だが、この二つの作品が原作と映画化のためのシナリオという当初の関係を踏まえながらも、独立した作品であること、史実に題材を取り、二人の作家に共通の時代意識と霊性を背景に想像された作品であることを知る人は少ないのではないだろうか。ベルナノスの場合、この唯一の戯曲は彼の文学世界の集大成とも言うべき作品であり、その中には「聖性」という彼の永遠のテーマが一種のシンフォニーとなって見事な音色を響かせている。

その調べを心ゆくまで味わうためにはまず、この戯曲の創作の背景から明らかにしなければならない。

115 「形而上的神、宗教的神」『遠藤周作全集 14』新潮社、二〇〇〇年、四六五－四六九頁。

116 *Dialogues des carmélites*, in Œuvres romanesques, Gallimard, coll. Bibliothèque de La Pléiade.（AU-省略）（邦訳は『ベルナノス著作集3』（春秋社、一九七九年）に収められているが、この論文中の引用の多くは原文からの私訳である。）

117 仏訳、*La Dernière à l'échafaud* (Die Letzte am Shafott, 1931), DDB, 1959, (Traduit de l'allemand parB.Briod).

一　小説から戯曲へ

一九四七年五月、戦後フランスの精神的に荒廃した雰囲気に耐えられず、ベルナノスは再び祖国を後にし、チュニジアへと移住する。そこから彼は旺盛《おうせい》な講演旅行や雑誌等への寄稿を通して文筆活動を続けていた。だがこの頃から彼は肉体的にも精神的にも深い疲労を感じるようになる。ついに一九四八年の五月には肝臓ガンの疑いで空路担架に乗せられてフランスへ帰国し、入院して一か月半もたたぬ七月五日、ベルナノスは不帰の人となるのである。

ル・フォールの『断頭台下の最後の女』を映画化するためのシナリオを制作してほしいというブルックベルジェ神父の注文をベルナノスが承諾したのはこのチュニジアの地においてであった。ル・フォールはフランス革命の恐怖政治の時代に捕らえられ、革命法廷で死刑の判決を受けギロチンにかけられたコンピエーニュの一六人のカルメル修道女の殉教《じゅんきょう》という史実にこの小説の題材を取っている。この殉教者たちの記録は、当時たまたまパリに赴《おもむ》いていて捕縛《ほばく》を逃れたマリー・ド・ランカルナシオン修道女（Marie de l'Incarnation. 邦訳では受肉のマリーと訳されているため、以下ではその呼称を用いている。「受肉」とは、神のみことばが人となったという神秘を意味している）が書き残した「覚書《おぼえがき》」[118]によって世に知られ、一六人のカルメリットは一九〇二年には尊者となり、一九〇六年五月には大革命の最初の殉教者として福者（聖人と宣言される列聖の一つ前の段階）と宣言され、二〇二四年には、教皇フランシスコによって列聖された。ル・フォールは、この史実を基に、断頭台を最後に登ってゆくヒロイン、ブランシュ・ド・ラ・フォルスやその兄の騎士などを創造し、カルメリットたちには史実にはない役割・性格を与えるなどの脚色をほどこし、全体を長い書簡という形式でまとめあげている。

一方、書くことを召命（vocation）と捉えていたベルナノスは、一九三〇年代半ばから、キリスト者としての使命感により、心ならずも小説の制作を放棄し、政治評論にその全精力を注ぐと宣言していたのだが、なぜこのシナリオ制作を引き受けたのかという理由は単なるブルックベルジェ神父への友情や経済的な問題のみでは説明できない。最も決定的に思われるのは、この『断頭台下の最後の女』が、リジューの聖テレーズの『最後の言葉』[119]と並んで、一九三八年ブラジル滞在時代以来のベルナノス自身の愛読書であったという点である。

『断頭台下の最後の女』は、ナチスドイツの台頭と躍進《やくしん》に象徴される一つの時代の滅《ほろ》びの予感を、恐怖と苦悩をもって見つめていたル・フォールが、当時のドイツとフランス革命期を重ね合わせつつ執筆した佳作である。占領下の戦中・戦後とフランスの浮き沈みを同様の苦悩と共に見守り続けたベルナノスが、この小説から滲《にじ》み出るそのような雰囲気に鈍感であろうはずがない。それどころか彼はこの小説の中に、自らの同時代に対する思いを集大成して表現することを可能とするような、絶好の舞台設定を見いだしたのではないだろうか。ル・フォールとベルナノスの作品の微妙な関係については作家ジュリアン・グリーンが客観的かつ明晰な証言をしている。

芸術的な意味において、主要な人物を創造したのはル・フォール夫人である。またシナリオの場面展開は映画監督のものである。だがベルナノスはこれらの場面に彼独自の霊的（spirituelle）な意味を与えたのだ。総体的に言って、小説、シナリオ、曲の間に完全な断絶や独立性がないのは明らかである。だが霊的な次元においては、独立性が認められる。ベルナノスはル・フォール夫人とは異なった自分独自の解釈を与えた。この『対話』の登場人物たちを生き生きと語らせているのは作者のベルナノスだ。彼はシナリオを参照しつつ、期待通

118 Marie de l'Incarnation, *La relation du martyre des seize Carmélites de Compiègne*, Les documents originaux inédits publiés par W. Bush, (Paris, Cerf, 1993).
119 Thérèse de l'Enfant-Jésus et de la Sainte Face, *Novissima Verba*, OCL, 1927.

りにベルナノス独自の作品に仕立てあげたのだ。[120]

病に倒れたベルナノスがこの戯曲を病床で書き続けていたことから、作品全体に、死を予感した作家の霊的遺書としての側面があることもまた言及しておかねばなるまい。「私に残された時間はもう限られている」といった表現は一九四五年頃からの政治評論にも頻出するが、友人アルベール・ベガンは、一九四六年ベルギーへの講演旅行からの帰りにベルナノスがすでに自分の来るべき死を予感していたことを示す忘れがたいエピソードを紹介している。病気などのトラブルによる執筆の大幅な遅れから、ベルナノスの原稿は結局映画のシナリオとしては間に合わなかった。作家の死後、旅行カバンの奥に押し込まれていた原稿を発掘し、戯曲としての価値を見抜いて、一九四九年に『カルメル会修道女の対話』というタイトルをつけて出版したのはベガンの功績である。

〈あらすじ〉

戯曲は、フランス革命をすでに予感させる緊迫した状況の中で幕をあける。第一部で、大貴族の娘ブランシュ・ド・ラフォルスは、カルメル会への入会を望み、修道院を訪れる。生来臆病なこの娘は、英雄的な生き方を望みつつも、実は修道院に安全な隠れ家を求めていたのである。彼女に会った老修道院長ド・クロワッシーは、ブランシュの弱さを見抜きつつも彼女を修道院に受け入れることを決める。そしてブランシュを、しっかり者の受肉のマリー修女に託すのである。ブランシュは、修道院で、同じく若く、元気と勇気に満ちたコンスタンス修女に出会う。そしてこれらの修道女に支えられて、修練の日々を過ごしてゆく。

一方ド・クロワッシー院長の病は最後の局面を迎え、その死の苦悶《くもん》は一見狂気とも思われるほどであった。コンスタンスは、ただ一人、そのあまりにもふさわしくない死が他のだれかの身代わりであることを見抜いていた。新しく院長に選ばれたリドワーヌ院長は、庶民の出身で心温かい人柄である。革命の嵐が吹き荒れ、カルメル会修道院も標的にされる中、勇気ある受肉のマリーは、全員で殉教の誓願を立てることを提案するが、弱い者を守ることを第一とするリドワーヌ院長に一度却下される。だが、リドワーヌ院長の不在の間、再度この誓願を提案し、修道女たちに受け入れられるが、殉教を怖れるブランシュは、この決定を受けて家に逃げ帰ってしまう。

帰ってきたリドワーヌ院長によりその非を指摘され、マリーはブランシュを修道院に連れ戻そうとする。その間、革命政府により、修道女たちはみな逮捕され、死刑の判決を受ける。死を恐れ、修道女たちの殉教をも望まないブランシュは、マリーの説得にもかかわらず、修道女たちのもとに戻ることを拒否する。結局、自ら殉教を望み、その誓願さえも提案したマリーは、捕縛《ほばく》を逃れ、ただ一人の生き残りとなることになる。そして、修道女たちの殉教の場面で、最後に断頭台に忽然《こつぜん》とブランシュが現れ、彼女もまた殉教を遂げるのである。

二　カルメリットの「二重唱（デュエット）」

『カルメル会修道女の対話』の一見古典的で簡素な外観に隠された内容の驚くべき豊かさを正当に評価するには、政治評論も含めたベルナノスの全作品の中でこの戯曲を位置づける必要がある。そうして初めて、この磨き抜かれた文体が作家の一生涯の文学探求の到達点を示すものであることが明らかになる。その一例として、数多くの声の

120　Sr.Meredith Murray op., *La Genèse de Dialogues des carmélites*, (Paris, Seuil, 1963), pp. 105-106.

織りなすシンフォニーの中で特によく響く二重唱、二人のカルメリットの「声」をそれぞれ取り上げてみたい。

一人目は第二場の中心人物であるド・クロワッシー院長（イエスのアンリエット修道女）である。ル・フォールの原作では全く重要視されていなかったこの人物に、ベルナノスはある意味で戯曲の中心人物と言っても過言ではないほどの重要な役割を担わせる。原作ではほんの数行の、カルメル会の志願者であるブランシュと院長の会話を膨《ふく》らませ、ベルナノスは後のブランシュの召命の神秘を解く鍵を含む深い意味を与えるのである。ド・クロワッシー院長の言葉は、『よろこび』のシュヴァンス神父や『田舎司祭の日記』のアンブリクールの司祭の姿を彷彿《ほうふつ》とさせるような深い智恵と人間愛に富んでいる。その厳格な外見とは裏腹に、この高齢の院長は、すべての面で脆弱《ぜいじゃく》なブランシュを真に理解し支えようとする。院長が彼女に与える忠告は、弱さの体験を通して神への信頼を説いたリジューの聖テレーズの霊性に満たされている。

娘よ、何が起ころうとも、単純で素直でありなさい。我々の霊性の書物を読むと、神はまるで鍛冶屋《かじや》が鉄の棒を打ちつけて力を試すように聖人達を試練に合わせるのだと思ってしまうかもしれません。でも革屋が鹿皮を手のひらでもんでその柔らかさを確かめるように、むしろ柔軟さを試されることの方が多いのです。おお娘よ、いつも神の御手の中でそのような柔らかい、素直な者になってください。[121]

だがこの「単純さ」は単なる盲目的な従順を意味するのではない。それは修道院のような霊的な世界にも容易《たやす》く入り込む傲慢《ごうまん》や虚栄に歯止めをかけるために必要な内的態度なのである。志願者ブランシュが「誰の注意も引きたくない」という一見謙遜《けんそん》な願いを述べると、思慮深い院長はその裏の隠れた傲慢《ごうまん》を鋭く見抜いて答える。「へりくだることばかり考えすぎると、度が過ぎるおそれがあります。なにごとにつけても同じですが、謙遜も度が過ぎれば傲慢《ごうまん》に転じてしまいます。[122]」あらゆる見せかけを拒否するこの老練《ろうれん》な修道女は真理を述べるのをはばからない。修道生活についてのブランシュの甘い幻想を打ち砕くために、修道院にも多くの「凡庸《ぼんよう》な」「生ぬるい」修道女らがいることを告げ、そのような者たちの精神状態は「強盗《ごうとう》よりもひどい」と言い切る。そして、自らの凡庸さを隠すためにわざと他人の欠点に目をつぶるような偽物《にせもの》の好意と、真実に立脚した真の愛徳との違いについて語る。教会の中でキリスト者の凡庸さ、生ぬるさに憤慨《ふんがい》し苦しみながらも、キリストの体である教会を愛し抜こうと努めたキリスト者ベルナノスの姿が、この老修道女の背後に見え隠れする。

ド・クロワッシー院長の人物像の源泉には、ベルナノスの文学世界の主要テーマである「幼子《おさなご》の精神（l'esprit d'enfance）」の探求がある。すでに病重く死の影に脅《おび》える院長はこう自問する。

「いったん、子供時代から出てしまった者は、そこに戻ってゆくのに長い間苦しまなければならないのです。夜の闇の果てにまでゆかねば新しい曙に出会えぬように……私は幼子に戻ることができたのでしょうか？[123]」

この修道女がアンブリクールの司祭をはじめとするベルナノス的「幼子」の系列に入る人物であることは間違いない。田舎司祭は日記に、ド・クロワッシー院長の姿を予告するかのような考察を書き留めている。

子供時代と老年期というのは人間の一生のうちでも最も大変な試練の時期であるに違いない。だが幼子はそ

---

121 「カルメル会修道女の対話」『ベルナノス著作集3』春秋社、一九七九年、三一六頁。一部私訳。
122 同書、三〇一頁。
123 同書、三〇四頁、私訳。

のような自らの無力さの自覚から本当のよろこびの源を謙虚に引き出すのだ。[124]

幼子の精神を体現するもう一人の人物は若い修練女、コンスタンスである。彼女は『断頭台下の最後の女』では単に「無邪気な若い聖ドニのコンスタンス」とだけ簡単に紹介され、性格が弱いという指摘があるのみである。だが、ベルナノスは彼女を天真爛漫《てんしんらんまん》でありながら同時に勇敢《ゆうかん》で思慮深い魅力的な人物像として再創造する。彼女こそは、リジューの聖テレーズとジャンヌ・ダルクの霊性の両面を兼ね備え、『よろこび』のヒロイン、シャンタルを思わせる女性だが、悲壮なところは全くなくむしろ喜劇的な要素を持つところなど、ベルナノスの作品ではめずらしい人物である。果物の収穫をしながらコンスタンスは「食いしん坊になれるこんなにいい機会なんてめったにあるもんじゃないわ」と叫び、「だって殉教者の仕事は食べることじゃなくて、食べられることですものね[125]」とユーモアたっぷりにコメントする。だがそのユーモアはしばしば深い意味を底に秘めている。

休憩《きゅうけい》時間に、自分たちの命が高いところに吊るされて今にも落っこちそうな人のようだと嘆く姉妹に、彼女は「でもね、私たちが落っこちるのは神様の腕の中ですもの」と言って笑い飛ばす。死んでも「神様の腕の中に落ちるだけです」は、リジューの聖テレーズがよく用いた表現である。

コンスタンスは、ド・クロワッシー院長の屈辱的な臨終《りんじゅう》の本当の意味を理解する明晰《めいせき》さを持っており、また牢獄の中では冷静さを失わず、彼女の勇気が本物であったことを証する。「もし私が男で戦える立場にあったなら、あの革命支持者達に目にもの見せてやるのだけれど[126]」といった勇ましいコンスタンスの台詞《せりふ》は、シャルル・ペギーの描き出した少女ジャンヌ・ダルクと彼女との類縁関係を如実に語るものである。青年時代からペギーの愛読者であったベルナノスの最後の作品にまで、その影響が見られるのは実に興味深いことである。

三　交わりとしての祈り

『カルメル会修道女の対話』がベルナノスの集大成的作品であることは、扱われているテーマの上でも明らかである。例えば原作では慣習的な表現の範囲でしか用いられていない「祈り」は、戯曲では不可欠の中心的テーマとなっている。「祈り」がベルナノスの小説において特別に重要なテーマであることは、『悪魔の陽のもとに』の主人公ドニサン神父が「祈りへの異常な程の執着」を持ち、『よろこび』のヒロイン、シャンタルの生活の中心は祈りであったことからも明らかである。祈りは生きるための呼吸のようなものと確信していたアンブリクールの司祭は、祈りを軽蔑する輩《やから》に苦言《くげん》を呈している。

　トラピストやシャルトルーの隠棲《いんせい》修道士《しゅうどうし》達は、何年もかかって祈りの人になってゆくのだ。それなのに何も知らぬ馬鹿者《ばかもの》達が一生涯の努力を簡単にあざ笑うのはおかしなことではないか。それは彼らがきっと思慮と智恵に富み、断固とした意志を持ち、それでいて暖かな理解、共感に富む美しい人間性に輝いている人々のことを全く知らないからに違いない。[127]

政治評論の中でも、世界の非精神化を憂慮《ゆうりょ》するベルナノスは内的生活、精神生活の重要性を説いてやまない。そ

124 『田舎司祭の日記』前掲書、二一一頁、私訳。
125 「カルメル会修道女の対話」前掲書、三五〇頁、私訳。
126 同書、三三四頁、私訳。
127 『田舎司祭の日記』前掲書、九〇－九一頁、私訳。

して「観想（contemplation）と祈りは超自然的な活動の形態だ」[128]と言ってはばからない。

囲いの中にこもって祈ることを使徒職の中心とするカルメリットたちにとって、祈りはまず身分上の義務として説明される。「祈りだけが、わたくしたちの存在を正当なものとしてくれるのです」[129]とド・クロワッシー院長は確言する。院長に選出されたその日に新院長リドワーヌも同様に「わたくしたちは神に祈るために集まった取るに足りない娘たちです。われわれの心を祈りからそらさせるようなものには、すべて用心しましょう。たとえそれが殉教であっても用心しなければね。祈りは義務ですし、殉教は報いです。」[130]と語る。このように戯曲の中で祈りは、修道院での単なる信心や儀式・典礼の一部としての狭い枠を超えて、キリスト者の生活の主要な務めとしての位置をあらわにしてゆく。

　作品のドラマチックな展開の基盤となっている「聖徒の交わり」の教義（Communion of Saints）はカルメリットたちの絶え間ない祈りに支えられている。作品全体には祈りと犠牲により登場人物同士を結びつけ、互いの運命のすり替えをも可能にする霊的な網《あみ》の目が張り巡らされている。『断頭台下の最後の女』が主として受肉のマリー修道女とブランシュの関係のみをクローズアップするのに対し、『カルメル会修道女の対話』ではド・クロワッシー院長、受肉のマリー修道女、リドワーヌ院長、コンスタンスの四人がブランシュと複雑な絆を築いていく。そしてか弱いブランシュは次第にこの救いの網にからめ取られていくのである。

　二つの作品でブランシュの性格に関する相違は、ル・フォールがヒロインを恐怖に打ちひしがれた犠牲者として創造したのに対し、戯曲のブランシュは名誉に憧《あこが》れながらも、自らの弱さのために自己を憎悪《ぞうお》せずにはいられぬ内的葛藤《かっとう》を抱えた少女として描写されている点である。ベルナノスの読者にはおなじみの、絶望の誘惑というテーマがここで再び登場する。当初の「弱さの悲劇《ドラマ》」は「自己憎悪の悲劇《ドラマ》」へと転換してゆく。それゆえブランシュを支えるカルメリットたちの絆はすべて軽蔑《けいべつ》と屈辱《くつじょく》を共にするという形をとって現れる。貴族出身のブランシュの切実な問題を一目で見て取ったド・クロワッシー院長は次のような助言を与えている。

「聖人方は誘惑に対してかたくなにはなりませんでした。自分自身に憤激《ふんげき》することもありませんでした。怒りは常に悪魔からでるものです。そして自分を決して軽蔑しないようにしてください。あなたの中におられる神に背くことなしに自らを蔑《さげす》むことはとても難しいのです。自分自身を蔑むならすぐに絶望してしまうことでしょう。[131]」

年老いた院長はこのような絶望からブランシュを救うために、自らの死を彼女に与え、彼女が受けるはずの屈辱的な死を自分の身に引き受ける。威厳《いげん》ある院長には全くふさわしからぬ、狂気に近く取り乱した臨終の姿は、受肉のマリーにとっても一種のスキャンダルとして受け止められた。だがベルナノスはこの屈辱的な死の秘密をコンスタンスの口を借りて明かしている。

「そうよ。あれはだれか他の人の死だったのだわ。私たちの院長様には合わない、小さすぎる死。そのだれかは自分の死の時がきたら、きっとあまりにも簡単に、心地よく死ねることにびっくりするのでしょうよ。[132]」

128 *Le chemin de la croix des Ames*, Le Rocher, 1987, p. 250. "Le défaitisme des ventres".
129 「カルメル会修道女の対話」前掲書、三〇三頁。
130 同書、三二六頁。
131 同書、三二六頁、私訳。
132 同書、三二五頁、私訳。

そしてこうつけ加える。

「私たちは自分のためにだけ死ぬのではないわ。お互いのために死ぬのよ。時にはだれかの身代わりになって。[133]」

コンスタンスはブランシュを最初から傍《かたわ》らで見守る役割を与えられており、若いうちにブランシュと同じ日に死ぬだろうという不思議な予感を抱いている。生来勇敢な彼女は、病的に臆病な友に深い同情を持っている。殉教の誓願を立てるかどうかを決める投票が行われたときには、恐怖にかられたブランシュが孤立するのを恐れて、殉教を露《つゆ》ほども恐れぬはずの彼女は心ならずも否定の側へ投票する。こうして本来はブランシュのみが値するはずの、姉妹からの軽蔑を共に分かち合うのである。

受肉のマリーの場合、ブランシュの身代わりとなって人々の蔑《さげす》みを引き受けるというすり替えはより明瞭な形で現れる。殉教に関してブランシュの弱さを考慮して誓願を望まぬ新院長リドワーヌと、是が非でも殉教の誓願を立てようとするマリーの考えの相違が明らかになるにつれ、マリーとブランシュを結ぶ目に見えぬ絆も逆により固いものになってゆく。リドワーヌ院長はマリーに「あなた自身がそのような弱さの犠牲となり、身代わりとなって軽蔑を受けなければならなくなるのですよ[134]」と彼女に予言的に語る。殉教の恐怖に耐えられずブランシュが逃亡した後で、責任を痛感したマリーは「この罪をきちんと償《つぐな》い、だれも私のために苦しむことのないように[135]」と悔いる。そして殉教の栄誉をあれほど望んでいた彼女は恥さらしの生き残りとして生きる運命を担い、恐怖心を一掃したブランシュが彼女の代わりに軽やかに断頭台を駆け登るのである。

このカルメリットの修道院が、ベルナノスの理想とも言うべき古き良きフランスを体現していることも興味深い事実である。ベルナノスの修道女たちは、その典型的な話しぶりなどからはっきり社会階層がわかるように描かれている。それはある意味で農民、商人、貴族階級がキリスト教国としての交わりのうちに共有していた古きフランスの理想化されたミクロ・コスモスと言えよう。一方でカルメリットたちの出身の多様性を際立たせながらも、同時にベルナノスは彼女たちに共通のルーツを強調する。「フランスでは、大貴族のお嬢《じょう》さんでも、少し表の皮をはがしてみれば、立派な農婦が見つかります。気取りかえった公爵夫人でさえ、体と心は、彼女の農民のおかみさんと同じくらい健康なのです。[136]」と商家出身のリドワーヌ新院長は公言する。

このカルメリットたちの修道院がどのように理想的なものであっても、ベルナノスはル・フォールのやや善悪二元論的な分類、すなわち聖なる修道女を血祭りにあげる残忍な革命家たちといった伝統的殉教者伝の描写を踏襲《とうしゅう》しようとはしない。むしろ逆に修道女たちと迫害者たちの間の絆を強調しようとする。

「死者のない戦いがないように、殺人なしの殉教もまたあり得ないのです。（…）私どものような哀れなしもべ達が殉教の栄誉を得るために、死刑執行人達が永遠の滅《ほろ》びという代償を支払うなどとは、あまりに割の合わないことだとは思いませんか。[137]」

とリドワーヌ院長は殉教を軽率に夢見る修道女らを諭《さと》して言う。

またベルナノスは、『断頭台下の最後の女』の中の恐怖政治の残酷《ざんこく》さを象徴するエピソードで、貴族の娘ソンブ

133 「カルメル会修道女の対話」前掲書、三二五頁、私訳。
134 同書、三五一頁。
135 同書、三八三頁。
136 同書、三二九頁、私訳。
137 同書、三三六頁、私訳。

ルイユ嬢が、父の命を救うために貴族の血の杯《さかずき》を飲み干《ほ》すようにと強要される場面を『カルメル会修道女の対話』ではカットしている。そして逆に、受肉のマリーに密かにブランシュの隠れ場所を知らせてくれる心ある警視を登場させ、迫害する側の人間性も細やかに描き出している。そこからは、常に信仰者と信仰を持たない者との対立ではなく、むしろ両者の間の解きがたい絆・連帯を説き続けたベルナノスの姿が如実に浮かび上がってくる。

こうして、単なるカルメリット同士の連帯から、彼女らと迫害者間の連帯へと連なる目に見えぬ糸で織りなされる網の目はついに人類全体のレベルへと拡大されてゆく。「祈りとは、たとえそれが貧しい羊飼いの少年の祈りであっても、常に人類全体の祈りなのです[138]」と語ったド・クロワッシー院長の言葉はこのような広がりを凝縮した表現である。

四　「苦悶《くもん》の園」

この網の目の中心はイエス・キリストであり、受難を前にしたキリストが全人類の贖罪《しょくざい》と救いのために、ゲッセマネの園で、血の汗を流してした苦悶《くもん》の祈りはその頂点を示している。『カルメル会修道女の対話』の中でベルナノスは、「死の苦悶」というかねてからの主要テーマをカルメリットによる黙想の形で再び取り上げる。

オリーブの園で、キリストはもはや全く無力でした。人間の苦悩があれほどの深みに達したことはありません。苦悩の波はキリストを飲み込み、覆《おお》いつくしました。ただ、神としての受諾が行われた魂の一点のみを除いて……キリストは死を恐れました。あれほど多くの殉教者が死を恐れなかったというのに……[139]

イエスの苦しみの神秘を凝視《ぎょうし》する眼差しは、ベルナノスと、「イエスの神秘」と題された有名な断章を書き残したパスカルの霊性との類似点をよく示している。[140]

イエスは園におられる。(…)彼が自分と全人類とを救われた苦悶の園である。彼はこの苦痛とこの置き去りとを夜の恐怖の中で忍んでおられる。イエスが嘆かれたのは、このとき一度しかなかったと思う。だが、このときには、極度の苦しみにもはや耐えられないかのように嘆かれた。「私は悲しみのあまり死ぬほどである。[141]」

『カルメル会修道女の対話』の前半のクライマックス、ド・クロワッシー院長の臨終の場面はこのキリストの苦悶の黙想により、隠された意味があらわになる。彼女こそ最も忠実に「キリストのまねび」を生き、「辱《はずかし》められた僕《しもべ》」としての死を受け入れることにより、贖《あがな》いの業に最も深く参与した人なのであった。狂気に陥ったと思われた彼女の臨終の次のような言葉、

「その神でさえも、いまのわたくしには影のようにしか感じられません……なんということでしょう!(…)わたくしは一生を通じて死について黙想を続けてきました。それが、いまになってなんの役にも立たないのです!(…)いまとなって、このみじめなわたくしが、神のことを思いわずらってなんになります! 神の方で私の

138 「カルメル会修道女の対話」前掲書、三〇四頁、私訳。
139 同書、三六七頁、私訳。
140 本書二四七-二五二頁「コラム　パスカル『パンセ』を味わうために」参照。
141 パスカル『パンセ』前田陽一・由木康(訳)、中公文庫、B五五三、三三九頁。

ことを案じてくださるべきでしょう。[142]」

そして最後の痛ましくも絶望的な叫び、

「いま、だれもいない修道院の礼拝堂が荒れ、汚されているのが見えました。祭壇は二つに割れ、神聖な器は地面に投げ捨てられ、敷石には藁《わら》が散り、血が流れています……ああ！　ああ！　神がわれわれをお見捨てになるのです。人間をおあきらめになったのです！（…）恐怖が私の皮膚《ひふ》にロウの仮面のように張り付いています。ああ！　この仮面を爪ではぎ取ることさえできるなら！[143]」

このような常軌《じょうき》を逸《いっ》したかのような表現は、ド・クロワッシー院長が「主よ、なぜ私を見捨てられたのですか。」と叫んだキリストに倣って、自らの十字架の時を生き抜いたことを意味する。彼女は修道院の荒廃の予言的示現により、ブランシュのみならず、殉教へと召されてゆく彼女の共同体すべての恐怖をも、前もって自らの身に引き受けたのではないだろうか。当時ベルナノスが執筆していた数多くの政治評論と『カルメル会修道女の対話』のこの場面を対比させてみると、同時代の世界の非キリスト教化を凝視《ぎょうし》してきたベルナノスが、ド・クロワッシー院長の臨終《りんじゅう》を想起させる言い回しを用いて自らの危惧《きぐ》と嘆きを表現していることに気がつく。

魂の深い源泉の枯渇は普遍的な現象である。だがこの一年間余り、それを私は祖国で、友人達の間でも、宗教的といってもいいほどの神聖な恐れ、深い苦悩をもって見守っている。神が去っていかれる。我々の中から去っていかれる。我々をなんと空虚で、しかも重苦しいものにしたまま立ち去っていかれることだろうか。[144]

またベルナノスは、「人類の死という考えに付きまとわれていた」ペギーの「宇宙的次元の苦悶」について評論の中でたびたび言及している。こうして院長は、修道女たちのために単なる身代わりとして死んだ人物という設定の枠を超えて、神の不在の刻印を押された現代世界の死の苦悶を体現する人物としての広がりまでも付与されることになる。

ベルナノスにとって、殉教の本質はただ単に命を投げ出すことにあるのではない、この英雄的な行為の本質をなすものは愛のみである。「人間の臨終はまず愛の行為である」[145]ことを確信していた作家はそれゆえ、自らの「美しい死」までも他者の救いのため放棄することを可能にした院長の真実の愛を、単なる殉教以上のものとして描き出したのである。

また『断頭台下の最後の女』と共に作家の枕頭の書であった、リジューの聖テレーズの『最後の言葉』にある聖女の臨終の言葉が、彼にこの場面についてのインスピレーションを与えたことも十分に考えられる。作家はテレーズの言葉「院長様、これが臨終の苦しみなのでしょうか？　私はどうすれば死ねるのでしょう？　決して死ねないような気がします。[146]」をしばしば引用しているし、テレーズが、聖なる「美しい死」を期待する姉たちを戒める言葉からは、まさにド・クロワッシー院長の死を想起せずにはいられないからである。

142 「カルメル会修道女の対話」前掲書、三一三頁、三一八頁。
143 同書、三一八頁、三一九頁、一部私訳。
144 *La libeté pour quoi faire?*, Gallimard, 1972, coll. "Idées", "L'Esprit européen", p. 150.
145 『田舎司祭の日記』前掲書、二四七頁。
146 参照　*Lettre aux Anglais*, Gallimard, 1984, (Coll. Points) p. 28.

「私が大変に苦しんで、死の際に幸福の徴《しるし》が何も見られなくても悲しまないでください。主は愛の犠牲となられました。でもその臨終の苦しみがどれほどひどいものであったかをよく考えて見てください。（…）主は十字架上でひどい苦悶の末になくなられました。それこそ私たちが見たこともないような美しい愛の死だったのです。愛に死ぬとは、甘い陶酔《とうすい》の内に死ぬことではありません……」[147]

実に『リジューのテレーズの受難』の中でギイ・ゴシェ師は、様々な資料や証言を基に、テレーズの実際の臨終が絶望に近いほどの心身の恐ろしい苦しみようであったことを詳細に記述している。[148]

五　自由の悲劇《ドラマ》

このように殉教における愛の優位を強調することは、この作品の本質が犠牲の悲劇《ドラマ》というよりむしろ「自由の悲劇《ドラマ》」であるということを意味するのではないだろうか。なぜならこの戯曲の中心は、殉教という極限の行為をめぐる自由な人間の意志と神の意志との対決にあると言っても過言ではないからである。『カルメル会修道女の対話』のそれぞれの登場人物はみな一人ずつゲッセマネの園に招き入れられ、「父よ、御心ならこの杯をわたしから取りのけてください。しかし、わたしの願いではなく、御心のままに行ってください。[149]」というイエスの祈りを自分のものとするのである。

この戯曲を執筆していた頃、神の御心と人間の自由について、ベルナノスが自分の手帳に書き留めていた黙想が残されている。その内容は、簡潔でありながら彼が到達した思想の深みを雄弁に物語っている。

我々は、主が望まれたような形で自らの死を望んでいるにもかかわらず、それを恐れ、そこから逃げようとする。ミサがあげられる各々の祭壇《さいだん》でご自身を生け贄《にえ》になさるように、主は臨終の床にいる一人ひとりの人間の中で死んでゆかれるのだ。我々は主の望まれることを望もうとする。だが自分が何を望んでいるのかがわからないのだ。我々は自分自身を知らない。罪の故に自らの表面で生きることに慣れてしまい、死ぬときにしか魂の内奥に入ろうとしない。そこでこそ主は我々を待っておられるというのに。[150]

キリストに従って生きようと望む者にとって、自由の完成とは神の意志を行うことにある。だがそれは単なる盲目的服従とは全く異なる。それゆえ修道生活の最も基本的な徳とされる従順についても、ベルナノスは老練な修道女の口を借りてこう説明している。

「従うというのは、盲人が自分の犬にただ引きずられてゆくようなものではありません。私のように年老いた修道女は従順の内に死ぬことしか望んでいません。といっても能動的で、意識的な従順の内にです。[151]」

真の従順と、単なる消極性や卑怯な日和見《ひよりみ》主義を識別しようという意図はベルナノスの評論に一貫して流れてい

147 Novissima verba, op.cit., p. 27, 45.
148 Guy Gaucher, *La Passion de Thérèse de Lisieux*, Cerf DDB, 1993, p. 113. 邦訳『死と闇をこえて』聖母文庫。
149 ルカによる福音書、22章・42。
150 A. Béguin, *Bernanos par lui-même*, (Paris, Seuil, 1954), p. 147.
151 「カルメル会修道女の対話」、前掲書、三九八頁、私訳。

る。ナチズムに象徴される独裁制の危険を知り抜いていた彼は『クロワ・デザームの道』で「誰にでも無関心に従う輩《やから》は、本当に仕えるということを知らないのだ。」と厳しく指摘している。

一方、物語が展開していくにつれ、名誉に関する二つの見方の相違があらわになり、真の自由の性質を明らかにしてゆく。一つは受肉のマリー修道女に代表される騎士道に近い名誉観である。カルメル会の内部を視察しに訪れた警視にマリーはこう高らかに言い放つ。

「おそらくまだ我々の間に共通な、あなたの良心に響く言葉があります。そう、カルメルの貧しい修道女にとっても、名誉は恐れよりも大切なものであることを知っておいていてくださいませ。[152]」

ゆえに殉教の誓願はマリーにとってこの名誉の理想を実現するための絶好の機会であった。だがリドワーヌ新院長は「悪の称揚《しょうよう》」に対する「善の称揚」としての名誉の概念を真っ向から否定し、マリーに直截《ちょくさい》に自分の考えを告げる。

「マリー、言い過ぎたくはありません、があなたが名誉について語るのを聞いていると、まるで私たちが世間での尊敬というものを一度も放棄したことがなかったかのようです。カルメル会の修道女は受難の恥と不名誉の中でこそ主に従うのだということをあなたもよくご存じのはずではありませんか。[153]」

確かにベルナノスにとって名誉とはなによりもまず、祖国そして特に愛すべき者への忠誠心の代名詞であった。ここで作家はキリスト教的名誉が、主であるキリストへの愛のために、不名誉をも自由に受諾することである、というパラドックスを包含することを隠そうとはしない。

カルメリットたちの死刑の判決を耳にした受肉のマリーは、司祭の前で思わず「私は不名誉を被《こうむ》ってしまいました…」[154]と叫ぶ。なぜなら、殉教の「名誉」を最も望んでいた彼女が唯一の「不名誉」な生き残りとなることが明らかになったからである。だがその心の神秘的な傷口から、殉教にもまして、より温かい人間的な血が迸《ほとばし》り出るのである。ベルナノスが書いたト書き「受肉のマリーは耐え難い拷問にあっている人のように全身の力をこめて立ち尽くしている。」[155]からは、このカルメリットが、苦悶にあえぐキリストから目を背けることなく、十字架の下に立ち尽くす母マリアの姿を象徴しているとは言えないだろうか。このときマリーは聖母マリアに倣い、彼女の英雄的な「なれかし(Fiat)」をつぶやくのである。ベルナノスの原稿は意味深い二つの台詞で終わっている。

マリー：彼女たちは最後まで私の姿を探すことでしょう

司　祭：あなたが見つめねばならない、もう一つの眼差しのことをむしろ考えなさい[156]

修道女全員に、あくまでも殉教の誓願を立てさせようとしたマリーの態度は、愛による自由な選択でなければならない殉教を、強制的に課された義務(特にブランシュの場合)にしてしまう危険をはらんでいた。だが自由なき殉教は存在しない、なぜなら「自由なき責任は存在せず、愛は自由な選択以外の何者でもないからだ[157]」。

152 「カルメル会修道女の対話」前掲書、三四五頁、私訳。
153 同書、三五一頁、私訳。
154 同書、四〇三頁、私訳。
155 同書、四〇三頁、私訳。
156 同書、四〇三頁、私訳。

一方リドワーヌ院長は、「修道女たちの命の犠牲」を「私たちの修道院の最後のお勤め」として捉え、究極の犠牲を毎日の祈りの生活と何ら変わることのない日々の聖務の一部に組み入れてしまう。こうして彼女は、娘のように愛しているほかの修道女らの動揺や恐怖を引き受け、彼女らを母親のような愛で励まし、その謙遜な姿勢を、処刑を目前に控えた牢獄の中でも貫き通すのである。

こうして修道女たちはそれぞれ完全な自由の内に、神の御旨に各々可能な限りの愛で応えていったのだと言えよう。

＊＊＊＊＊

『カルメル会修道女の対話』という交響楽的作品は、小説と政治評論という表面的な分類分けを超え、ベルナノスの全文学世界の根底に常に流れているものを凝縮した結晶である。そこではすでに聞き慣れたメロディー、自己嫌悪と名誉、祈りと幼子の精神、自由、死の苦悶、などのテーマが最後のリフレーンとなって豊かなハーモニーを奏でている。

断頭台の最後の一人として、決然と歌いだすブランシュの声も含め、死の旅路へと向かう修道女たちの最後の澄んだ歌声は、聖性の交響楽の感動的な象徴と言えるのではないだろうか。

157　*La liberté, pour quoi faire*, op. cit. "Nos amis les saints", p. 219.

あとがき

本書は、私個人のささやかな授業実践と研究から生まれた本である。すでに上智大学神学部からは、『カトリック神学の招き』、『カトリック教会論への招き』が刊行されている。前の二冊が総合的な入門の教科書として執筆されたのとは違い、本書は、より個人的色合いの「招き」となっている。「文学の扉から」というタイトルをつけたのは、数多く存在するキリスト教文学の内の小さな一つの扉からの招きという意味も込めている。

そのため取り扱った作家たちは、学生たちにとってわかりやすく、身近な作家がその選択の基準になっている。それゆえ、キリスト教文学のいわゆる大作家たち、ダンテ、ミルトン、トルストイ、ドストエフスキー、モーリヤックなどは含まれていない。また、元々私がフランス文学を専攻していたために、フランス文学に軸足を置いた選択となっていることも否めない。

第二部で扱ったサン=テグジュペリとエンデは、「キリスト教と文学」というタイトルのキリスト教人間学の授業を基にした書き下ろしである。ファンタジー文学を選んだのは、学生が最も関心を持ちやすいジャンルであるからである。単なる文学の授業ではなく、人間学の授業なので、簡単な哲学的考察を用いつつ、学生たちに考えさせることを目的として構成した授業がその下敷きになっている。

第四部のベルナノスは、私の博士論文の研究対象であり、主として大学院で取り上げて授業を行ってきた。日本では知る人ぞ知るといったマイナーな作家であるものの、カトリック文学として世界的レベルで見たときに、最高峰のレベルの作品を世に残した作家である。はからずもこのベルナノス研究が遠藤周作をその原点から分析し、より深く理解する道を開いてくれたように思う。

このように決して網羅的とは言えないテキストの形となったが、扱ったのは、ベルナノスを除けばみな身近な存在である。中学・高校の宗教の授業や、大学のキリスト教学の教授などでも、文学の持つ役割、物語の力などについての根本的な問題を考えるきっかけとして、役立てていただければ幸いである。

また、本書を読んで、キリスト教文学の研究に興味を持った方々には、「日本キリスト教文学会」や「遠藤周作学会」などに入って他の研究者たちと出会い、視野を広げつつ研究を深めてゆくこともお勧めしたい。

ＡＩがすべてを制御するかのような現代において「ことば」の力を信じ、「物語」を愛おしむ営みは、石投げひもで巨人ゴリアテに挑む、少年ダビデの試みに似ているかもしれない。だが、人間が「神の似姿」である限り、人間を励まし、希望を与えるのは、やはり人間の生み出す「ことば」と「物語」なのである。そしてどんなに小さな石であっても、それが神の息吹によって運ばれるのならば、奇跡をもたらすことを信じ、珠玉の文学作品を多くの人々の心にこれからも届けてゆきたいと願っている。

本書の出版にあたり、
物語の面白さを教えてくれた両親と妹、
文学の手ほどきをしてくださったフランス文学科の恩師たち、
旧人間学研究室の恩師たち、神学部の教員の方々、
キリスト教文学の広さ、深さを教えてくださった多くの研究者の方々、
今まで私の授業を受講し共に考え、発見することを助けてくれたすべての学生たち、

様々な形で支えてくれたノートルダム・ド・ヴィの姉妹たち、そしてSUP出版の方々に心から感謝の意を表したい。

二〇二五年三月二七日

片山　はるひ

文献紹介

第一部

- 大江健三郎『新しい文学のために』岩波新書、一九八八年。
- ベルクソン『笑い』岩波文庫、一九七六年。
- P・リクール『隠喩論』ヨルダン社、一九八七年。
- P・リクール『生きた隠喩』岩波現代選書 特装版、一九九八年。
- P・リクール『時間と物語I〜III』新曜社、一九八八年〜一九九〇年。

　＊隠喩及び聖書に関するリクールの著書は今ではほとんど絶版になっており、古書で購入するか、図書館での閲覧となっている。

- ケヴィン・J・ヴァンフーザー『聖書の物語とリクール哲学』新教出版社、一九九九年。
- 八木重吉の詩作品：青空文庫では『秋の瞳』と『貧しき信徒』が公開されている。

また、Kindleでもごく低価格で詩集が提供されている。

- 吉野登美子『琴は静かに』彌生書房、一九七六年。　＊重吉が愛した妻登美子の貴重な回想記。
- 『十字架の聖ヨハネ詩集』新生社、二〇〇三年。
- V・フランクル『夜と霧』みすず書房、一九九三年。
- 諸富祥彦『フランクル心理学入門』コスモス・ライブラリー、一九九七年。
- A・マッキンタイア『美徳なき時代』みすず書房、一九八一年。
- 松井直『絵本とは何か』日本エディタースクール出版部、二〇〇一年。
- 松井直『こどもの本・ことばといのち』日本基督教団出版局、二〇〇〇年。

　＊松井直（一九二六―二〇二二）：福音館書店の創立に参画し、長年編集長として多くの優れた絵本を世に送り出した。その絵本論は単なる絵本の世界を超えて、文学、教育、人間学の知見に満ちた優れた評論となっている。

- S・ハワーワス『平和を可能にする神の国』新教出版社、一九九二年。

　＊Stanley Hauerwas（1940- ）：北アメリカのプロテスタント倫理学者、神学者。

二─1　サン=テグジュペリ研究

〈サン=テグジュペリの著作〉

・『サン=テグジュペリ著作集　全12巻』みすず書房、一九九三年。
・『星の王子さま』内藤濯訳、岩波文庫、二〇一七年。
　＊現在、数多くの翻訳が出ている中で、やや古い表現はあるものの、名訳である。岩波少年文庫で出版されてきたが、二〇一七年からカラーの挿画入りで文庫化されている。
・『星の王子さま』河野万里子訳、新潮文庫、二〇〇六年。
　＊内藤濯訳よりも、大人の物語であることを意識した文体で、原文にも忠実な訳。
・『人間の土地』堀口大學訳、新潮文庫、一九九八年、六一刷改版。
　＊『星の王子さま』の次に読むために推薦できる作品。砂漠に不時着という物語の実話とフィクションを比較して読むと多くの発見がある。

〈サン=テグジュペリの著作についての評論〉

・アンドレ・ドゥヴォー『サン=テグジュペリ』ヨルダン社、一九七三年。
　＊サン=テグジュペリとキリスト教信仰、神とのかかわりに焦点をあてて分析した貴重な論考。
・山崎庸一郎『サン=テグジュペリの生涯』新潮選書、一九七一年。
　＊サン=テグジュペリの全集の訳者である山崎による評伝。基礎的文献。
・稲垣直樹『サン=テグジュペリ』清水書院、人と思想１０９、一九九二年。
　＊人と思想シリーズの中の一冊として広く一般向けに書かれた入門書。作者の生涯や作品のコンテキストを知る上で有益な一冊。
・リュック・エスタン『サン=テグジュペリの世界─星と砂漠のはざまに』岩波書店、一九九〇年。
・ルドルフ・プロット『『星の王子さま』と聖書』パロル舎、一九九六年。

・山崎庸一郎『『星の王子さま』の秘密』彌生書房、一九八四年。
・加藤恭子『『星の王子さま』をフランス語で読む』ちくま学芸文庫、二〇〇〇年。
・エーリッヒ・フロム『愛するということ』紀伊國屋書店、一九九一年。
・M・スコット・ペック『愛すること、生きること』創元社、二〇一〇年。
＊長年『愛と心理療法』として紹介されてきた本の全訳。心理療法家、精神科医としてのスコット・ペックの多くの経験に裏打ちされた良書。
・教皇ベネディクト十六世『回勅　神は愛』カトリック中央協議会、二〇〇六年。
＊キリスト教における「愛」について考察するために必須の文献。
・山本芳久『愛の思想史』NHK出版、二〇二二年。
＊プラトン、アリストテレス、聖書、アウグスチヌス、トマス・アクィナスによる「愛」が簡潔に解説されているわかりやすい良書。

二―2　ミヒャエル・エンデ研究

〈エンデの著作〉

・『エンデ全集』全19巻、岩波書店、一九九六～一九九八年（＊絶版なので図書館で）
15巻『オリーブの森で語りあう』
18・19巻『エンデのメモ箱』はエンデの思想を知る上で重要な書。
・ミヒャエル・エンデ『ものがたりの余白―エンデが最後に話したこと』岩波現代文庫、二〇二四年。
＊エンデ作品の優れた翻訳者である田村都志夫が晩年のエンデに行ったインタビューをまとめた貴重な一冊。
・ミヒャエル・エンデ編『M・エンデが読んだ本』岩波書店、一九九六年。
＊タイトルの通り、エンデ自身が自分に深い影響を与えた本の抜粋をまとめたアンソロジー。エンデの思想形成を知る上で貴重な参考文献。

〈エンデの著作についての評論〉

・子安美知子『エンデと語る』朝日新聞社、一九八六年。

・小笠原優『時の流れと永遠―時間の秘義についての神学的考察』南窓社、一九七九年。

＊カトリック神学の幅広い知見から時間について考察した優れた評論。

・ペーター・ボカリウス『ミヒャエル・エンデ―物語の始まり』朝日新聞社、一九九三年。

〈以下の五冊は時間と自由について考察する際に非常に有益な文献である〉

・ベルクソン『時間と自由』岩波文庫、二〇〇一年。

・キェルケゴール『死に至る病』岩波文庫、一九八八年。

・テオドール・ボヴェー『時間と自由・ボヴェー著作集3』ヨルダン社、昭和四七年。

・アウグスチヌス『告白』岩波文庫、一九九〇年。

・教皇ベネディクト十六世『回勅　希望による救い』カトリック中央協議会、二〇〇八年。

第三部

A）太宰治研究

〈太宰治の著作〉

・『太宰治全集』全10巻、ちくま文庫、筑摩書房、一九八九年。

・『太宰治全集　２８０作品⇒１冊』Amazon Kindle版　＊安価で全作品を読むことができる。

＊青空文庫では、無料で全作品を読むことができる。

〈太宰治の著作についての評論（特にキリスト教とのかかわりに言及した作品）〉

・安藤宏他編『太宰治　全作品研究辞典』勉誠社、一九九五年。

＊太宰の全作品について、あらすじ、作品評価、研究展望を示しており、太宰研究には非常に便利な必須の文献。

・佐古純一郎『太宰治と聖書』教文館、一九八三年。
・佐古純一郎『太宰論究』朝文社、一九九二年。
　＊プロテスタントの牧師であり、戦後初めてのクリスチャンの評論家となった佐古純一郎は、日本文学とキリスト教の関係についての多くの評論を書いている。太宰治とキリスト教の関係について基本的知識を得られる評論。
・野原一夫『回想　太宰治』新潮社、一九八〇年（初版）。
・野原一夫『太宰治　生涯と文学』ちくま文庫、一九八九年。
・野原一夫『太宰治と聖書』新潮社、一九九八年。
　＊野原一夫は太宰の晩年、昭和二一年から二三年の死に至るまで新潮社の編集者として太宰の最も近くにいた友人の一人であるため、その証言には重みがある。その親交の中で、太宰の根幹を形づくったのは、聖書であるとの確信を深め、太宰と聖書の深い絆を浮き彫りにした貴重な評論。
・田中良彦『太宰治と「聖書知識」』朝文社、一九九四年。
　＊太宰が、塚本虎二が創刊した『聖書知識』の愛読者であったことに注目し、聖書の記述と太宰の作品を比べて分析した貴重な研究。
・野平健一『矢来町　半世紀―太宰さん三島さんのこと、その他』新潮社、一九九二年。
　＊新潮社の編集者として、太宰の絶筆『如是我聞』の執筆に立ち会った際の証言が記されている。如是我聞を「氏みずからの魂である」と論じている。
・山岸外史『人間　太宰治』筑摩書房、昭和三七年（一九六二年）。
・山岸外史『人間　キリスト記』朱雀書林、昭和一六年（一九四一年）。
　＊山岸外史は評論家で、太宰治、壇一雄らと親交を結んだ。昭和初期の思想的混迷の時代に聖書研究を行い自らのイエス像を『人間　キリスト記』に描き出すが、太宰の「駈込み訴え」等には、この書の直接的影響が見られる。

B）遠藤周作研究

〈遠藤周作の著作〉

・遠藤周作『遠藤周作文学全集　全15巻』新潮社、二〇〇〇年。
・遠藤周作『私にとって神とは』光文社文庫、一九八八年。現在Kindleで販売中。
・遠藤周作『異邦人の立場から』講談社文芸文庫、一九九〇年。現在Kindleで販売中。
・遠藤周作『作家の日記』福武文庫、二〇〇二年。現在Kindleで販売中。
・遠藤周作『深い河創作日記』講談社文庫、二〇〇〇年。現在Kindleで販売中。

〈遠藤周作の著作についての評論〉

〈以下は、数多くの評論がある中で、基礎となる評論〉

・遠藤周作学会編『遠藤周作事典』鼎書房、二〇二一年。
＊遠藤周作学会のメンバーである専門家たちが緊密な協力の下に創り上げた事典であり、遠藤の著作を研究する上で基礎的な参考書となる事典。
・武田友寿『遠藤周作の世界』朝日出版社、一九六九年。
・武田友寿『沈黙以後』女子パウロ会、一九八五年。
・広石廉二『遠藤周作のすべて』朝文社、一九七六年。
・山根道公『遠藤周作―その人生と『沈黙』の真実』朝文社、二〇〇五年。
・山根道公『遠藤周作―『深い河』を読む』朝文社、二〇一〇年。
・山形和美編『遠藤周作　その文学世界』国研出版刊、一九九七年。
・笠井秋生編『作品論　遠藤周作』双文社出版、二〇〇〇年。

第四部

〈ベルナノス研究〉

ベルナノスの著作及び研究書はほとんどが絶版となっているが、『田舎司祭の日記』木村太郎訳、新潮文庫はkindleで読むことができる。

・『ベルナノス著作集1－5巻』春秋社、一九七七年。
・ベルナノス『田舎司祭の日記』渡辺一民訳、春秋社、一九八八年。
・A・ベガン『ベルナノス―生涯と作品』春秋社、一九七七年。
　＊ベルナノス研究の草分けとして有名なベガンによる評論。基本的文献。

〈リジューの聖テレーズの文献〉

・『幼いイエスの聖テレーズ自叙伝―その三つの原稿』ドン・ボスコ社、一九九六年改版。
・『幼いイエズスの聖テレーズの手紙』中央出版社、一九七八年。
・幼きイエズスのマリー・エウジェンヌ『わがテレーズ　愛の成長』中央出版社、一九九一年。
　＊テレーズの霊性の神学的研究。基本的文献。
・ギイ・ゴシェ『死と闇をこえて―テレーズ最後の6ヶ月』聖母文庫、一九九六年。

初出一覧

第一部

・「聖書、生きた『象徴』の物語―八木重吉と十字架の聖ヨハネの詩を題材として」『文学における神の物語』上智大学キリスト教文化研究所編、リトン、二〇一四年。
・「宗教教育における『物語』の役割」『カトリック教育研究』日本カトリック教育学会、二〇〇九年。
・「キリストの詩人　八木重吉」『カトリック生活』十一月号、ドン・ボスコ社、二〇一八年。

第三部

A）太宰治研究

・「人間理解と文学　20世紀の『深い淵より』カミュと太宰治」『人間学紀要』23号、上智人間学会、一九九三年。
・「日本近代文学の中のキリスト教　4－6」『福音と世界』3月号－5月号、新教出版社、二〇〇九年。

B）遠藤周作研究

・「遠藤周作の文学における「母なるもの」再考―「かくれキリシタン」とフランスカトリシスムの霊性」『遠藤周作研究』第4号、二〇一一年。
・「遠藤周作の文学におけるキリスト教の「東」と「西」―『深い河』の女神チャームンダーと聖母マリアの比較を通して」『キリスト教文化研究所紀要』28号、二〇一〇年。
・「遠藤周作と『テレーズ』」『遠藤周作研究』第9号、二〇一六年。
・「日本近代文学の中のキリスト教　1－3」『福音と世界』12月号－2月号、新教出版社、二〇〇八－二〇〇九年。

第四部

ベルナノス研究

・「作家と聖性―ベルナノスとリジューの聖テレーズ」『ソフィア』45号、上智大学、一九九七年。
・「「我と汝」の交わり（コミュニオン）を求めて―ベルナノスの文学世界」『人間学紀要』21号、上智人間学会、一九九一年。
・「人間探求と文学」『人間学紀要』25号、上智人間学会、一九九五年。
・「『夜の果て』の曙―G・ベルナノスの文学世界『ウィーヌ氏』と『田舎司祭の日記』をめぐって」『キリスト教文学研究』(19)、日本キリスト教文学会、二〇〇二年。
・「聖性の交響楽―『カルメル会修道女の対話』」『フランス文学の中の聖人像』国書刊行会、一九九八年。

マ行

ヤ行

ラ行

タ行

ナ行

ハ行

事項索引

ア行

カ行

サ行

マ行

ヤ行

ラ行

ワ行

タ行

ナ行

ハ行

サ行

書名索引

ア行

カ行

ヤ行

ラ行

ワ行

ナ行

ハ行

マ行

サ行

タ行

人名索引

ア行

カ行

著者紹介
片山はるひ（かたやま　はるひ）
<haruhi.kt.porte@gmail.com>

上智大学フランス文学科卒業、同大学院博士課程修了。フランス・プロヴァンス大学にて文学博士号を取得。上智大学文学部教授を経て、現在上智大学神学部教授（専攻：キリスト教文学、キリスト教の霊性）。ノートルダム・ド・ヴィ会員。

【著書】『永井隆―原爆の荒野から世界に「平和を」』（単著、日本キリスト教団出版局、2015年）、『文学における神の物語』（共著、リトン、2014年）、『神のいつくしみ』（共編著、日本キリスト教団出版局、2017年）、『「いのち」の力―教皇フランシスコのメッセージ』（共編著、キリスト新聞社、2021年）、『現在（いま）のメメント・モリ―キリスト教における死生観』（共著、キリスト新聞社、2023年）他。

【訳書】教皇フランシスコ『使徒約勧告　信頼の道　聖テレーズ生誕150年を記念して』（カトリック中央協議会、2024年）。

【論文】「カルメルの霊性と現代」（『人間学紀要』34号、2004年）、「遠藤周作とテレーズ」（『遠藤周作研究』第9号、2016年）、「神の愛の博士　リジューの聖テレーズ―現代のための「神のいつくしみ」の霊性―」（『日本カトリック神学会』第27号、2016年）他。

文学の扉から
――キリスト教文学への招き

2025年3月27日　第1版第1刷発行

著　者：片　山　はるひ
発行者：アガスティン　サリ
発　行：Sophia University Press
上智大学出版

〒102-8554　東京都千代田区紀尾井町7-1
URL：https://www.sophia.ac.jp/

制作・発売　株式会社ぎょうせい
〒136-8575　東京都江東区新木場1-18-11
URL：https://gyosei.jp
フリーコール　0120-953-431

〈検印省略〉

印刷・製本　ぎょうせいデジタル㈱
ISBN978-4-324-11506-0
（5300353-00-000）
［略号：（上智）文学の扉］

Sophia University Press

上智大学は、その基本理念の一つとして、

「本学は、その特色を活かして、キリスト教とその文化を研究する機会を提供する。これと同時に、思想の多様性を認め、各種の思想の学問的研究を奨励する」と謳っている。

大学は、この学問的成果を学術書として発表する「独自の場」を保有することが望まれる。どのような学問的成果を世に発信しうるかは、その大学の学問的水準・評価と深く関わりを持つ。

上智大学は、(1) 高度な水準にある学術書、(2) キリスト教ヒューマニズムに関連する優れた作品、(3) 啓蒙的問題提起の書、(4) 学問研究への導入となる特色ある教科書等、個人の研究のみならず、共同の研究成果を刊行することによって、文化の創造に寄与し、大学の発展とその歴史に貢献する。

Sophia University Press

One of the fundamental ideals of Sophia University is "to embody the university's special characteristics by offering opportunities to study Christianity and Christian culture. At the same time, recognizing the diversity of thought, the university encourages academic research on a wide variety of world views."

The Sophia University Press was established to provide an independent base for the publication of scholarly research. The publications of our press are a guide to the level of research at Sophia, and one of the factors in the public evaluation of our activities.

Sophia University Press publishes books that (1) meet high academic standards; (2) are related to our university's founding spirit of Christian humanism; (3) are on important issues of interest to a broad general public; and (4) textbooks and introductions to the various academic disciplines. We publish works by individual scholars as well as the results of collaborative research projects that contribute to general cultural development and the advancement of the university.

Through the Doorway of Literature:
An Invitation to Christian Literature

published by
Sophia University Press

production & sales agency : GYOSEI Corporation, Tokyo
ISBN 978-4-324-11506-0
order : https://gyosei.jp